朝野群載　巻二十二　校訂と註釈

佐藤　信［監修］
朝野群載研究会［編］

吉川弘文館

序

佐藤　信

『朝野群載』は、十二世紀前半に三善為康が編纂した漢詩文・文書集である。巻一冒頭の序には全三十巻で永久四年（一一一六）の成立とあるが、現存二十一巻の中には長承元年（一一三二）の文書も収められており、永久四年以降も編纂が続けられたとみられる。巻一～三の文筆部の漢詩文に続けて、巻四以降は朝儀・神祇官・太政官から諸国雑事・諸国公文・諸国功過などにわたる詔・宣旨・官符・申文・起請などの文書例が分類・配列されており、実務官人の文書事務のための模範文例集ともいうべき内容となっている。とくに、平安時代後期の国司に関する行政・文書の実態を示す貴重な史料群をふくんでいることは、よく知られるとおりである（彌永貞三「朝野群載」『日本古代の政治と史料』高科書店、一九八八、初出一九七一。木本好信「『朝野群載総索引』解題」『朝野群載総索引』国書刊行会、一九八二）。

編者の三善為康（一〇四九～一一三九）は、越中国射水郡の射水氏出身で、治暦三年（一〇六七）平安京に出て算博士三善為長の弟子となり、養子として三善朝臣に改氏姓した。この三善朝臣氏は、貞元二年（九七七）に主税助錦宿禰茂明が三善清行を出した三善朝臣氏（もと百済渡来系の錦織首氏）との同祖関係を訴えて三善朝臣氏となった（『類聚符宣抄』第七、貞元二年五月十日太政官符）家系で、小槻氏とともに算博士を輩出した家系として知られる。三善為康は、算道や紀伝道を学んだが、紀伝道から省試には合格できず、長く学生であった。のち少内記として局の労で叙爵し、算博士となって尾張介・越後介・諸陵頭・越前権介などを歴任した。正五位下を極位として、保延五年（一一三九）に九十一歳で没した。算博士を「家業」とする学者であると同時に実務官人としても活躍し、時に地方官をも兼ね、さらに文人・浄土信仰者としても名高かった。『朝野群載』以外にも、百科事典的な『掌中歴』や、『続千字文』、浄土教による往生伝の『拾遺往生伝』（往生者の最終没年は天永二年〈一一一一〉）、『後拾遺往生伝』などの著作を編み、自ら往生者としても伝えられている（『本朝新修往生伝』）（川口久雄「本朝続文粋と朝野群載」『平安朝日本漢文学史の研究下』増訂三版、明治書院、一九八八、速水侑「院政期浄土信仰の一面」『浄土信仰論』雄山閣出版、一九七八）。

『朝野群載』のなかのとくに国司関係の史料群は、巻二十二の「国務条事」が著名であり、それ以外にも諸国雑事・諸国公文・諸国功過など国司に関する行政・文書の実態を示す文書群に恵まれている。これらの史料から、平安時代後期の地方行政の実態が明らかになれば、古代の中央と地方との関係の展開・変遷に見通しをもたらすことができるのではないだろうか。また、国司は行政・財政・軍事・外交・文化など多面にわたる機能を担ったことから、文学史料・考古資料をふくむ多様な歴史資料もあわせて検討することができる。古代国家の中央集権性の実像を見直そうという問題関心への接近方法として、『朝野群載』の国司関係史料の検討はふさわしいものと考える。なお、その際、『朝野群載』巻二十二に載る諸文書は十二世紀にまとめられたものであるが、遥任が当然のようになった院政の時代にあって、「国務条事」の諸条が受領国司本人の任国赴任を前提として記載するように、国司の任国赴任があるべき姿であった時代、すなわちさかのぼる十・十一世紀頃の国司のあり方に関する史料としての性格もうかがえるのではないだろうか。同じく国司関係史料として名高い摂関時代の藤原公任（九六六〜一〇四一）の『北山抄』巻十「吏途指南」が、しばしば延喜（九〇一〜九二三）・天暦（九四七〜九五七）聖代観によって醍醐天皇・村上天皇の時代の制度を重視し基準としているように、三善為康もややさかのぼった時代を基準とする面があると、巻二十二の通読からはうかがえた。

東京大学大学院人文社会系研究科の日本文化研究専攻（日本史学）で私が担当する古代史の演習では、「古代国司関係史料の研究」をテーマとして、一九九九年に『朝野群載』巻二十二の「国務条事」を取り上げた（東京大学大学院の演習に先立って非常勤で勤める法政大学大学院で「国務条事」を興味深く講読した経験があった）。その後、巻二十二の冒頭に戻ってはじめから順に読み進めていくことになった。テキストは新訂増補国史大系本を用いつつ、幸い国文学研究資料館・宮内庁書陵部・東京大学史料編纂所などのご協力を得て、基本的な写本にあたることもできた。写本系統も検討しつつ、本文校訂を進めながら精確に文書を読解することに努め、文書の歴史的背景を考察していったが、『朝野群載』の内容の豊富さに参加者一同が次第に面白くなり、のめり込んでいったことを鮮やかに記憶している。その後、私の古代史演習では別の史料を扱うようになったが、二〇〇六年になって院生諸君の要望から、改めて『朝野群載』巻二十二を対象とする「朝《あさ》野《の》会《かい》」という愛称の朝野群載研究会を発足させることとなり、月二回の頻度で本文校訂や註釈・考察の作業を進めてきた。

この私達の作業では、諸写本を検討して信頼できる本文を提供するように努め、書き下しを掲げて各文書の読みについても確実を期した。これまで『朝野群載』の活字版テキストとしては新訂増補国史大系本が使われることが多かったが、三条西家本（国文学研究資料館所蔵）を底本として諸写本を検討した正確な本文提供という点で、少しでも前進を図ろうとしたつもりである。そして、必要と思われる語句に註釈を付し、文書の歴史的な位置づけや機能に関する研究的な考察を簡明に記した。さらに関連史料・参考文献を付して、読者の便宜をはかった。以前の演習における参加者たちの報告レジュメを参考とした点や、校訂・読解を中心として研究会参加者全員で検討した点をふくんではいるが、各文書の研究・註釈については、担当者の責任において文章化したものであることも明記しておきたい。

『朝野群載』の写本系統については、私たちの演習や研究会では、個々の文書に即しながら写本の系譜について探っていくという方法をとり、次第に全体の見通しを得る方向に進んで来たが、全編にわたる写本系統については、高田義人氏の詳しい研究（「『朝野群載』写本系統についての試論」『書陵部紀要』五四、二〇〇三）を大いに参考させていただくことになった。また、とくに玉井力氏の『平安時代の貴族と天皇』（岩波書店、二〇〇〇）などに多く学ぶところがあり、関連史料としては、吉田早苗氏の校訂による『大間成文抄』（吉川弘文館、一九九三・九四）のお世話になった。さらに、『朝野群載』所収史料が編者三善為康のもとに至った経緯などについては、五味文彦氏「文士と諸道の世界」（『書物の中世史』みすず書房、二〇〇三）にも負うところがあった。こうした多くの研究にも導かれながら、各文書の精確な読解と歴史的背景の研究を着実に進めたつもりである。

研究会では、時に難解な文書の読解に皆で悩む時もあり、また時にささやかな新しい発見があり、史料読解の奥深さを実感するとともに、時間を忘れて没頭するうれしい機会でもあった。院生諸君は、史料の校訂や一字の理解もおろそかにしない史料批判の奥深さを良く理解して発表してくれた。多くの先行研究の成果が土台にあっても、読み直すと新しい課題や発見が見つかることがあるものである。

研究会で註釈を検討する過程で、これまでの見解に対して新たに少し考察を進めることが出来たと思うことも、時にあった。たとえば、文書番号三十八号の「国務条事」は、国史大系本は「国務條々事」とするが、天保五年（一八三四）ないしそれ以降の伴信友校訂本（東京国立博物館所蔵）が「條」の下に「々」を補っている以外の写本は、底本にした三条西家旧蔵本（国文学研究資料館所蔵）をはじめ、対校に用いた葉室家旧蔵本（宮内庁書陵部所蔵）・東京大学史料編纂所所蔵貞享三年（一六八六）本・豊宮崎文庫旧蔵本（神宮文庫所蔵）・紅葉山文庫本（国立公文書館内閣文庫所蔵）・東山御文庫本のいずれもが「国務條事」としており、私たちは「国務条事」と称することにした。
また、研究会で示したあたらしい本文解釈の一例を示すと、国務条事の第三十七条に、

一、不可分別旧人・新人事

雖旧人有無益之者、雖新人有可用之者。若賞不用之旧人、則採用之新人不致忠勤。只以当時採用之輩、令励忠勤。

況乎採用旧人、誰敢敵対乎。

という条文がある。この「若」以下の部分を、新訂増補国史大系本では、

若賞二不用之旧人一。則採二用之一。新人不レ致二忠勤一。只以二当時採用之輩一。令レ励二忠勤一。況乎採二用旧人一、誰敢敵対乎。

と記して、「若し不用の旧人を賞して、則ち之を採用せば、新人忠勤を致さざらむ」「況むや旧人を採用せば、誰か敢へて敵対せむか」と解している。これまでの研究も、大体この理解に従っているようである。ただし、この条では、事書きに「旧人・新人を分別すべからざる事」とあり、冒頭の一文に「新人と雖も用ゐるべきの者有り」とするように、郎党など受領の従者について、古くから仕えてきた「旧人」に対して新たに取り立てる「新人」を分け隔てなく取り扱うべしとする趣旨で解釈した方が自然であろう。最後の箇所を、国史大系のように「況むや旧人を採用せば、誰か敢へて敵対せむか」と旧人の採用を推奨する方向で読むよりも、「不用の旧人」「採用の新人」「当時採用の輩」「採用の旧人」を対比的にとらえて、「況むや採用の旧人、誰か敢へて敵対せむか」と読み、公平な採用を行えば採用の旧人でも反対する者はいないであろう…という筋で読解した方が適切ではないかと、研究会の際に気付いた。「現在仕えている従者に（旧人・新人の区別なく）忠勤させるようにすれば、旧人にも反対する者はいない」という解釈をとり、私たちの読みは、

若し不用の旧人を賞さば、則ち採用の新人は忠勤を致さざらむ。只当時採用の輩を以て、忠勤を励まさしむ。況

むや採用の旧人、誰か敢へて敵対せむか。

となったが、如何であろう。

二〇〇六年にはじめた研究会は、次第に上級生たちの就職などによって研究会メンバーが交替する経緯もあったが、研究成果を順次とりまとめて『東京大学日本史学研究室紀要』に公表することとして、改めて内容に検討を加えて、担当院生が原稿を作成した。研究会を進める度に、記載の統一を図るための凡例の項目が増加したことは、なつかしい思い出である。そして、『東京大学日本史学研究室紀要』十一号（二〇〇七年）に「『朝野群載』巻二二　校訂と註釈（一）」としてはじめて発表し、以後毎年連載して、第七回が『東京大学日本史学研究室紀要』十七号（二〇一三年）に載り、巻二十二の註釈が一通り完結した。この私たちの研究成果の公刊は、多方面の方々から反響を頂き、多く好感をもって受け止めていただくことができた。そこで今度は、『東京大学日本史学研究室紀要』の連載原稿を一冊にまとめようと提唱し、そうすることになった。一書にまとめるためには、さらに研究会を継続して内容の吟味や体裁の統一を図る努力を続けることが必要であり、また、索引を作成する作業も皆で展開した。

ここにまとめた私たちの研究成果は、ささやかな試みに過ぎないかもしれないが、平安時代後期の国司の実態、ひいては古代国家の中央と地方との関係史の研究にいささかでも前進をもたらすこととなれば、幸いである。

なお、『朝野群載』巻二十二を講読した一九九九年度からの古代史演習参加者と、二〇〇六年からの朝野群載研究会（「朝野会」）参加者を次に掲げておく。

○古代史演習参加者

佐藤信
飯田剛彦、野尻忠、馬場基、新井重行、有富純也、宋浣範、前田慶一、稲田奈津子、川合奈美、佐々田悠、浅野啓介、小倉真紀子、本田明日香、池浦綾子、寺内伸江、兼岡理恵、近藤浩一、磐下徹、北村安裕、吉永匡史、澤晶裕、武井紀子、玉川裕美

○「朝野会」参加者

佐藤信
佐々田悠、磐下徹、北村安裕、吉永匡史、澤晶裕、武井紀子、吉松大志、宮川麻紀、山本祥隆、大高広和、西本哲也、柿沼亮介、林友里江、神戸航介、武内美佳、垣中健志、井上翔、林奈緒子、鈴木裕英、土居嗣和

目次

索引編　三八七

凡例

一　『朝野群載　巻二十二　校訂と註釈』について

・本書は、平安時代の地方行政に関わる重要史料である「国務条事」を含む『朝野群載』巻二十二（諸国雑事 上）について、諸写本を校合するとともに、語句等に註釈を附し、内容に関する考察を加えたものである。
・本書の内容は、東京大学大学院にて一九九九年度から二〇〇五年度まで開かれた佐藤信教授の古代史料演習と、二〇〇六年度から二〇一二年度まで行われた朝野群載研究会の成果をもとにしている。

二　構　成

・本書は、本文編と註釈編からなる。
・本文編には、諸写本の校合によって得られた本文を掲載する。
・註釈編は、【校訂註】【書き下し】【註】【文書の位置づけ・機能】（㊳国務条事では、【内容と解釈】【『時範記』との対応】）、【関連史料】【参考文献】で構成する。

三　本文編

1　底本および対校本

・底本には、国文学研究資料館所蔵三条西家旧蔵本を用いる。
・対校本には、宮内庁書陵部所蔵葉室家旧蔵本・東京大学史料編纂所所蔵貞享三年本・神宮文庫所蔵豊宮崎文庫旧蔵本・国立公文書館内閣文庫所蔵紅葉山文庫本・東山御文庫本・東京国立博物館所蔵伴信友校訂本を用いる。
・各写本の書誌・系統については、「底本・対校本について」（七～一三頁）を参照。

2　文書番号および文書名

・巻頭から順に文書に番号を附す。国務条事については、全体を㊳文書とした上で、条文番号を附して㊳文書―〇の形で示す。また、㊳文書内の各項では、国務条事の各条を「第〇条」と呼ぶ場合がある。
・文書名は新訂増補国史大系本の鼇頭標目を基本として、適宜改めた。

3　本文作成の方針

・本文ではおおむね底本に近い字体（正字・異体字および常用体など）を用いる。したがって、一文書内で同一の文字が異なる字体で表現される場合がある。
・改行箇所は、底本によらない。

四　註　釈　編

1　校訂註

・本文と、底本および対校本との字句の異同を示す。但し、一般的な異体字による異同は基本的にはとらない。
・底本および対校本等について、次の略称を用いる。

底…国文学研究資料館所蔵三条西家旧蔵本

葉…宮内庁書陵部所蔵葉室家旧蔵本
史…東京大学史料編纂所所蔵貞享三年本
豊…神宮文庫所蔵豊宮崎文庫旧蔵本
紅…国立公文書館内閣文庫所蔵紅葉山文庫本
東…東山御文庫本
伴…東京国立博物館所蔵伴信友校訂本
大…新訂増補国史大系本

・底本および対校本等の字句の様態について、次の略称を用いる。

脱…校合の結果として本来あるべきと考えられた文字が脱落している状態。
欠…欠損によって文字がない状態。写本の親本・祖本に由来する場合も含む。
□…親本・祖本の欠損が□等の記号で写本上に表現されている状態。残画が表現されている場合には、「□（残画）」とした。
傍訂…文字に抹消の記号を附した上で、文字の横などに注記した状態。
傍書…「傍訂」以外で、文字の横などに注記した状態。
重書…文字の上に文字を重ね書きした状態。
補…脱落・欠損した文字を、挿入符などを用いて補っている状態。
上（下）に○○あり…文字の上（下）に本文とは異なる字句が存在する状態。

・校訂が複雑な場合、補註を附す。

2　書き下し
・基本的に常用漢字を用い、平易に読み下す。一部、表記をかなに改める場合がある。
・小字または割書となっている箇所は、〈　〉内に示す。

3　註
・本文の理解のために必要と思われる語句等について註釈する。
・史料の引用の際には、次の略称を用いる。また、律令の条文番号・条文名は『日本思想大系　律令』（岩波書店）、延喜式の条文番号・条文名は『訳注日本史料　延喜式』（集英社）による。以下の項目でも、同様の略称を用いる。
『朝野群載』…『群載』／『日本後紀』…『後紀』／『続日本後紀』…『続後紀』／『日本文徳天皇実録』…『文実』／『日本三代実録』…『三実』／『類聚国史』…『類史』／『日本紀略』…『紀略』／『本朝世紀』…『世紀』／『扶桑略記』…『略記』／『類聚三代格』…『三代格』／『政事要略』…『要略』／『類聚符宣抄』…『符宣抄』／『別聚符宣抄』…『別聚』／『公卿補任』…『補任』／『尊卑分脈』…『分脈』／『御堂関白記』…『御堂』／『後二条師通記』…『師通記』／『大間成文抄』…『成文抄』／『今昔物語集』…『今昔』／『本朝文粋』…『文粋』／『本朝続文粋』…『続文粋』／『古今和歌集』…『古今集』／『類聚名義抄』…『名義抄』／『和名類聚抄』…『和名抄』／『大日本古文書』編年文書○巻△頁…『大日古』○―△／『大日本古文書』東大寺文書（東南院文書）○号文書…東南院―○／『平安遺文』○号文書…平―○／『鎌倉遺文』○号文書…鎌―○

4　文書の位置づけ・機能（㊳国務条事を除く）

・文書の内容を解説し、その位置づけと機能についての考察を述べる。
・文書が『群載』に収載された経緯については、推測が可能な場合にふれる。

5　内容と解釈（㊳国務条事のみ）
・本文の記述を解釈し、その内容を説明する。

6　『時範記』との対応（㊳国務条事のみ）
・本文が、承徳三年（一〇九九）に平時範が因幡守として下向した際の日記（『時範記』）の記事と関連する場合、その記事を掲出する。なお本文は、おおむね早川庄八「時範記　承徳三年春」（『日本古代の文書と典籍』吉川弘文館、一九九七）に従い、割注部分には〈　〉を附した。

7　関連史料
・本文を理解する上で参考となる史料を掲出する。

8　参考文献
・本文の理解に必要と思われる参考文献を掲出する。ただし、以下に挙げる論文は多くの文書に関連するため、個々の文書では掲出しない場合もある。

青木和夫『古代豪族（日本の歴史　五）』小学館、一九七四
彌永貞三「朝野群載」『日本古代の政治と史料』高科書店、一九八八、初出一九七一
五味文彦「文士と諸道の世界」『書物の中世史』みすず書房、二〇〇三
高田義人「『朝野群載』写本系統についての試論」『書陵部紀要』五四、二〇〇三
五味文彦「『朝野群載』と『政途簡要集』」『中世社会史料論』校倉書房、二〇〇六

生島修平・染井千佳・森公章「『朝野群載』巻二十二「国務条々」校訂文（案）と略註」『白山史学』四六、二〇一〇

底本・対校本について

本書の主たる目的は『朝野群載』巻二十二のより適切な校訂本文の提示にある。そこで本文の作成にあたっては、先行研究によりながら写本系統を吟味して底本と対校本を選択した。

従来『群載』の活字化されたテキストには、改定史籍集覧（第十八冊新加通記類）と新訂増補国史大系（第二十九巻上）があり、国史大系本が広く用いられている。

国史大系本では、巻一が國學院大學所蔵猪熊信男氏旧蔵本、他巻については神宮文庫所蔵旧林崎文庫本（山川真清校訂本）を底本とし、神宮文庫所蔵旧宮崎文庫本、同庫所蔵旧宇治殿本、内閣文庫所蔵本、改定史籍集覧本を対校本に用いている。

ところが国史大系本の本文には難読・難解な部分がしばしば見出される。その場合、国史大系本が底本・対校本に用いていない写本によって当該箇所を確認してみると、字句が異なっており、かつ読解が可能になる場合が多い。

国史大系本の底本である旧林崎文庫本は、北条（金沢）実時の蔵していた金沢文庫本（後陽成院所持本、後述）を直接転写した内閣文庫所蔵紅葉山文庫本の系統に属する、東京国立博物館所蔵伴信友校訂本の写本である。この本は必ずしも良本とはいえず、信友の校訂の影響も強く受けている。『群載』の写本は多く伝存するが、鎌倉初期と考えられる猪熊本（巻一のみ残す）を除くとそのほとんどが近世写本であり、信頼すべき良本の選択には困難が伴う。

しかし現在では、高田義人氏の精力的な研究によって『群載』の写本系統が明らかにされている（高田義人「『朝野群載』写本系統についての試論」『書陵部紀要』五四、二〇〇三。以下、高田氏の見解は当論文による）。高田氏はかつて後陽成院が所蔵していた『群載』（後陽成院所持本、万治四年〈一六六一〉の内裏火災により焼失）について、その忠実な転写本である東山御文庫本に模写されている奥書の花押が、北条実時の花押と思しきことから、後陽成院所持本を金沢文庫本であると推定し、この系統（後陽成院所持本系）に属する写本の有用性を指摘した。

また国文学研究資料館所蔵の三条西家文書に含まれる『群載』（三条西本）についても、享禄二〜四年（一五二九〜三一）に三条西公条らによって書写された本（三条西古本、現在所在不明）の転写本であり、奥書や欠損パターンから、これも金沢文庫本を祖本とするものであることが明らかにされている。その一方で三条西本は、後陽成院所持本＝金沢文庫本の直接の転写本である紅葉山文庫本や東山御文庫本では欠損としている部分を書写していることから、その親本である三条西古本は後陽成院所持本の破損が進む以前に転写されており、結果として三条西本をはじめとする諸本（三条西古本系）は、後陽成院所持本系の写本よりも情報量の多い写本であることも指摘されている。

朝野群載研究会のもととなった、佐藤信先生の東京大学大学院での演習においても、巻二十二についてのみではあるが、野尻忠氏によって東京大学総合図書館、同史料編纂所、国立公文書館内閣文庫、東京国立博物館等において原本もしくはその写真版が確認できる諸写本の調査が行われた。演習ではその成果にもとづいた校訂を行った上で内容検討を行い、あわせて写本系統の整理も進められた。

本研究会では高田氏や野尻氏の研究・調査の成果をふまえてさらに検討を重ね、底本・対校本に以下の諸本を採用した。

底　本　国文学研究資料館所蔵三条西家旧蔵本（三条西本）
対校本　宮内庁書陵部所蔵葉室家旧蔵本（葉室本）
　　　　東京大学史料編纂所所蔵貞享三年本（史料本）

神宮文庫所蔵豊宮崎文庫旧蔵本（豊宮崎本）

国立公文書館内閣文庫所蔵紅葉山文庫本（紅葉山本）

東山御文庫本（東山本）

東京国立博物館所蔵伴信友校訂本（伴信友本）

底本には後陽成院所持本系の諸本よりも情報量が多いと考えられる三条西本を採用し、対校本には三条西古本系・後陽成院所持本系それぞれの良質な写本と国史大系本に大きな影響を与えている伴信友本を用いることとした。以下、底本および対校本について、高田氏や野尻氏の研究成果をまとめてその書誌情報を示し、最後に転写関係を推定した系統図も掲載しておく。なお、ここに示した書誌情報や系統図は、原則として巻二十二に関してのものに限られている。

底本

○国文学研究資料館所蔵三条西家旧蔵本（請求番号：二三八―一～八）

写本系統　三条西古本系

書写年代　十七世紀初～十八世紀

転写状況　享禄二～四年に三条西公条らによって書写された三条西古本の転写本。

内　　容　全八冊。確認される『群載』現存巻のうち巻十二が欠。

対校本

○宮内庁書陵部所蔵葉室家旧蔵本（請求番号：葉―一二七一）

写本系統　三条西古本系

書写年代　十七世紀後半～十八世紀

転写状況　葉室頼孝（一六四四～一七〇九）が三条西古本を書写し、後に子の頼重（一六六九～一七〇五）が三条西古本に欠けていた巻十二を補写。したがって三条西本とは兄弟関係にある。

内　　容　全八冊。巻九と巻二十二の末尾約二丁分が欠。また錯簡も見られる。

○東京大学史料編纂所所蔵貞享三年本（請求番号：四一五七―八二）

写本系統　三条西古本系

書写年代　貞享三年（一六八六）

転写状況　詳細は不明。欠損パターン等から三条西古本系と推測される。蔵書印からは、宇治氏や荒木田久老（内宮権祢宜）、小中村清矩らの手を経ていることが分かる。貞享三年には宇治氏が中心となり丸山文庫（後の林崎文庫）が設立されており、これに関連する可能性がある。

内　　容　全七冊。巻十七・二十・二十一・二十二・二十六・二十七・二十八のみ。

○神宮文庫所蔵豊宮崎文庫旧蔵本（請求番号：十一―九三〇）

写本系統　三条西古本系

書写年代　江戸時代後期（文化十年〈一八一三〉以前）
転写状況　史料本もしくは神宮文庫所蔵林崎文庫旧蔵宇治文庫本（全十五冊、江戸時代後期の書写か）の転写本。
内　　容　全二十一冊。

○国立公文書館内閣文庫所蔵紅葉山文庫本（請求番号：特一〇一―二）
写本系統　後陽成院所持本系
書写年代　慶長二十年（一六一五）
転写状況　徳川家康による慶長写本。紅葉山文庫旧蔵本。後陽成院所持本＝金沢文庫本を直接転写。ただし親本の欠損部分を空白で表現し、残画等は一切写し取っていない。
内　　容　全十九冊。確認される『群載』現存巻のうち巻一・十二が欠。

○東山御文庫本（請求番号：勅一六五―二）
写本系統　後陽成院所持本系
書写年代　巻二十二は明暦年間から万治四年の内裏火災までの期間（一六五五～六一）
転写状況　巻二十二については、後西天皇の禁裏本書写事業による後陽成院所持本＝金沢文庫本の直接転写。したがって紅葉山本とは兄弟関係にあるが、当本は欠損部の残画等をよく写し取っている。寛文六年（一六六六）に霊元天皇に贈進。
内　　容　全二十一冊。霊元天皇によって巻一・十二（二冊）が補写。

○東京国立博物館所蔵伴信友校訂本（請求番号：と五〇九五）

写本系統　後陽成院所持本系

書写年代　天保五年（一八三四）の跋文あり。ただし天保五年以降の校訂も見られる。

転写状況　詳細は不明。校訂本であることから、複数の写本をもとに構成されていると考えられるが、欠損パターン等から後陽成院所持本系と推測される。また跋文には、本書作成にあたり披見を得た諸本からは、禁本（東山本）、官本（紅葉山本）、林本、尾本（蓬左文庫本か）など十系統の写本の存在を確認できたとする。さらにそれらが同一本から出ていると指摘していることからも、後陽成院所持本系に属すると考えられる。ただし欠損パターンの一致から、基本的には紅葉山本を底本としたようである。諸本との校合の結果が傍訂や傍書などの形で数多く記されている。なお、国史大系本の底本である神宮文庫所蔵旧林崎文庫本（山川真清校訂本）は当本の忠実な転写本。

内　　容　全二十一冊。

『朝野群載』巻二十二写本系統図

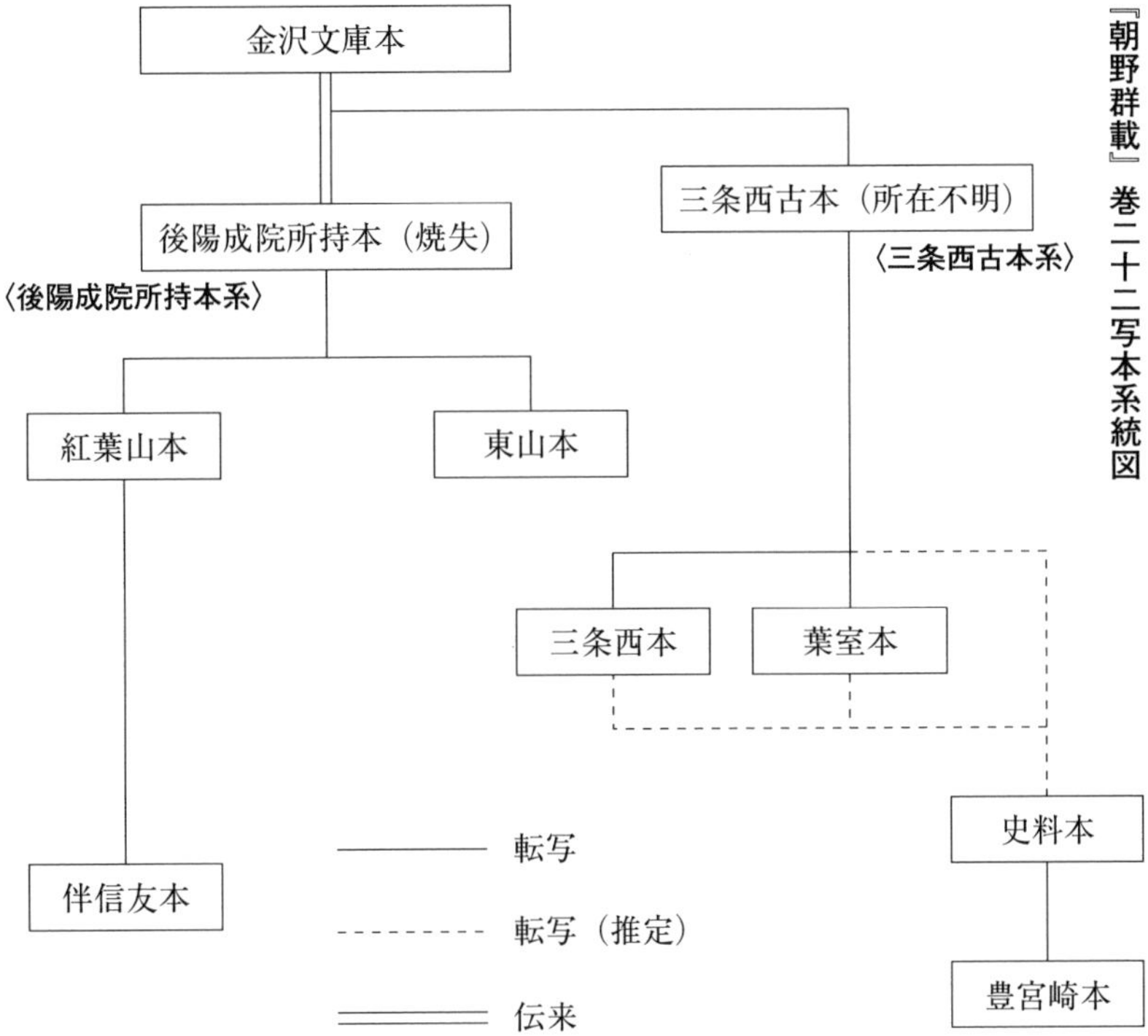

（磐下　徹）

本文編

朝野群載巻第廿二

諸國雜事上

①清原定康受領吏申文

舊吏依勘済公文并儒勞申受領吏

従四位下行助教清原真人定康、誠惶誠恐謹言

請特蒙　天恩、因准先例、依當職勞并上総國公文五代勘済功、兼任大蔵大輔・河内守等闕状

右定康、謹検案内、為當道儒士之者、兼任件等官、承前之例也。近則中原有象兼治部大輔、惟宗時用兼刑部大輔、祖父頼隆兼河内守等是也。於是定康計儒勞、則卌餘廻之春秋空暮、思吏途、亦廿箇年之貢賦全備。須以大功申熟國也。然而齢傾病侵、榮遠死近、不如浴今日之恩、慰多年之愁。望請　天恩。因准先例、依件等勞、兼任彼官。且仰憐老之仁、且誇奉公之節。定康誠惶誠恐謹言。

天永三年四月二日　　従四位下行助教清原真人定康

②藤原俊信受領吏申文

靫負佐申受領

右少辨正五位下兼行右衛門權佐文章博士東宮学士周防介藤原朝臣俊信誠惶誠恐謹言

請殊蒙　天恩、因准先例、被兼任摂津・淡路等國守闕状

右俊信謹検案内、為廷尉佐之者、経五六年、拜任受領、承前之例也。又為辨官之輩、兼任刺史、古今之跡也。俊信承徳二年拜任右衛門權佐、康和元年拜除右少辨。雖思夕惕、尚仰朝恩。抑有信・為房・

時範・敦宗朝臣等、共退金吾、兼任刺史。近代之例、指屈如此。俊信廷尉之職、已歴七年。今思舊貫、偏在新恩。望請　天恩。因准先例、罷右衛門權佐職、被兼任件等國守闕。然則不懈夙夜於鸞臺之風、偏致拜覲於龍楼之日。俊信誠惶誠恐謹言。

康和六年正月廿五日　右少弁正五位下行右衛門權佐、、

③源義家受領吏申文

依勲功申受領吏

前出羽守従五位下源朝臣義家誠惶誠恐謹言

請特蒙　天恩、依征夷功、被拜任越中國守闕狀

右義家謹検案内、諸州刺史辞退之後、拜任要國之輩、蹤跡多存、不遑毛挙。况乎儒学・勲功之人。採擇異常者也。爰親父頼義朝臣、當勤王之選、蒙征夷之詔、任奥州刺史、兼鎮守府將軍。且思家門之名、且恐朝庭之議、殊振武威、遠赴鳥塞。戎狄之為躰也、其力抜山、其居固嶮。騎騏驥之駿足、習𢋌狼之驍勇。及臨戰場、弥成激怒、百万之衆、戈鋋之勢、中國之人不可敢當。而旁施兵略、不損皇威、討撃醜虜、平定蠻貊、斬魁帥之首、驚衆庶之眼。開闢以来、未曽有此比。義家存扶親之誠、勵奉公之節、不顧身命、無避矢石、共蹔夷戎、新蒙褒奬。以頼義朝臣任伊豫守、以義家拜出羽守。然而南海・東山其程眇焉。雖喜仁恩之適及、猶恨動静之遠隔。是以為専孝、思辞出羽守。然間越中國守已有其闕。若

優軍功、何不拝任哉。昔班超之討西域、早遇漢家封侯之賞。今義家之征東夷、欲浴越州専城之恩。所申之旨、誰謂非據。望請　天恩。依征夷之功、被拝任越中守闕、將令後昆勵忘身報國之志。義家誠惶誠恐謹言。

康平七年　月　日

④大江通貞受領吏申文

依官史上日等次第論申受領

散位従五位下大江朝臣通貞誠惶誠恐謹言

請被殊蒙　天恩、因准先例、依官史巡第一、拜任隠岐國守状

上日等次第

伴廣親 寛治八年正月任 上日四百四

大江通貞 同日任 上日三百五十

豊原廣時 同年六月任 上日二百卌三

中原光俊 同二年十二月任 上日□

右通貞謹検案内、仕官史任受領之輩、皆依上日次第、應其撰者、古今不易之例也。爰通貞、去寛治八年正月任官史、嘉保二年正月関爵級。其時廣親者、同日之任官也、依為上日之一臈、任安房守。又廣

時者、隔五箇月之下﨟也。光俊者送一年之最末也。皆非一時之任、豈有同日之論哉。旁謂任日之前後、獨為新叙之第一。比之等倫、更無傍輩。其手實之記具載状右。望請　天恩。因准先例、依官史巡第一、被拜任隠岐國守者、一知前蹤之不墜、勵後昆之有勤。某誠惶誠恐謹言。

保安三年正月廿日　散位従五位下大江朝臣通貞

⑤菅野則元受領吏申文

上﨟辞退受領下﨟申文

散位従五位下菅野朝臣則元誠惶誠恐謹言

請特蒙　天恩、因准先例、依官史労拜任下野等國守状

右則元謹検案内、経官史叙爵之者、毎春一人、必被任受領、古今之例也。今年之巡、相當伴廣貞。而嫌任國、申他官。若廣貞不被登用者、則元為第二、尤當其仁。望請　天恩。因准先例、拜任件等國者、將知奉公之不空矣。則元誠惶誠恐謹言。

嘉保二年正月廿六日　散位従五位下菅乃朝臣則元

⑥藤原仲義式部省正庁等成功宣旨

應令散位藤原朝臣仲義修造式部省正廳并南門・西門・南面築垣壹町拜任最前要國事

右得彼省去四月廿八日解状偁、得仲義款状偁、謹検案内、依諸司修造功、任諸國受領吏者、承前之例也。爰當省者布政之場・歴試之砌也。先先舎屋破壊・顛倒之時、募受領之功、致修造之營。古今之間、蹤跡多存。方今件正廳之屋、朽損顛倒、南門・西門已以無實。南面築垣又以破壊。而仲義早拜典厩之官、再為管國之吏。雖莅邊要凋弊之境、共勵勘済公文之勤。縦雖無所募、何不任宰吏。况申成功、誰謂非拠者。今加覆審、所申有實。抑當省去天治元年之比、可被注損色之由、経　天裁之處、依同年十二月十七日　宣旨、官使・諸司相共検注、言上損色并功程已畢。其後先抽至要舎屋等、可令成功輩修造之由、度々奏聞先畢。今依彼款状重所言上也。望請　天裁。因准先例、令件仲義致修造之功、被拜任受領吏最前闕者。右少辨藤原朝臣宗成傳宣、權大納言藤原朝臣宗忠宣、奉　勅、依請者。

大治三年六月五日　左大史兼算博士能登介小槻宿祢奉

⑦宇佐兼時諸国権守申文

申諸國權守

散位從五位下宇佐宿祢兼時誠惶誠恐謹言

請特蒙　天恩、因准先例、依叙労、被拜任諸國權守闕状

右兼時謹検案内、散班之者、依叙爵労、拜任諸國權守者例也。採擇之處、只仰恒典。望請　天恩。因准先例、被拜除件官闕、將仰　皇化矣。兼時誠惶誠恐謹言。

康和二年正月廿六日　散位従五位下宇佐宿祢兼時

⑧三善雅仲諸国介申文

従五位上行主税権助兼算博士三善朝臣雅仲誠惶誠恐謹言

請特蒙　天恩、因准先例、依儒労被兼任越前・越中國介状

博士帯助者兼國例

親父為長朝臣 康平三年兼土左介　助労 治暦二年兼備前権介　博士労　歴七年

身労 寛治八年兼土左権介　助労　歴七年

右雅仲謹検案内、博士居助之輩、随其年限兼諸國介者、古今之通規也。其例不遠、只追親父之蹤。其仁在近、已當今年之運。自餘之例、不遑勝言。望請　天恩。因准先例、依儒労、被兼任件等國介、將知奉公之不空矣。雅仲誠惶誠恐謹言。

康和二年三月廿六日　従五位下行主税権助兼算博士三善朝臣

⑨三善為康兼任越前権介官符

外國官人官符

太政官符越前國司

正五位下行諸陵頭兼算博士三善朝臣為康
右正月廿八日兼任彼國權介畢。國冝承知、至即任用。符到奉行。
正四位下行左中辨藤原朝臣　　正五位下行左大史兼算博士能登介小槻宿祢
大治五年二月廿六日

⑩伴久永任淡路少掾官符

太政官符淡路國
從七位上伴宿祢久永
右正月廿六日任彼國少掾畢。國冝承知、至即任用。縁海之國、亦冝給粮。符到奉行。
正四位下行左中弁藤原朝臣　　修理左宮城判官正五位下行大炊頭兼左大史算博士小槻宿祢
寛治四年二月廿六日

⑪三善為長諸国権介申文

從五位下行算博士美濃介三善朝臣為長誠惶誠恐謹言
請特蒙　天恩、因准先例、停美濃介被改任備後介・周防權介等闕状
當道博士兼任権守・介并改任要國例

家原氏主貞觀四年兼美作權介　同九年兼尾張權守
有宗益門貞觀七年兼信濃權守
家原繩雄貞觀十一年兼但馬權守
同高郷寛平六年兼備後權介
大蔵良實延喜十九年兼周防介
同忠臣正暦二年兼周防權介
祖父茂明長德二年兼美作權介
親父雅頼治安二年兼土左介　長元六年兼備前權介

右為長謹検案内、当道儒士兼要國權守・介、并改任之例、略載于状右矣。抑為長去四月除目、本望之外、兼件國介。爰彼國有兼任之名、無微俸之實。依非宿望、重仰朝恩。望請　天恩。因准先例、被改任件等國介闕者、將知稽古之力。為長誠惶誠恐謹言。

寛治二年十二月廿五日　從五位下行算博士兼美濃介三善朝臣

⑫加賀初任国司庁宣

初任國司廳宣

新司宣　加賀國在廳官人・雜任等

仰下　三箇條事

一、可早進上神寶勘文事

右件神寶、或於京儲之、或於國調之者。且進上勘文、且可致其勤。又恒例神事、慥守式日、殊可勤行矣。

一、可催行農業事

右國之興復、在勸農業。農之要務、在修池溝。宜下知諸郡、早令催勤矣。

一、下向事

右大略某月比也。於一定者、追可仰下之。

以前條事、所宣如件。宜承知依件行之。以宣。

延喜十年　月　日

⑬但馬初度国司庁宣

初度《》
廳宣　但馬國在廳官人等

仰下雜事

一、可勤仕恒例神事

右國中之政、神事為先。専致如在之嚴奠、須期部内之豊稔。一境殷富、乃貢易備。百姓安堵、資用已足者。
一、可修固池溝堰堤事
右農務之要、尤在池溝。宜下知諸郡、早致修固也。
一、可催勸農業事
右國以民為本、民以農為先。然則乃貢之備、尤在此事。早以勤行者。
以前條事、所宣如件。宜知此状、依件行之。故宣。
年　月　日
守

⑭但馬第二度国司庁宣
廳宣（第二度）　在廳官人等
仰下條事
一、可令注進官物率法事
右色々率徴一々可注進之。
一、可同令注進一所目代并郡司・別符司等事
右為令尋沙汰、早可注申之。

一、可同令注進當年田数并國内起請田・農料事
右國中之政、農料為先、官物為宗。早注委細、可令進上。兼可致用意之故也。
一、可参上在廳官人等両三人事
右為召問先例國事、為宗之輩早可参上之。
以前條事、所宣如件。在廳官人等、宜承知依件行之。
元永元年十二月九日
右兵衛權佐兼大介藤原朝臣

⑮定遣国目代庁宣書様

定遣國目代
廳宣　在廳官人等
定遣目代事
散位中原朝臣某
右人為令執行一事已上、所定遣如件。宜承知、依件行之。以宣。
年　月　日
守

⑯定遣国目代源清基庁宣

廳宣　在廳官人等

散位源朝臣清基

右件人為令執行國務、補目代職、発遣如件。在廳官人等、宜承知、一事已上、可従所勘。不可遺失。故宣。

年　月　日

守藤原朝臣

⑰送前司館書状書様

送前司舘書状

某謹言。除目案内、定風聞候歟。御上道何程乎。可然者、於洛下可奉待候。諸近將執啓。謹言。

月　日　　加賀守某

謹々上　前司御舘

⑱遣新司許書状書様

獻新司許書

某頓首謹言。披閲除書、被拝任當國、本意已足、喜悦亦深。幸甚々々。抑熊軾期、何程許乎。慥承案内、可参仕境間。但御頓料解文、注別紙謹以進上。伏賜恩納跪所望也。某頓首謹言。

謹々上新司殿政所

⑲頓料解文

頓料解文

進上

新司頓料物事

合若干

右依例進上如件。

延喜十年　月　日　前司藤原朝臣

⑳山城新国司請給鉤匙解

山城國司解　申請　官裁事

請被給鉤匙開検不動倉状

右謹検案内、不動之物、理須算計。非加開検、何知積高。望請　官裁。被給鉤匙將備交替。仍録事状、謹解。
康平七年　月　日
従五位下行守橘朝臣経俊
案之、拝任受領之吏、在前申請文也。付官申納言。

㉑高階成章籖符申文

申籖符
従四位下行阿波守高階朝臣成章誠惶誠恐謹言
請特蒙　天恩、准傍例、不待本任放還、給籖符、赴任國状
右謹検案内、須待本任放還、給籖符、赴任國也。而進発在近、相催無程。望請　天恩。因准傍例、不待本任放還、被給籖符、将赴任國。成章誠惶誠恐謹言。
長久五年二月廿八日　従四位下行阿波守高階朝臣成章
今案、在本任之人、待其放還、給籖符、赴任國。爰京官者不給而不行。仍所申請也。但諸道博士、不預官物之類、非責限。又無本官之人不可申請。式云、自京官遷任畿内之人、雖不進本任解由、向任國。近江・丹波等准之。不申請籖符之時、任符所、稱宣旨未下之由、敢不作上之故也。

㉒信濃国司罷符

罷符
太政官符　信濃國司
　正五位下藤原朝臣永平
右今月一日任彼國守畢。國宜承知、官物一事已上、依例分付。符到奉行。
弁　　　　　　史
　　　年　月　日

㉓伯耆国司罷符

太政官符伯耆國司
　従五位下平朝臣忠盛
右去三月廿日任彼國守畢。國宜承知、官物一事已上、依例分附。符到奉行。
造東大寺長官正四位下行左中辨藤原朝臣　修理右宮城判官正五位下行左大史兼算博士播磨介小槻宿祢
　　　年　月　日

㉔藤原家業依下名誤依本位賜官符申文

依下名誤依本位申賜任符
上野介従五位下藤原朝臣家業誠惶誠恐謹言
請殊蒙　天恩被下宣旨、依本位賜任符状
右家業、去正月除上野介。即賜籤符、欲赴任國、下名誤注従五位上。仍不給任符。望請　天恩。被下宣旨、依本位給任符。家業誠惶誠恐謹言。
治安四年七月九日　上野介

㉕出羽守橘時舒改路次申文

國司申改路次
従五位上行出羽守橘朝臣時舒解　申請　官裁事
請殊蒙　官裁、因准前例、被給官符於東海道、准正道赴任國状
右謹、須自路次罷下。而頃年之間、水陸自変、遠行之程、道路多嶮。望請　官裁。因准前例、給食馬官符於海道、將以罷向矣。仍注事状謹解。
天禄二年四月五日　従五位上行出羽守橘朝臣

㉖駿河国司国司以下帯剣申文

國司以下申帶劔

駿河國司解　申請　官裁事

請因准諸國例、被令國司并郡司・雜任帶劔狀

右謹検案内、當國西作遠江國榛原郡、東承相模國足柄關。況復國内帶清見・横走兩關。坂東暴戻之類、得地往反、隣國奸猾之徒、占境栖集。侵害屢聞、奪撃發。百姓不安、境内無靜。國宰守官符旨、勘糺奸犯之輩、不帶弓箭、無便追捕。近則管益頭郡司伴成正、判官代永原忠藤等、去天曆八年被殺害、介橘朝臣忠幹、去年被殺害也。是或拒押公事、或忽結私怨、往々所侵也。重検傍例、甲斐・信濃等國、雖云不置關門、去承平・天慶之間、任國申請、已被裁許。此國已帶両關、何不申請。加以可捕糺私帶兵仗之輩、及勤行警固之狀、官符重疊。若無弓矢之儲、何禦非常之危。望請　官裁。准諸國例、被裁許件帶劔、將爲不虞之備。仍録事狀、謹請　官裁。謹解。

天曆十年六月廿一日

件帶劔事、同年十月廿一日、中納言師尹宣、奉　勅、依請。

㉗下総守藤原有行兼押領使并給随兵申文

中兼押領使并給随兵

従五位下下総守藤原朝臣有行誠惶誠恐謹言
請被特蒙　天恩、因准先例、兼行押領使、并給随兵卌人状
右謹検案内、當國・隣國司等、帯押領使、并給随兵、勤行公事。其例尤多。近則前司守従五位下菅原朝臣名明、依天慶九年八月六日符、兼押領使、并給随兵卌人。凡坂東諸國、不善之輩、横行所部、道路之間、取物害人。如此物危、日夜不絶。非施公威、何粛國土。望請　天恩。因准先例、不費官物、國廻方略、漸以宛行。然則若有凶黨之輩、且以追捕、且以言上。有行誠惶誠恐謹言。
天暦四年二月廿日　従五位下
同年五月五日左大臣宣、奉　勅、依請。

㉘淡路国司補押領使申文

申補押領使
淡路國司解　申請　官裁事
請被因准傍例給官符、以正六位上高安宿祢為正補押領使状
右謹検案内、此國四方帯海、奸猾易通。況乎世及澆季、俗亦狼戻也。警衛之備、無人勤行。望請　官裁。以件為正補押領使職者、將令就不虞之勤。仍勒事状謹解。
寛弘三年四月十一日

㉙追捕使官符

追討使官符

太政官符近江國司

応以散位従七位上甲可臣是茂令追捕部内凶黨事

右得彼國去年十月十七日解偁、謹検案内、此國帯三箇道、為要害地。奸猾之輩、横行部内、強盗殺害、往々不絶。仍前前國宰、部内武藝之輩、撰堪其事之者、申請公家、為追捕使。近則故佐々貴山公興恒・故大友兼平等是也。爰兼平今年二月其身死去。前司介藤原朝臣清正、權大掾依知秦公廣範可補彼替之状、言上解文先畢。而件廣範、齢已老、身非武藝。今件是茂忠廉之情、方寸不撓。文武之用、随分相兼。糺察・追捕、可堪其職。望請 官裁。因准先例、以件是茂為追捕使、粛静部内者、右大臣宣、依請者。國宜承知、依宣行之。符到奉行。

正五位下守左中辨藤原朝臣文範　　　　左大史

天暦十年六月十三日

㉚押領使官符

太政官符　出雲國司

應以清瀧静平為押領使令追捕部内奸濫輩事

右得彼國去正月廿六日解状偁、謹検案内、美作・伯耆等國申請官符、押領使勤行警固事。而此國在二境之中、暴悪之輩任心横行。自非官符之使、何糺執悪之徒。加以年来之間、賦税之民恣集黨類、動奪人物。謹案事情、糺捕凶類之道、尤在此使。方今静平才幹兼備、亦堪武藝、清廉之性、勤公在心。望請官裁。准件等國例、以静平被裁給押領使、且令断凶悪之輩、且令在平善之風者、右大臣宣、依請者。國宜承知、依宣行之。符到奉行。

従四位下行左中弁橘朝臣好古　左大史出雲宿祢蔭時

天暦六年十一月九日

㉛捕進官符

太政官符　左右京職

應慥捕進伊豫守佐伯朝臣公行妾従者藤原吉道・出納不知姓春正等事

右内大臣宣、奉　勅、件吉道等為勘糺奉咒咀中宮之事、宜仰彼職、慥尋在處。令捕進之輩、随其品秩将加勸賞者。職宜承知、依宣行之。所犯已重、不得疎略。符到奉行。

正四位上右中弁　左少史

寛弘六年十一月廿日

㉜越前国司停追捕使押領使申文

申停追捕使・押領使

越前國司解　申請　官裁事

請被停止追捕使・押領使等状

右在京雜掌申、云云。今件随兵・士卒非必其人。或借威使勢横行所部、或寄事有犯脇略人民。所部不静還致愁歎。望請　官裁。被停止件使。若猶郡司之力不及、國宰之勤難堪、須随事状申請件使。仍録事状謹解。

天暦六年三月二日

同年十一月八日左大臣宣、奉　勅、依請。

㉝任鎮守府傔仗

任鎮守府傔仗

太政官符　陸奥國司并鎮守府

正六位上文屋真人季延

正六位上道公方行

右去四月十九日、任鎮守府將軍従五位下源朝臣信孝傔仗畢。國・府宜承知。符到奉行。

右中弁源朝臣保光　　左少史吉志宿祢

康保二年五月廿五日

㉞上野国送武蔵国移

移文

上野國移　武蔵國衙

来牒壹紙被載可糺定穀倉院藤崎庄所領田畠四至子細事

右去二月十九日移、今月二日到来偁、云々者。依来移旨検舊例、件田畠為管邑楽郡所領経数代矣。而今号彼庄所領内可糺定之由、其理難决。仍移送如件。國也察状、移到准状。以移。

長和四年三月四日

㉟過所牒

過所牒

某國牒　某國路次關々

可勘過某随身雜物事

右差某國發向。仍可勘過之状、牒送如件。故牒。

年月日目
守　　　掾
介

㊱**遠江国送伊勢太神宮司牒**

牒状

遠江國牒　伊勢太神宮司衙

来牒壹紙被載𦆅御厨壹處子細状

牒。去五月十八日衙牒、今日到来偁、云々者。抑件御厨、不知往古之子細。依新制之旨、前司已以停癈畢。今被牒送之旨如何。就中、上奏之由見牒状。裁下之時、可言上左右之状如件。乞也、衙察之状。以牒。

永保元年六月十二日

㊲**国符**

國符

國符　赤穂郡司

應免除太皇大后宮大夫家御領有年庄司・寄人等臨時雑役事

司捌人

惣検校掾播磨傳野　検校内舎人播磨音名

別當播磨興昌　預三人孫主良光　同春遠　同重春

専当安曇安信

寄人肆拾壹人

秦得吉　同安成　同用成　同用則　苅田忠正

佐伯直則　秦時正　山邊重則　孫主利種　小邊市正

秦本弘　同吉連　春日直安　同弘安　同成時

山邊重正　安曇貞信　同豊信　佐伯守忠　紀行成

秦清本　同種正　安曇貞道　佐伯有安　秦元時

百済述高　安曇述友　同述平　同久頼　刑部甥成

刑部利成　縣主依種　同有任　佐伯安遠　同貞遠

秦豊近　春日得成　若湯秋継　同貞光　秦種讀

早部宮正

右彼家去十月十五日牒、今月十三日到来偁、件庄代々相傳之処也。而本公験等、去四月十三日左衛門督三条家焼亡之次、紛失已了。仍如本立券、免除司・寄人等臨時雑役者、所仰如件。郡宜承知、依件免除。不可違失。符到奉行。

大介藤原朝臣説孝

権大掾大和宿祢
大掾播磨宿祢
佐伯朝臣
権大掾播磨
大目刑部
小目刑部

長和四年十一月十六日

㊳国務条事

國務條事

◇第一条

一、随身不与状并勘畢税帳事

不与状者、語勘解由主典、清書之。勘畢税帳者、就主税寮得意判官・属、書寫之。是皆蜜々所寫取也。但以件帳等、為後任勘済公文也。

◇**第二条**

一、赴任國吉日時事

新任之吏赴任國之時、必擇吉日時可下向。但雖云吉日、世俗之説、降雨之日尤忌之。出行亦改吉日、更出行耳。是任人情非有必定。

◇**第三条**

一、出行初日、不可宿寺社事

世俗説云、不食素餅、不聽凶事、不宿寺中、不寄社頭云々。但今世之人、只随氣色耳。

◇**第四条**

一、出京・關間、奉幣道神事

出京之後、所宿之處、蜜々奉幣道神。即令行願途中平安之由。

◇**第五条**

一、制止途中鬪乱事

新任之吏、赴向任國之間、郎等・従類之中、或奪取人・物、或鬪乱同僚。仍郎等之中、撰定清廉勇士、令制止件事。

◇**第六条**

一、前使立吏幹勇堪郎等一両人、令點定夕宿所事追前途之間、自経日月、若無支度到晩景、則自有不合事。仍前立件郎等一両、可令點定夕宿。若有不合事者、一人還来可申事由。即為途中用意也。但點所々間、不可致隣里之愁。又随形進止耳。

◇**第七条**

一、擇吉日時入境事

在京之間、未及吉日時者、逗留邊下。其間、官人・雜任等慮外来着、令申事由者、随形召上、可問國風。但可随形、専不可云無益事。外國之者、境迎之日、必推量官長之賢愚。

◇**第八条**

一、境迎事

官人・雜任等、任例来向。或國随身印鎰参向、或國引率官人・雜任等参會。其儀式随土風而已。参着之間、若當悪日者、暫返國廳、吉日領之。

◇**第九条**

一、擇吉日時入舘事

着舘日時、在京之間、於陰陽家令撰定。若卒去吏替之時、或改居所可々。

◇**第十条**

一、着舘日、先令奉行任符事

着國之日、先有此事。其儀、或先新司以任符授目、目召史生令廳覧、々畢長官以下登時奉行。

◇**第十一条**

一、受領印鎰事

擇定吉日、可領印鎰。但領印鎰之日、即令前司奉行任符、乃後領之。又着舘日儀、或前司差官人、分付印鎰。其儀、前司差次官以下目以上一両人、令齎印鎰、令参新司舘。即官人就座之後、鎰取書生以御鎰置新司前。其詞云、御鎰進留。新司無答。或云、答云、与之。

◇**第十二条**

一、停止調備供給事

新任之吏、著國之日以後三箇日之間、必有調備供給。如此之間、非無所部之煩。若可停止者、未着國以前、通消息進止之。但随國有例。若無指煩者、依例令行之。

◇**第十三条**

一、着舘日、所々雑人等申見参事

此日所々雑色人等者、進見参、然後一々申之。所謂税所・大帳所・朝集所・健児所・國掌所等也。其儀、政所兄部率書生等列立庭中、一々申其職・其位・姓名。申訖、皆再拜之。訖長官命云、与之。是古説也。今不有此事云々。

◇**第十四条**

一、撰吉日着座事

到國之後、擇吉日良辰着座。此日、不登高、不臨深、不聞凶言、不語害事、不會衆人。着座之間、尤制諠譁。是尤三箇日之間、可成其慎也。着座之後、非有急速、宜用吉日。諺曰、入境問風云々。
非有公損、勿改舊跡。

◇第十五条

一、令肅老者、申風俗事

外土之事、逐年彫殘、代々陵遅、毎任易改。仍可令高年者申諸事。遍問故実、有善政、就彼不可改
舊風。

◇第十六条

一、神拝後、擇吉日時、初行政事

右神寺及池溝・堰堤・官舎修理等。

◇第十七条

一、尋常廳事例儀式事

長官着座之後、庶官着訖。但出入之時、各有例道。鎰取御鎰置案上、申云、御鎰進止申寸。長官無
答。次又鎰取申開御鎰封由。其詞云、御鎰封開。長官喚史生、々々動座稱唯。長官命云、令出印与。稱唯罷出。
其後鎰取以印櫃、居印鎰盤之外。上下随便。又有國例。即申開印封之由。其詞云、印乃封開久。長官命云、開介。鎰取出印、置
印盤之上退去。其後随判捺印。々々之時、以判書帖、置印盤之上、申捺印之由。其詞云、其書若干枚印佐須。長官命
云捺印。云、佐世。鎰取稱唯、一々捺之。尋常之儀、大略如此。納印之時、其儀亦同。

◇**第十八条**

一、擇吉日始行交替政事

神拜之後、擇吉日可始行之由牒送。前司随則送分配目代於新司許行之。至于勘公文目代者、更不可論貴賤。用達其道之者可。

◇**第十九条**

一、交替程限事

外官任訖、給假装束。近國廿日、中國卅日、遠國卌日。除装束行程之外、百廿日為限。分為六分、四分付領之期、一分所執之程、一分為繕寫署印之限。分付・受領、過其定限、解却見任、并奪俸料云々。

◇**第二十条**

一、擇吉日可度雜公文由牒送前司事

所謂前々司任終年四度公文土代、交替廻日記、前司任中四度公文土代、僧尼度縁戒牒、國印、倉印、文印、驛鈴、鈎匙、鐵尺、田圖、戸籍、詔書、勅符、官符、省符、譜第圖、風俗記文、代々勘判、封符、代々不与状、實録帳案、交替日記、税帳、大帳、租帳、出挙帳、調帳、官符長案、地子帳等合文、諸郡収納帳案等也。自餘公帳、随國例可。次巡検諸郡糒塩穀穎及雜官舍、五行器等。若有不動穀者、依丈尺高勘之。其動用穀者、簸棄土石以実受領。次勘官舍。神社、学校、孔子廟堂并祭器、國廳院、共郡庫院、驛舘、厨家及諸郡院、別院、驛家、佛像、國分二寺堂塔、経論等。

◇**第二十一条**

一、可造國内官物相折帳事

國司到任之日、勘定公文・官物之後、必先勘知官帳之物与國内物之欠剰。若國内有剰、放還前司。

◇**第二十二条**

一、可限内必与不事

限内相定与不、可言上之由、前格後符厳誡分明云々。

◇**第二十三条**

一、可旬納七日事

八月上中旬少徴、下旬・九月上旬少増、中下旬・十月上中下旬多徴。随旬上下、々起請符。若有其勤之郡者、抽加恩賞之勞。至于不勤者、可處譴責。但随國有風土俗之例、可行無公私損之法。

◇**第二十四条**

一、可以信馭民事

馭民之術、以信為先。民若知之、則所仰之事、指掌易成。若以矯餝馭之、則人多疑心。

◇**第二十五条**

一、為政之處、必具官人事

被置四等官、皆是為政也。必可具其人。

◇**第二十六条**

一、定政之後、不可輙改事

為政之道、以厳為本。仍議定之後、輙不可改定。若有改定、則百姓稱輕々而已。

◇**第二十七条**

一、不可輙解任郡司・雜色人事

若有雜怠、重可召勘、兼加諷諫。但至于重犯、不在此限。

◇**第二十八条**

一、可知郡司・雜任等清濁勤惰事

勤仕公事之輩、以清廉者為首。仍為明清濁、必可知勤惰也。抱忠節之者抽加恩賞。是勵傍輩之故也。

◇**第二十九条**

一、不可輙狎近部内浪人并郡司・雜任事

百姓狎近、必瞻賢愚。内表虞胡、外放狎詞。仍於公私務、自有怱諸。但随國躰耳。

◇**第三十条**

一、國司入部、供給従儉約事

國司入部之間、非無事煩。仍可従儉約。

◇**第三十一条**

一、不可國司無殊病故、輙服宍・五辛事

國務之中、必有無止仏神事。仍不浄之間、動致懈怠。無殊病故、輙不可服之。

◇**第三十二条**

一、慎火事

火事是尤可慎。外土之人不顧後災、偏結行時之怨、動企放火之心。

◇**第三十三条**

一、可仰諸郡、令捕進無符宣稱舘人闌入部内、好濫悪類事

新任之吏、臨境之後、姧徒應響、多稱舘人、寃凌人民、掠奪人・物。如然之輩、可捕進其身之由、早放符宣。

◇**第三十四条**

一、不可令詈罵家子并無止郎等事

自思無止、動成悪事。雖加其諫、一切無慎。進稱不行非法之由、退致詈罵・誹謗之詞。此事漸積、為民嘲哢。凡奉公之貴、是為我身也。縦云最愛子息并郎等、若不憚制止、早以追却。不濟公事、得不治名之時、何子息・郎等相扶我者乎。一任空暮、各以分散。朝夕無從、更有何益乎。

◇**第三十五条**

一、就内方事、不可一切与判事

愁左道事之輩、動属託内方、令出申文。就彼事与判之時、不治之名、普聞國内。仍不論理非、一切停止。又不可用内房讒言。

◇第三十六条

一、不可用讒言事

相従受領之輩、必有勝他之心。為擢傍人、動致讒言。若用之時、閑暇常表人短。其事漸積、遂成人害。不用之時、一切無為。是殊勝千万也。

◇第三十七条

一、不可分別舊人・新人事

雖舊人有無益之者。雖新人有可用之者。若賞不用之舊人、則採用之新人不致忠勤。只以當時採用之輩、令勵忠勤。況乎採用舊人、誰敢敵對乎。

◇第三十八条

一、可以公文優長人為目代事

諸國公文目代、必少優長。然則不論貴賤、唯以堪能人、可為目代。公文未練之者、勘済公文之時、并前後司分付之間、極以不便也。事畢之後、搔首無益。

◇第三十九条

一、不可用五位以上郎等事

五位有官郎等、是不治之根本也。雖張行悪事、依為有位之者、強不能抑屈。内雖掻首、外難強制。
適雖令諌、知能無信受。縦雖近親、一切停止。此事有可顧之人者、別給土産物耳。

◇第四十条

一、可随身能書者二三人事

能書之者、為受領要須也。其用太多。不得忘却。

◇第四十一条

一、可随身堪能武者一両人事

時勢之躰、弓箭不覚之者、皆号新武者。暫雖施武威、遂有何益乎。抑良吏之法、雖不可用武者、人
心如虎狼、自有非常之事。必以要須也。聞可尚優國人、又無輕者也。

◇第四十二条

一、可随身験者并有智僧侶一両人事

人之在世、不能無為。々國致祈祷、為我作護持。

㊴補郡司官符

補郡司官符

太政官符　伊豫國司

濃満郡大領正六位上中原朝臣弘忠
右去年十二月廿八日補任如件。國宜承知、依例任用。符到奉行。
修理右宮城使従四位上左中辨源朝臣　修理左宮城判官正五位下行主計頭兼左大史算博士備後介小槻宿祢
康和二年二月廿六日

㊵諸国釈奠祝文

祝文　諸國釋奠
維某年、歳次月朔日。守位姓名、敢昭告于先聖文宣王。維王固天攸縦、誕降生知、經緯礼楽、闡揚文教。餘烈・遺風、千載是仰、俾茲末学、依仁遊藝。謹以制幣・犠齊・粢盛・庶品、祗奉舊章、式陳明薦、以先師顔子配。尚饗。
維某年、歳次月朔日。守位姓名、敢昭告于先師顔子。爰以仲春仲秋、率遵故實、敬備釋奠于先聖文宣王。惟子、庶幾躰二、徳冠四科、服道聖門、實致壺奥。謹以制幣・犠齊・粢盛・庶品、式陳明獻、従祀配神。尚饗。

㊶国守祭城山神文

臨時祭文

祭城山神文　　菅家

維仁和四年、歳次戊申、五月癸巳朔、六日戊戌、守正五位下菅原朝臣某、以酒果香幣之奠、敬祭于城山神。四月以降、渉旬少雨。吏民之園、苗種不由。某忽解三亀、試親五馬。分憂在任、結憤惟悲。嗟虖、命之数奇、逢此愆序。政不良也、感無徵乎。伏惟、境内多山、茲山獨峻。城中数社、社尤霊。是用吉日良辰、禱請昭告。誠之至矣、神其察。若八十九郷、二十萬口、一郷無損、一口無愁、敢不蘋藻清明、玉幣重畳、以賽應験、以飾威稜。若甘澍不饒、旱雲如結、神之霊無所見、人之望遂不従。斯乃俾神無光、俾人有怨。人神共失、禮祭或疎。神其裁巳。勿惜冥祐。尚饗。

㊷甲斐国仁王会呪願文

仁王會咒願文　　甲斐國

浄飯宮裡　得道如来　耆闍窟中　宣説般若
群類皆仰　故曰仁王　衆難盡除　故曰護国
是以新吏　莅境之初　偏仍舊儀　専講此典
玄冬令節　黒月佳辰　洒掃国廳　相擬精舎
懸百仏像　屈百法師　朝晡二時　讀説両軸
三寶影響　五力威神　本誓無疑　護持勿捨

風雨調和　稼穡如雲　吏民安寧　謳歌就日
任土之貢　不催自擎　栖畝之粮　不捨空遺
運上調物　往年陪増　任中公文　合期勘畢
脩良風化　海内遠聞　昇進光華　天下獨歩
湘浪隔聴　葦索空抛　草竊改心　華胥忽化
朝家安穏　法水一清　野村豊饒　山聲数報
天衆地類　自実至権　出有爲雲　登无相月
勝利不限　功徳有隣　倶済受流　目到彼岸

寛治　年　月

朝野群載巻第廿二

註釈編

○目録

朝野群載巻第廿二(1)

　諸國雜事上

【校訂註】

⑴廿二…「十六」〔「廿二」と傍訂〕（伴）⑵→補註 ⑶上日…「上日」〔「上日」と傍訂〕（伴）⑷要…「安」（紅・東）、「安」〔「要」と傍訂〕（伴）⑸旨…「旨」〔「者」と傍訂〕（伴）⑹改…「改」〔「兼」と傍書〕（伴）⑺頓…「頻」〔「頓」「穎」と傍書〕（伴）⑻鈎…「釣」（葉・紅・伴）⑼匙…「匙」（底）、「起」（紅）、「起」〔「匙」と傍書〕（伴）⑽籤…「籖」〔「籤」と傍書〕（伴）⑾「依」以下十一字…細字〔「本行」と傍書〕（伴）⑿使…脱（大）⒀鎮…「領」〔「鎮」と傍書〕（史・豊）⒁府…「符」〔「府」と傍書〕（史・豊）、「符」（紅）⒂所…「書」（史・豊・大）⒃奠…「尊」（葉）、「貴」（紅）、「尊」〔「奠」と傍書〕（伴）

（補註）

「申受領吏」の細目としてあげられている項目について、A＝「舊吏」、B＝「廷尉佐」、C＝「勲功」、D＝「以上日申」、E＝「上臈辞退時下臈申受領」、F＝「舊吏依成功申最前要國　宣旨」、G＝「申権守」、H＝「申被改任他国介状」とする。

底本・葉本・紅本・東本は、Fを本文Gの右行に細字で付す。また、Eを次行の「申同介」の下に配置する。史本・豊本は、Bの下にFを、Dの下にEを配置する。このため、Gが次行頭となり、以下順に配置がずれている。伴本は、F・Gをともに細字として、Fの下にBを、Gの下にDを配置する。Eは次行の「申同介」の下に配置される。さらに、DとE、FとGの連続を表現している。また、A～Hの順に一～八の番号が付される。大系本は、ABFとCDEがそれぞれ一行ずつ配置されている。

A～Gの項目を文書と対照すると、A→B→C→D→E→F→Gという配列が推定される。底本などでEが「申同介」の下に配列されていることは、転写の過程での錯誤であり、本来は「申受領吏」に附された割注の三行目であったと考えるのが妥当であろう。Fは底本などでABと同行にも見えるが、割注の二段目としてABとは独立していると解釈できる。

以上の割注は、すでに作成されていた目録の余白に後次的に附された可能性もある。

（北村　安裕）

①清原定康受領吏申文

舊吏[1]依勘済[2]公文并儒労申受領吏[3]

従四位下行[4]助教清原真人定康、誠惶誠恐謹言

請特[5]蒙　天恩、因[6]准先例、依當職勞并上総國公文[7]五代勘済[8]功、兼任大蔵大輔・河内守等闕状

右定康、謹検案内、為當道儒士之者[9]、兼任件等官、承前之例也[10]。近[11]則中原有[12]象[13]兼治部[14]大輔、惟宗時[15]用[16]兼刑部大輔、祖父頼隆兼河[17]内守等是也[18]。於是定康計[19]儒勞、則卌[20]餘[21]廻之春秋空暮。思吏途、亦[22]廿[23]箇年[24]之貢[25]賦全備。須以大功申熟[26]國也[27]。然而齢[28]傾病侵、榮[29]遠[30]死[31]近[32]、不如[33]浴[34]今[35]日之恩、慰多年之愁[36]。望請　天恩[37]。因准先例、依件等勞[38][39]、兼任彼[40]官。且仰憐[41]老之仁、且誇奉公之節。定康誠惶誠恐謹言。

天永三年四月二日　　従四位下行助教清原真人定康[42]

【校訂註】

⑴吏…「更」〔「吏」と傍書〕（伴）⑵済…「治」（紅）、「洛」（東）、「治」〔「済」と傍書〕（伴）⑶吏…「使」（紅）、「使」〔「吏」と傍書〕（伴）⑷行…脱（底）⑸特…「持」（伴）⑹因…脱〔「因」を補〕（伴）⑺公文…「　丈」（紅）、「丈」〔「公文」と傍訂〕（伴）⑻済…「洛」（紅・東）、「洛」〔「治」と傍書〕（伴）⑼者…「寺」（紅）、「寺」〔「者」と傍書〕（伴）⑽例也…欠（紅）⑾近…脱（紅・伴・大）、「□」（東）⑿有…欠（紅）、「□」（東）⒀象…欠（紅）、「家」（伴・大）⒁部…欠（紅）、脱〔「部」を補〕（伴）⒂時…「特」（東）⒃用兼…欠（紅）⒄河内守…欠（紅）⒅也於…欠（紅）⒆計…「時」（紅・伴）⒇卌…欠（紅）、「卅」（伴）(21)餘…欠（紅）(22)亦…脱〔「亦」を補〕（伴）(23)廿…「耳」〔「廿」と傍訂〕（伴）(24)年…「羊」〔「年」と傍書〕（伴）(25)貢…「貴」（紅）、「貴」〔「貢」と傍書〕（伴）(26)熟…「□」（葉）、「熟」〔「埶」と傍訂〕（伴）(27)也…「必」（紅）(28)傾…欠（紅）、「□（残画）」（東）(29)榮…欠（紅）、「労」（伴・大）(30)遠…欠（紅）、「□（残画）」（東）、「又過」（伴）(31)死…欠（紅）(32)近…「進」（紅）、下に「死」「所」を補（伴）(33)如…欠（紅）、「□」（東）、「知」（伴）(34)浴…欠（紅）、脱〔「浴」を補〕（伴）(35)「今」以下八字欠（紅）(36)愁…「慗」〔「愁」と傍書〕（伴）(37)天…闕字せず（史・豊）(38)労…「製」（紅）、「製」〔「例労」と傍訂。「例」に「ナシ」と傍書〕（伴）、「例労」（大）(39)労…下に「宜〈一本无〉」と補（伴）、下に「宜」あり（大）(40)彼…「被」〔「彼」と傍書〕（伴）(41)憐…欠（紅）(42)教清原真人…欠（紅）、脱〔「教清原真人」を補〕（伴）

【書き下し】

旧吏勘済[1]公文并せて儒労[2]に依りて受領吏を申す

従四位下行助教清原[3]真人定康、誠惶誠恐謹言

特に　天恩を蒙り、先例に因准し、当職[4]の労并せて上総国公文五代[5]勘済の功に依りて、大蔵大輔・河内守等の闕に兼任せられんことを請ふ状

右定康、謹しみて案内を検ずるに、当道[6]の儒士たるの者、件等の官を兼任するは、承前の例なり。近くは則ち中原有象[7]治部大輔を兼ね、惟宗時用[8]刑部大輔を兼ね、祖父頼隆[9]河内守を兼ぬる等これなり。是に於いて定康儒労を計ふれば、則ち卌餘廻の春秋空しく暮れ、吏途を思へば、また廿箇年の貢賦全く備ふ。須く大功を以て熟国[10]を申すべきなり。然れども齢傾きて病侵し、栄遠くして死近ければ、今日の恩に浴して多年の愁ひを慰むるに如かず。望み請ふらくは天恩を。先例に因准し、件等の労に依りて、彼の官を兼任せむことを。且つは憐老の仁を仰ぎ、且つは奉公の節を誇らむ。定康誠惶誠恐謹言。

天永三年《一一一二》四月二日　従四位下行助教清原真人定康

【註】

(1) **勘済公文**　受領が、不与解由状で指摘された欠負未納を填納し、主計・主税寮から返抄類（調庸惣返抄や正税返却帳など）を得て、財政帳簿の勘会を済ますこと。「天暦以往、済合格事之者甚少」（『北山抄』巻十・吏途指南）と述べられるように、公文勘済は受領にとって難事であった。しかし、十世紀後半以降に、受領が合法的に調庸等の貢進量を減少させて諸司がそれを黙認したため、公文勘済は急増し、十一世紀の前半には半数以上の旧吏が公文を勘済する状況になった（寺内浩「受領考課制度の変容」『受領制の研究』塙書房、二〇〇四、初出一九九七）。

但し、上総国は長元元～四年（一〇二八～三二）の平忠常の乱や自然環境の変化の影響などにより「亡弊国」と認識され、二ヵ年の勘済で勧賞されていた（『北山抄』巻十・吏途指南）。定康が「五代勘済」を「大功」と主張する背景には、上総国のこうした位置づけを考慮する必要がある。なお定康は、上総介の任終の翌年にあたる康和元年（一〇九九）十二月二十九日に勘出文を下され（『世紀』）、康和四年正月五日に功過定を受けている（『中右記』）。

(2) **儒労**　労は、昇進の条件となる功績。ここでは、明経道に関する労をさす。

(3) **清原真人定康**　清原定康。父は大外記定滋。承暦四年（一〇八〇）十二月二十一日に能登権介（『革歴類』『革勘例』）、寛治三年（一〇八九）十月四日に「従五位下行直講」とみえる（『群載』巻二十一）。同五年、助教（『江記』）。嘉保元年（一〇九四）、任上総介（『魚魯愚抄』）。康和五（一一〇三）年正月六日、正五位下（治国石見）。時に助教（『世紀』）。天永三年（一一一二）七月二十三日、任河内守（『中右記』、『殿暦』）。同年十月、河内守として観心寺領の免除申請に関わる（平―一七七七）。同年十一月六日に病により出家し、永久元年（一一一三）年正月四日に七十二歳で卒す（『分脈』）。『分脈』には、「助教・上総介・直講・少外記・河内守・得業生・弾正忠・従四下」とある。『清原系図』では、大外記とし、「上総介治国、給綸旨誅伐朝敵畢」とある。『中右記』嘉承二年（一一〇七）十二月二十二日条には、「資隆父定康、経外記者也」とある。

(4) **当職**　明経道の助教。

(5) **五代勘済**　国司五代の在任期間である二十年分の官物の勘済。後文の「廿箇年の貢賦」と対応する。

(6) **当道**　明経道。

(7) **中原有象**　父は直講十市春宗。もと十市首。延喜二年（九〇二）生（『押小路家譜』）。承平元年（九三一）十二

月二十七日、准得業生可課試の宣旨を下される（『符宣抄』）。延長七年（九二九）十二月十一日の神今食では、「外記有象」とある（『西宮記』）。天慶元年（九三八）十一月三日に兵部少録を見任（『世記』）。同五年十二月十三日、権少外記に任ず（元直講）。同九年二月七日、任大外記。同年四月二十八日、従五位下。同年七月十七日に遠江介。天暦二年（九四八）正月に出雲守（以上、『外記補任』）。天徳二年（九五八）に任大学博士（『二中暦』）。同四年五月十日に明経博士として見任（『紀略』）。康保二年（九六五）八月五日には、大学博士としてみえる。同四年八月二十一日、「従五位上行勘解由次官兼博士」として署名し、安和二年（九六九）八月十一日には「従五位上守刑部大甫兼博士紀伊権守」とある（以上、『符宣抄』）。この間、天慶八年に宿禰姓を賜り（『外記補任』）、天禄二年（九七一）九月に中原宿禰を賜姓される（『中原系図』）。さらに天延二年（九七四）十一月には、朝臣となった（『分脈』）。天元元年（九七八）八月五日の釈奠の記事が最後の行跡となる（『紀略』）。『分脈』には、「治部卿・斎宮頭・従四下・少外記・算博士」とみえる。

(8)　惟宗時用　ほかにみえず。

(9)　頼隆　清原頼隆。父は右大史近澄。伯父である大外記広澄の嗣子となる。『小右記』長和四年（一〇一五）十一月十一日条に「外記頼隆」とみえる。万寿元年（一〇二四）十二月二十九日、「大外記兼主税権助助教伊予権介」とある（『符宣抄』）。長元八年（一〇三五）には備後介を見任（『桂林遺芳抄』）。長暦二年（一〇三八）年正月五日、美作権介を見任。ときに主税頭大外記助教（『成文抄』）。長久二年（一〇四一）正月、任河内守。ときに主計頭（『勘例』）。河内守としては、石清水八幡宮護国寺の寺領の免除に関わったらしい（平―一〇八三）。天喜元年（一〇五三）七月二十八日に七十五歳で卒す（『分脈』）。『分脈』には、「主税権頭・河内守・伊予権介・助教・囚獄正・筑前守・次侍従・少内記・大炊頭・得業生・直講・大外記・博士・主計頭・局務」とみえる。

⑽　**熟国**　豊かで収入のよい国。白河親政期から鳥羽院政期までに家司受領・院司受領が在任した年数によって、諸国をA（年数総計五十年以上）・B（四十年以上）・C（三十年以上）・D（二十年以上）・E（十年以上）・F（十年未満）に分類した場合、当時「熟国」「大国」などとされた国は、A～Cランクの範囲にある（寺内浩「院政期における家司受領と院司受領」前掲書、初出一九九八）。この基準によると河内国はEランクの非「熟国」であり、さしあたり「熟国」ではない河内国の受領への任官を求めるという、定康の主張が裏付けられる。なお、参議・非参議の兼国状況や公卿の前歴としての補任状況などから諸国を格付けした土田直鎮氏の分類でも、河内国は最低ランクに位置づけられている（「公卿補任を通じて見た諸国の格付け」『奈良平安時代史研究』吉川弘文館、一九九二、初出一九七五）。

【文書の位置づけ・機能】

除目に際して、これまでの功績をあげて大蔵大輔・河内守への任官を求める申文。

『魚魯愚抄』によると、除目労帳や申文の事務取扱には、勤務成績による給官を主にあつかう「外記方」と、別勅による臨時の給官の系譜を引くと思われる「蔵人方」の区別が存在し、本文書のような「諸大夫四位以下申文」は「外記方」に分類されていた。しかし、『魚魯愚別録』が載せる五位蔵人の藤原為房作成の応徳二年（一〇八五）正月申文目録には受領（旧吏・新叙・別功）・六位受領・兼国・諸国権守などの項目が載っており、当該期には実際には「蔵人方」として処理されていたようである。

『権記』長保二年（一〇〇〇）正月二十二日条には蔵人頭藤原行成が撰定して奏聞した申文として「任国究済旧吏」や「申受領」の新叙・史・検非違使などの項目があり、『魚魯愚別録』所引の『親信卿記』逸文には受領申文が「蔵人方」で処理されていたことがみえるなど、十一世紀初めには受領を求める申文は「蔵人方」で扱われていたと考えられる（玉井力「平安時代の除目について」『平安時代の貴族と天皇』岩波書店、二〇〇〇、初出一九八四）。本文書も、「蔵人方」に提出されて主に蔵人頭によって撰定されたのち、「御硯筥」の蓋に入れられ、執筆に下されたと考えられる。

本申文の清原定康は、本文書での申請の通り河内守に任官しているが、その時期が申文から三ヵ月を経た天永三年（一一一二）七月であったことがやや不審である。あるいは、本文書は四月に行われた祭除目（『殿暦』天永三年四月十一日条、『中右記』同日条）の際に提出され、一度は却下された（本文書の申請が通らなかった）と考えるべきだろうか。

【関連史料】

『世紀』康和元年十二月二十九日条、『中右記』康和四年正月五日条、天永三年七月二十三日条、『殿暦』同年七月二十三日条

【参考文献】

玉井力『平安時代の貴族と天皇』（岩波書店、二〇〇〇年）

（北村　安裕）

②藤原俊信受領吏申文

[1]靫[2]負佐中受領

右[3]少[4]辨[5]正五位下兼行[6]右衛門權佐文章[7]博士東[8]宮[9]学士周防[10]介[11]藤原[12]朝臣俊信誠惶誠[13]恐謹言

請[14]殊蒙　[15][16]天恩、因准先例[17]、[18][19]被兼任摂津・淡路等[20]國守闕状

右俊信謹検案内、為[21]廷尉佐之者、経五六年、拝任受領、承前之例也。又為辨官之輩、兼[22][23]任刺[24]史、古今之跡[25][26]也[27]。俊信承徳二年拝任右衛門[28]権[29]佐、康和元年拝[30]除右少辨。雖[31]思[32]夕惕[33][34]、尚仰[35]朝恩。抑有信・為房・時範・敦[36]宗朝臣等、共退金吾、兼[37]任刺[38]史[39]。近代之例、指屈如此。俊[40]信廷尉之職、已[41]歴[42]七年。今[43]思[44]舊貫、偏在新恩。望請　天恩。因准先例、罷右衛門[45]権[46]佐職、被[47]兼任件等國守闕。然則不懈夙[48]夜於鸞臺之風[49]、偏致[50]拝[51][52]覲[53]於龍楼之[54]日[55]。俊信誠惶誠恐謹言。

　康和六[56]年正月廿[57][58]五日　右少弁正五位下行[59]右衛門権佐、、

【校訂註】

(1)鞁…「靫」（葉・紅）　(2)負…「肙」（底・葉・史・紅・東・伴）　(3)少…欠（紅）　(4)辨…「雑」（紅）、「雑」〔「辨」と傍書〕（伴）　(5)正五…欠（紅）　(6)右衛門権…欠（紅）　(7)章…欠（紅）　(8)宮…「官」（紅）　(9)学…「労」〔「学」と傍書〕（伴）　(10)「介」以下十三字欠（紅）　(11)藤…「菅」〔「藤〈補任〉」と傍書〕（伴）　(12)朝臣…脱（豊）　(13)恐…「慇」〔「恐」と傍訂〕（伴）　(14)殊…「未」（紅）、「未」〔「殊」と傍訂〕（伴）　(15)天恩…闕字せず（伴）　(16)天恩因…欠（紅）　(17)例被兼任…欠（紅）　(18)被…「披」〔「被歟」と傍書〕（伴）　(19)被兼…「□」（東）　(20)國守闕状…欠（紅）　(21)為…「戸」〔「為」と傍書〕（伴）　(22)兼…「□（残画）」（東）　(23)兼任刺史…欠（紅）　(24)刺…「判」（底・葉）　(25)跡…「例」（伴・大）　(26)跡也俊…欠（紅）　(27)也…下に「爰」アリ（伴・大）　(28)門…脱〔「門」を補〕（史・豊）　(29)権佐…欠（紅）　(30)拝除…欠（紅）　(31)雖…欠（紅）　(32)思…「鬼」〔「思」と傍書〕（伴）　(33)惕…「揚」〔「惕歟」と傍書〕（史）、「揚」〔「惕歟惕」と傍書〕（豊）、「□（残画）」（東）、「陽」（伴・大）　(34)惕尚仰…欠（紅）　(35)仰…「□（残画）」（東）　(36)敦…「敦」〔「敏イ」と傍書〕（史・豊）、「敏」（紅・伴）　(37)兼…脱（紅・伴・大）　(38)刺…欠（紅）　(39)史…「吏」（史・豊）　(40)俊…「後」〔「俊」と傍書〕（伴）　(41)已…「々也」（紅）、「々也」〔「已」と傍訂〕（伴）　(42)七年…欠（紅）　(43)今…「令」〔「今」と傍書〕（伴）　(44)思舊…欠（紅）　(45)門…脱〔「門」を補〕（史）　(46)権…「懬」（紅）、「懬」〔「権」と傍書〕（伴）　(47)被…脱〔「被」を補〕（葉）　(48)夙…「風」〔「夙」と傍書〕（伴）　(49)風…「鳳」（伴・大）　(50)致…脱〔「致」を補〕（葉）、欠（紅）　(51)覲…欠（紅）、「□」（伴）　(52)覲於…「□」（東）　(53)覲於龍…欠（紅）　(54)之日…欠（紅）、「□」（東）　(55)日…「□」（伴）　(56)六…「六」〔「四イ」と傍書〕（史・豊）、「四」（紅・大）、「四」〔「六」と傍書〕（伴）　(57)「廿」以下欠（紅）　(58)廿五…「□」（東）、「二」（伴）　(59)行…脱（伴・大）

【書き下し】

靫負佐受領を申す

右少弁正五位下兼行右衛門権佐文章博士東宮学士周防介[1]藤原朝臣俊信誠惶誠恐謹言

　殊に　天恩を蒙り、先例に因准し、摂津・淡路等の国守の闕に兼任せられむことを請ふ状

右俊信謹みて案内を検ずるに、廷尉佐たるの者、五・六年を経、受領を拝任するは、承前の例なり。また弁官たるの輩、刺史を兼任するは、古今の跡なり。俊信承徳二年右衛門権佐を拝任し、康和元年右少弁を拝除す。[2]夕惕を思ふと雖も、尚朝恩を仰ぐ。そもそも[3]有信・[4]為房・[5]時範・[6]敦宗朝臣等、[7]共に金吾を退き、刺史を兼任す。近代の例、指屈すること此のごとし。俊信廷尉の職、已に七年を歴。今[8]旧貫を思ふに、偏に新恩在らむ。望み請ふらくは　天恩を。先例に因准し、右衛門権佐の職を罷り、件等の國守の闕に兼任せられむことを。然れば則ち[9]夙夜[10]鸞台の風を懈らず、偏に[11]龍楼の日に拝覲を致さむ。俊信誠惶誠恐謹言。

　康和六年（一一〇四）正月廿五日　右少弁正五位下行右衛門権佐、、

【註】

（1）藤原朝臣俊信　式部大輔藤原正信男。母は美濃守藤原良任女。永保三年（一〇八三）には蔵人として見える（『師通記』同年二月十三日条）。寛治七年（一〇九三）六月二十八日に高陽院作文に際し講師を勤める（『師通記』）。承徳元年（一〇九七）には正五位下に叙され、安芸権介を兼官（『中右記』同年正月五日・三十日条）。本申文によれば、同二年に右衛門権佐に任じている（『弁官補任』では康和元年〈一〇九九〉とする）。翌康和元年に右少弁を兼ね、二年には文章博士、三年には周防介、五年には東宮学士を兼ねる（以上『弁官補任』）。長治二年（一一〇五）二月一日、正五位下右少弁右衛門権佐東宮学士文章博士で卒去（『中右記』同日条）。官歴が示すように文章道から出身した実務官僚。藤原忠実に近く『中右記』にも散見する。

(2)　夕惕《せきてき》　朝から夕までおそれつつしむ。終日つつしむ。

(3)　有信　藤原有信。式部大輔文章博士藤原実綱男。母は備後守源道成女。後冷泉朝に文章生から出身し、蔵人に補す（『群載』巻十三・紀伝・康平六年〈一〇六三〉十月二十六日対策文、『詞花和歌集』巻十・雑下）。その後東宮学士に任じ、寛治元年（一〇八七）には兵部大輔（『世紀』同年十二月十三日条）、同四年には左衛門権佐（『為房卿記』同年六月五日条）、同六年には右少弁（左衛門権佐元の如し）、同七年には中宮大進を兼任、嘉保元年（一〇九四）に左少弁に転じ（左衛門権佐、中宮大進元の如し）、同二年には美作権介を兼ねる。永長二年（一〇九七）の和泉守任官と同時に左衛門権佐・中宮大進を去っている。承徳二年（一〇九八）には右中弁に転任するも、翌康和元年（一〇九九）七月十一日に右中弁兼和泉守で卒去した。時に従四位下（以上『弁官補任』）。藤原師通家司、篤子内親王家別当も務め（『師通記』寛治四年九月二十一日条、『為房卿記』同五年十月九日条）、摂関家に近い文人官僚であった。作文に秀で、『本朝続文粋』などに作品が残っている。

(4)　為房　藤原為房。但馬守藤原隆方男。母は右衛門権佐平行親女。康平八年（一〇六五）に縫殿権助で出仕。延久三年（一〇七一）には六位蔵人、同年後三条院判官代。同五年に叙爵し、承保二年（一〇七五）に遠江守、永保三年（一〇八三）には左衛門権佐に任じ検非違使を務める。翌年には五位蔵人、応徳三年（一〇八六）には権左少弁、寛治三年（一〇八九）に転正し翌年加賀守（検非違使、左少弁元の如し）に任ず。寛治六年には日吉社神人・延暦寺僧らの訴により阿波権守に左遷されるも、翌年帰京を許され、同八年には従四位下。嘉保元年（一〇九四）に修理権大夫、長治二年（一一〇五）には尾張守に任じ、嘉承二年（一一〇七）に正四位上。同十年には蔵人頭に補され内蔵頭を兼ねる。天永二年（一一一一）に参議に任ず（修理権大夫、越前権守元の如し）。同三年には大蔵卿、翌年には備中権守を兼ね、従三位に至る。永久二年（一一一四）には正三位に進み、翌年四月二日薨去（以上『補任』）。三事兼帯の実務官僚であり、受領を歴任。高祖父為輔以来の公卿となっている。白河上皇の院別当（『殿暦』天仁二年〈一一〇九〉九月六日条）、宗仁親王（後の鳥羽天皇）家司（『伏見宮御記録』利四三・鳥羽院立親王事）、また藤原師実（『師通記』寛治四年十一月二十日条）、師通（『群載』巻七・摂録家・永長元年〈一〇九六〉長者宣）、忠実（『法隆寺文書』一、康和三年〈一一〇一〉十一月二日法隆寺末寺定林・妙安所司等解文）の家司も勤め、天皇家・摂関家と密接な関係を構築した。有職故実に通じて「本朝博物之士」と称され、大江匡房・藤原伊房とともに「前の三房」と呼ばれた。『為房卿記』（『大記』、『大府記』）を残し、『撰集秘記』、『貫首抄』、『装束抄』を著している。息子には「よるの関白」と称された顕隆がいる。吉田・甘露寺・清閑寺・坊城家等の祖。

（5）

時範　平時範。平定家男。母は藤原家任女。六位蔵人、左衛門尉を経て越中守。寛治二年（一〇八八）には勘解由次官。同四年に五位蔵人（『職事補任』）。嘉保元年（一〇九四）には右少弁に任じ、同年右衛門権佐を兼任。承徳元年（一〇九七）には左衛門権佐に転じ、翌年因幡守を兼任し左衛門権佐を辞す。同二年には左少弁に転任、康和元年（一〇九九）二〜三月には任地因幡に下向した。彼の日記『時範記』にはこの時の記録が残されており、国務条事（㊳文書）を考える上で欠かせない史料となっている。同年中に右中弁に昇任、同四年には正四位下権左中弁。翌年近江守を兼任し、嘉承元年（一一〇六）には内蔵頭も兼任。右大弁に進む。翌年内蔵頭を、天仁元年（一一〇八）には近江守・右大弁を辞して出家（以上『弁官補任』）。『中右記』承徳二年四月十六日条で「兼三事人、耀華勝人」と評された実務官僚である。また永保三年（一〇八三）頃から藤原師通の家司としての活動が確認でき、摂関家家司かつ三事兼帯の官僚として、院・天皇と摂関の間の意思疎通に大きく寄与した。没年月日は不詳であるが、彼の往生の様子は『群載』の編者でもある三善為康の『拾遺往生伝』に収められている。

(6)敦宗　藤原敦宗。大宰大弐藤原実政男。母は藤原国成女。後三条朝に蔵人（『中右記』天永二年〈一一一一〉九月十八日条）、応徳元年（一〇八四）に左衛門権佐・文章博士で左少弁に任ず。同三年摂津守（文章博士元の如し）。寛治二年（一〇八八）には蔵人左少弁兼左衛門権佐として見えるが（『群載』巻十七・仏事下・補長日講経僧）、同年父の配流に縁座して解官。承徳二年（一〇九八）には式部少輔に任じ（『中右記』同年三月十二日条。同天永二年九月十八日条によれば後に式部権大輔に進んでいる）、康和四年（一一〇二）には大学頭として見えている（『中右記』同年七月二十一日条）。同五年には東宮学士（『中右記』同年十一月一日条）、天仁元年（一一〇八）には丹波守に任ず（『中右記』同年十月十四日条）。天永二年九月十八日、正四位下丹波守で卒去。堀河天皇の侍読を務め「名儒」と称された。詩文は『続文粋』などに残されている。

(7)共に金…兼任す　衛門佐を兼ねる弁官が、衛門佐の退任によって受領に任ぜられる例として、藤原有信・藤原為房・平時範・藤原敦宗が挙げられている。藤原有信は承徳元年（一〇九七）に左少弁・左衛門権佐で和泉守を兼任する際に左衛門権佐を去っており、平時範も同二年に右少弁・左衛門権佐で因幡守を兼任すると同時に権佐を去っている。この二名については受領任官と同時に衛門佐を去っていることが確認できる。しかし藤原為房は、寛治四年（一〇九〇）に左少弁・左衛門権佐（検非違使）で加賀守を兼任するが、『補任』によれば「使・弁如元」とあり、受領任官後も権佐を去っていない。また藤原敦宗も、応徳三年（一〇八六）に左少弁・左衛門権佐で摂津守に兼任されるが、寛治二年に左衛門権佐として見えている。したがって、弁官と衛門佐を兼ねる者が受領兼任を契機に必ず衛門佐を去るという慣例ではなかったようである。

(8)旧貫　先例、前例。

(9)夙夜　朝早くから夜遅くまで。一日中。昼夜。

(10) 鸞台の風　鸞台は唐代の門下省の異称。『拾芥抄』中・官位唐名部には文章博士の唐名として「門下省」が見えている。したがってここでは俊信の帯している文章博士の職務のことを指していると考えられる。

(11) 龍楼の日　龍楼は漢代太子の宮門の名。転じて太子の宮殿をいう。『拾芥抄』中・官位唐名部には東宮の唐名として「龍楼」が見えている。したがってこの場合も、俊信の東宮学士としての職務を指していると考えられる。

【文書の位置づけ・機能】

本文書は、除目に際し自身の受領任官を申請した自薦の申文である。このような申文は平安中後期以降、蔵人方に提出され、蔵人頭によって選定された上で除目の場にもたらされた。

本申文は康和六年（一一〇四、この年長治に改元）正月二十五日に提出されているが、この年の春除目（県召除目）は正月二十八日に行われており（『中右記』、『永昌記』）、これに備えて準備されたものであると考えられる。しかし、この時の除目では俊信の希望は叶えられなかった。翌長治二年春除目が「今年受領纔六ヶ国」、「無国数」などとされているように（『中右記』長治二年正月二十七日条）、この時期受領の欠員は少なく、任官が困難であったことが分かる。なお康和六年（長治元年）の春除目で任ぜられた受領は八ヵ国で、うち四ヵ国は他国からの遷任である。

平安中後期の受領の選任は、官吏としての労を基準に行われており、今回の俊信の任官申請は弁官と衛門佐の兼任という労を根拠としている。俊信が自らの任官の正当性を示す前例としてあげた藤原有信以下の四名の官歴を見ると、全員弁官と衛門佐を兼ねている点が共通している。彼らは兼官後概ね四年前後で受領に任じており、俊信もこの例に倣って受領に任官されることを希望しているのである。一条朝〜後鳥羽朝における弁官の補任状況を示した『弁官補任』（『群書類従』補任部）から有信以下の四名を除き、衛門佐を兼ねる弁官が受領に任じられる例を列挙すると（カッコ内は弁官・衛門佐を兼任してから受領に任官するまでの年数）、治安二年（一〇二二）藤原章信（三年）、永承元年（一〇四六）藤原泰憲（五年）、大治二年（一一二七）平実親（四年）、保延五年（一一三九）藤原朝隆（二年）となる。彼らは受領任官と同時に衛門佐を去ることが多く、同時に三事兼帯の実務官僚、もしくは儒者出身である場合が多い。俊信も文章博士と東宮学士を兼ねており、これらの例に近い地位にあった。しかし彼の希望は叶わず、申文提出の翌年、不食病で卒去している。

【関連史料】

『弁官補任』（『群書類従』補任部）、『文粋』巻六・奏状中（天延二年十二月十七日藤倫寧等申受領状、天元二年七月二十二日平兼盛申遠江駿河等守状、長徳二年正月十五日江匡衡越前尾張等守状など）、『江家次第』巻四・正月・除目、『成文抄』第五・受領

【参考文献】

玉井力「受領巡任について」「平安時代の除目について」（『平安時代の貴族と天皇』岩波書店、二〇〇〇。初出一九八一・八四）

（磐下　徹）

③源義家受領吏申文

依勲功申受領吏(1)

前出羽守従五位下源朝臣義家誠惶誠恐謹言(2)

請特蒙　天恩、依征夷功(3)、被拝任越中國守闕状(4)

右義家謹検案内、諸州刺史(5)辞退之後、拝任要國之輩、蹤跡多存、不遑毛挙。況(6)乎儒(7)学(8)・勲(9)功(10)之人。採擇(11)異常者也。爰(12)

親父頼義朝臣、當勤[13]王之選、蒙征[14]夷[15]之詔、任奥州刺[16]史、兼[17]鎮[18]守府將軍。且[19]思家門之[20]名[21]、且恐朝庭[22]之議、殊[23]振[24]武威、遠[25]赴鳥[26]塞[27]。戎[28]狄之為躰也、其力抜山[29]、其居[30]固[31]嶮[32]、騎騏[33]驥之駿[34]足、習帍[35]狼之驍勇[36]。及臨[37]戦場、弥[38]成[39]激怒、百万之衆、戈鋋[40]之勢、中國之人[41]不可敢[42]當。而旁施兵略、不損[43]皇威、討撃醜虜、平定蠻貊[44]、斬魁帥[45]之首[46]、驚[47]衆庶之眼[48]。開闢[49]以来、未[50]曽[51]有[52]此比[53]。義家存扶親之誠、勵奉公[54]之節、不顧身命、無避矢[55]石、共撃[56]夷[57]戎[58]、新蒙褒奨[59]。以頼義朝臣任伊[60]豫[61]守、以義家拜[62]出羽守。然[63]而[64]南[65]海・東山[66]其程眇[67]焉。雖[68]喜仁恩之適及、猶[69]恨[70]動[71]静[72]之[73]遠隔。是以為専孝、思辞出羽守。然間越中國守已有其闕。若優[74]軍功、何不拜任哉。昔班[75]超[76]之[77]討[78]西[79]域、早遇[80]漢家封[81]侯[82]之賞。今[83]義[84]家之征東夷、欲浴[85]越[86]州[87]専城之恩。所中之旨、誰謂非據。望[88]請　天恩。依征夷之功、被拜任越中守闕[89]、將令後[90]昆勵[91]忘身報國[92]之志。義家誠惶誠恐謹言。

康平七年　月[93][94]　日

【校訂註】

(1)受…欠（紅）　(2)五…「二」（紅）　(3)征夷…「行　」（紅）、「行□」（東）、「行　」〔「征夷勲」と傍書〕（伴）　(4)被…脱（葉）、欠（紅）　(5)刺…「判」（底・葉）　(6)況…「旨」（紅）、「旨」〔「況」と傍訂〕（伴）　(7)乎…「上」（紅）、「上」〔「乎」と傍訂〕（伴）　(8)学…「當」（紅）、「當」〔「學」と傍書〕（伴）　(9)功…「□」（東）、脱〔「功」を補〕（伴）　(10)功之人採擇…欠（紅）　(11)擇…「於」（伴）　(12)爰…「受」〔「爰」と傍書〕（伴）　(13)勤…「勒」〔「勒勤之誤」の頭書あり〕（伴）　(14)征…「正」（紅）　(15)「夷」以下十字欠（紅）　(16)刺…「判」（底・葉）　(17)兼…下に「任」あり（伴・大）　(18)鎮…「□（残画）」（東）　(19)「且」以下六字欠（紅）　(20)之名…「□」（東）　(21)名…「□」（伴）　(22)庭…「廷」（史・豊・紅・伴・大）　(23)殊…欠（紅）　(24)振…「搌」（史・豊）　(25)遠…欠（紅）　(26)鳥…「鳥」〔「邉」と傍書〕（伴）、「邊」（大）　(27)塞…「寒」（大）　(28)戎…「戒」（伴）　(29)山…脱（紅）、脱〔「山」を補〕（伴）　(30)居…「君」〔「居」と傍書〕（伴）　(31)固…「因」（紅・伴・大）　(32)嶮…「冷」（底・葉・史・豊）、「令」（紅）、「検」（東）、「令」〔「嶮」と傍訂〕（伴）　(33)騏…「□（残画）」（葉）、脱〔「騏」を補〕（豊）　(34)駿…「騣」〔「駿」と傍書〕（伴）　(35)帍…「扈」〔「虎」と傍書〕（伴）　(36)勇…「曽」〔「勇」と傍書〕（伴）　(37)臨…「隘」（東）　(38)弥…「祢」（底）　(39)成激怒…欠（紅）　(40)鋋…「鉇」（底）　(41)人…脱〔「人イ」と補〕（史・豊）　(42)敢…「取」（紅）　(43)損…「楨」（紅）　(44)貊…「狛」（紅）、「狗」〔「狛」「貊」と傍書〕（伴）　(45)帥…「師」（底・紅・伴）、「餔」（東）　(46)首

…「旨」（東）(47)驚…「驚」〔「驚」と傍書〕（伴）(48)眼…「状」（紅）、「眠」（東）、「状」〔「眼」と傍書〕（伴）(49)闘…「闕」〔「闘」と傍書〕（伴）(50)未曽…欠（紅）(51)曽…「有」（底・葉・東）、脱（伴）(52)有…下に「如」を補（伴）、下に「如」あり（大）(53)比…「比」〔「ナシ」と傍書〕（伴）(54)公之節…欠（紅）(55)矢…「失」（伴）(56)撃…「擊」（史・豊・東・伴・大）(57)夷…「弐」（底）、「𢦏」（葉）(58)戎…「或」〔「戎」と傍訂〕（伴）(59)奬…「奘」（史・豊・大）、「奨」〔「奘」と傍書〕（伴）(60)豫…「預」（底・葉）(61)「豫」以下六字欠（紅）(62)拜…下に「任」あり（史・豊）、「□」（東）、「任」（伴・大）(63)然…「□（残画）」（東）(64)然而…欠（紅）(65)而…脱（史・豊・東）(66)其…「某」（紅）、「某」〔「其」と傍書〕（伴）(67)眇…「渺」（大）(68)雖…欠（紅）、「□」（東）、脱（伴）(69)猶…欠（紅）(70)恨…「根」〔「恨」と傍書〕（伴）(71)動静…「勲功」（伴・大）(72)「動」以下六字欠（紅）(73)静…「□」（東）(74)優…「侵」〔「優」と傍書〕（伴）(75)班…「斑」（底・葉・史・豊）(76)討…欠（紅）(77)西…「而」〔「西」と傍書〕（豊・伴）、「而」（紅）(78)域…「城」（底）(79)域早遇…欠（紅）(80)早遇…「□（残画）」（東）、「□□」（伴）(81)封候之賞…欠（紅）(82)侯…「隻」（史・豊）、「候」（東・大）(83)今…「令」〔「今」と傍書〕（伴）(84)義家…欠（紅）(85)浴…欠（紅）、「□」（伴）(86)専…「傳」（伴・大）(87)専城…欠（紅）(88)望…下に約七字分の空白あり（紅）、下に衍字（重複）「請　天恩依」〔抹消〕あり（伴）(89)闕將…欠（紅）(90)後…欠（紅）(91)忘…欠（紅）、「□」（東）、「立」（伴・大）(92)之…「令」（紅）、「令」〔「之」と傍訂〕（伴）(93)月…下に「戌」〔抹消〕あり（伴）(94)月　日…「戌」（紅）

【書き下し】

勲功に依り受領吏を申す

前出羽守従五位下源(1)朝臣義家誠惶誠恐謹言

特に　天恩を蒙り、征夷(2)の功に依り、越中国(3)守の闕に拝任せられむことを請ふ状

右義家謹みて案内を検ずるに、諸州の刺史辞退の後、要国を拝任するの輩、蹤跡(4)多く存し、毛挙(5)に遑あらず。況や(6)儒学・勲功の人をや。常と異なれる者を採択するなり。爰に親父頼義(7)朝臣、勤王の選に当たり、征夷(8)の詔を蒙り、奥州刺史に任じ、鎮守府将軍を兼ぬ。且つは家門の名を思ひ、且つは朝庭の議を恐れ、殊に武威を振るひ、遠く鳥塞(9)に赴

く。戎狄の体たるや、その力は山を抜き、其の居は固嶮[10]にして、騏驥[11]の駿足に騎り、虎狼の驍勇[12]に習ふ。戦場に臨むに及び、いよいよ激怒を成し、百万の衆、戈鋋[13]の勢、中国[14]の人敢へて当たるべからず。而るにかたがた兵略を施し、皇威を損なはず、醜虜を討撃し、蛮貊[15]を平定し、魁帥[16]の首を斬り、衆庶の眼を驚かす。開闢以来、未だ曽て此の比有らず。義家扶親の誠を存し、奉公の節を励み、身命を顧みず、矢石を避くること無く、共に夷戎を撃り、新たに褒奨を蒙る。頼義朝臣[17]を以て伊予守に任じ、義家を以て出羽守に拝す。然れども南海[18]・東山其の程眇かなり。仁恩のたまたま及ぶを喜ぶと雖も、猶動静の遠く隔つるを恨む。是を以て孝を専らにせむがため、出羽守を辞さむと思ふ。然る間越中国守已にその闕有り。若し軍功優らば、何ぞ拝任せざるや。昔班超[19]の西域を討つや、早く漢家の封侯の賞に遇ふ。今義家の東夷を征するや、越州専城[20]の恩に浴さむと欲す。申す所の旨、誰か非拠と謂はむや。望み請ふらくは天恩を。征夷の功に依り、越中守の闕に拝任せられ、将に後昆[21]をして身を忘れ国に報ゆるの志を励ましめむとす。義家誠惶誠恐謹言。

康平七年（一〇六四）　月　日

【註】

(1) 源朝臣義家　源義家。頼義の長男。母は平直方女。八幡太郎と号する。前九年の役では父頼義に従って安倍氏を追討し、その功によって康平六年（一〇六三）二月、従五位下に叙せられ出羽守に任じられた（『略記』、『百錬抄』同年二月二十七日条など）。しかし義家は出羽守は不満だったようで、本申文で越中国守を所望した。寛治元年（一〇八七）、守兼鎮守府将軍として赴任した陸奥国で後三年の役を平定したが、朝廷は私闘として追討官符を与えず、陸奥守離任後も功過定が行われないままであった。ようやく承徳二年（一〇九八）に至って功過が定まって正四位下に叙せられ、さらに院昇殿を許された（『中右記』同年十月二十三日条）。晩年は嫡子義親の乱行により苦しい立場に置かれ、嘉承元年（一一〇六）、病により六十八歳で卒去した（『中右記』同年七月十六日条）。

(2) **征夷の功**　前九年の役を指す。

(3) **越中国守の闕**　康平年間における越中守は、同四年（一〇六一）に守藤原正家（『弁官補任』）、権守源家賢（『補任』、十二月任）が確認できるのみである。その後は治暦三年（一〇六七）の守豊原奉季（『略記』、十月七日延任）であり、義家の越中守任官は叶わなかったと思われる。

(4) **蹤跡**《しょうせき》　以前にあったことがら。前例、事跡。

(5) **毛挙**《もうきょ》　こまごまとしたことまで数え上げること。

(6) **況や儒…人をや**　学問や武芸に秀でた者（「異常者」）が要国の受領に任じられることは当然であるの意。義家は前九年の役における自らの武勇を強調しているのである。

(7) **頼義朝臣**　源頼義。父は頼信。母は修理命婦。相模・武蔵・下野等の受領を歴任し、平忠常の乱を父頼信とともに平定。前九年の役の際には陸奥守兼鎮守府将軍として乱を鎮圧し、その功により正四位下に叙せられ伊予守に任じられた（『略記』、『百錬抄』康平六年〈一〇六三〉二月二十七日条など）。承保二年（一〇七五）、八十八歳で没した（『分脈』）。

(8) **征夷**　「東夷」の地とみなされた、陸奥・出羽地方における安倍氏の反乱を平定すること。したがって以下に見える「戎狄」や「東夷」は安倍氏側の勢力を指す表現である。

(9) **鳥塞**　校訂註(26)(27)で触れたように、この部分は伴本の傍書と大系本を除き、全て「鳥塞」とする。一方「邊（邉）」のくずしは「鳥」に似ることから、「邊（邉）塞」であった可能性もある。「鳥塞」であれば『玉葉』養和元年（一一八一）三月十二日条に「払賊徒於鳥塞之辺」とあり、「辺塞」であれば『続日本紀』養老五年（七二一）六月乙酉条に「陸奥・筑紫辺塞之民」という表現が見えている。いずれにしても、この場合は奥羽地方の安倍氏の勢力圏のことを指していると考えられる。

⑽ **固嶮**《こけん》 険しく堅固なこと。

⑾ **騏驥**《きき》 足の速いすぐれた馬。

⑿ **驍勇**《ぎょうゆう》 強く勇ましいさま。

⒀ **戈鋋**《かせん》 鋭利な武器のこと。

⒁ **中国の人** ここでは「戎狄」「東夷」に対する「中国」。つまり「中国の人」とは天皇（朝廷）によって派遣された頼義・義家らの軍勢のことを指す。

⒂ **蛮貊**《ばんばく》 南蛮と北狄。ここでは安倍氏勢力に対する卑称。

⒃ **魁帥**《かいすい》 賊徒などのかしら。ひとごのかみ。『日本書紀』神武即位前紀に「魁帥、此云比鄧誤廼伽瀰」との注がある。

⒄ **頼義朝…に拝す** 頼義の伊予守、義家の出羽守への任官は、『陸奥話記』では康平六年（一〇六三）二月二十五日、『略記』『百錬抄』では二十七日となっている。頼義は治暦元年（一〇六五）まで伊予守であり、その後も重任を求める上奏文が残っている（『続文粋』巻六）が、許されなかったようである。義家は翌年四月まで出羽守として見える（『水左記』康平七年四月一日条）。自らの官職を「前出羽守」と記す本申文はおそらく四月以降に作成されたと思われるが、本文中に「出羽守を辞さむと思ふ」とあることから、在任中に提出された可能性もある。

(18)南海…かなり　「眇《はる》かなり」ははるかに遠いさまのこと。頼義の任じた伊予国は南海道に、義家の任じた出羽国は東山道に属しており、父子の任地が遠く離れていることをいう。

(19)班超　後漢初期の将。父の班彪、兄の班固らは『漢書』を編纂したことで名が知られる。西域五十余国を従え、西域都護として諸国を統轄した。永元七年（九五）、定遠侯に封ぜられ、同十四年洛陽に還り卒した。『後漢書』巻四十七・班超伝参照。

(20)専城　地方長官の称。ここでは越中国守のことを指す。

(21)後昆《こうこん》　子孫。後裔。

【文書の位置づけ・機能】

除目における申文の機能については①文書参照。

本文書は前九年の役の論功行賞で任じられた出羽守を辞して、越中守任官を求めるものである。反乱鎮圧等による勲功の褒賞としての受領任官の例を挙げておくと、平将門追討の功による藤原秀郷の下野守任官（『紀略』天慶三年〈九四〇〉十一月十六日条など）や、源義親追討の功に対する平正盛の但馬守任官（『中右記』天仁元年〈一一〇八〉正月二十四日条など）等がある。さらにその経過がよく分かるのが義家の祖父頼信の場合である。平忠常の乱鎮圧の褒賞は頼信の意向を聞いて行われ、頼信の希望が通り美濃守に任じられた（『左経記』長元四年〈一〇三一〉六月二十七日条、『小右記』同年七月一日・九月十八日条、『符宣抄』巻八など）。

義家が本文書を提出した背景には、京よりはるか離れた出羽守への任官と、鎮守府将軍を清原氏に占められて兼任できなかったことへの不満があったと考えられている。ただ、関幸彦氏によると、朝廷は鎮守府将軍の清原氏を支え、奥羽地域の治安を回復するために義家を出羽守に任じたようである。結局義家の出羽守からの遷任は叶わなかったらしく、一方で延久二年（一〇七〇）には下野守として陸奥守の代わりに陸奥国の賊を討伐する（『略記』同年八月一日・十二月三十日条）など、奥羽地域の安定に尽力している。軍功の褒賞としての受領任官は必ずしも本人の意向通りになるとは限らず、朝廷の方針に左右されるところも大きかったのである。

【関連史料】
『続文粋』巻六・頼義朝臣申伊豫守重任状、『陸奥話記』

【参考文献】
安田元久『源義家』（吉川弘文館、一九六六）、関幸彦『戦争の日本史五　東北の争乱と奥州合戦』（吉川弘文館、二〇〇六）

（吉松　大志）

④大江通貞受領吏申文

依官史上日等次第論申[1]受領
散位従五位下大江朝臣通貞誠惶誠恐謹言
請被殊蒙　天恩[2]、因准先例[3]、依官史巡第[4]一[5]、拝任[6]隠岐國[7]守状
上日[8]等次第
伴廣親〈寛治八年正[9]月任／上日四[10]百四〉
大江通貞〈同日任／上日三[11]百五十〉
豊原廣時〈同年六月任／上[12]日二百卌[13]三〉

中原光俊〈同二年十二[14]月任／上日[15]□〉

右通貞謹検案内、仕[16]官史[17]任[18]受領之輩[19]、皆依上日[20]次第[21]、應其撰者、古今不易之例也。爰通貞、去寛治八年正月任官史、嘉保二年正月関[22][23]爵級。其時[24]廣親者、同日之任官也、依為上日之一[25]臈、任安[26]房守。又廣時者、隔五箇月之下臈也。光俊者送一年[27]之最末[28]也。皆非一時[29]之任、豈有同日之論哉。旁謂任日之前後、獨為新叙之第[30]一。比之等倫、更無傍[31]輩。其手實[32]之記具[33]載状右。望請　天恩。因准先例、依官史巡第一、被拝任隠岐國守者、一知[34]前蹤[35]之不墜[36]、勵後昆之[37]有[38]勤[39]。〈某〉

誠惶誠恐謹言。

保安三年正月廿日[40]　散位[41]従五位下大江朝臣通貞[42]

【校訂註】

(1)申…欠（紅）、□（東）、脱（伴・大）　(2)天恩…欠（紅）　(3)因…「恩」〔「因」と傍訂〕（史）　(4)「第」以下九字欠（紅）　(5)一…脱（伴）　(6)任…脱（伴）　(7)國…脱（伴・大）　(8)日…「日」〔「日」と傍書〕（伴）　(9)正月任…欠（紅）、「□任」（東）　(10)四百四…欠（紅）　(11)三…「二」（大）　(12)上…「土」〔「上」と傍訂〕（伴）　(13)卌三…「卌二」（紅・伴・大）　(14)十二…「十一」（紅・伴・大）　(15)上日…脱（底・葉・史・豊・東）、「上」（紅）、「上日□」（伴・大）　(16)仕…「任」（史・豊・伴・大）　(17)史…欠（紅）　(18)任…欠（紅）、脱〔「任」を補〕（伴）、脱（大）　(19)輩…欠（紅）　(20)日…「日」〔「日」と傍書〕（伴）　(21)第…「等」〔「第」と傍書〕（伴）　(22)関爵級其…欠（紅）　(23)関…「開」（底）、「闕」〔「関」と傍訂〕（史・豊）　(24)時…「待」（紅）、「特」（東）、「待」〔「時」と傍書〕（伴）　(25)之一…「二」（紅・東・伴）　(26)安…「女」（紅）　(27)年之…欠（紅）　(28)末…「末」〔「末」と傍書〕（伴）　(29)時…「特」（東）　(30)第…「第」〔「第」と傍書〕（伴）　(31)傍…「儕」（底・葉・史・豊・東）　(32)實…「宝」〔「実」と傍書〕（伴）　(33)具…「具」〔「其」と傍書〕（伴）　(34)知…欠（紅）　(35)蹤…欠（紅）　(36)墜…「混」（紅）、下に一あり（東・伴・大）、「混」〔「墜」と傍訂〕（伴）　(37)勵後昆之…欠（紅）　(38)有…脱〔「有」と補〕（伴）　(39)勤…「勧」（紅）、「勧」〔「勤」と傍訂〕（伴）　(40)正…「正」〔「五」と傍書〕（伴）　(41)位…「以」（紅・東・伴）　(42)貞…欠（紅・東）脱〔「貞歟」と補〕（伴）

【書き下し】

官史の上日等の次第に依り受領を論じ申す

散位従五位下大江朝臣通貞[(1)]誠惶誠恐謹言

殊に　天恩を蒙り、先例に因准し、官史の巡第一たるに依り、隠岐国守に拝任せられむことを請ふ状

上日等の次第

伴広親[(2)]〈寛治八年正月任／上日四百四〉

大江通貞〈同日任／上日三百五十〉

豊原広時[(3)]〈同[(4)]年六月任／上日二百卌三〉

中原光俊[(5)]〈同二年十二月任／上日□〉

右通貞謹みて案内を検ずるに、官史に仕へ受領に任ずるの輩、皆上日の次第に依り、応に其の撰すべきは、古今不易の例なり。爰に通貞、去る寛治八年正月官史に任じ、嘉保二年正月爵級[(6)]に関はる。其の時広親は、同日の任官なり。上日の一臈たるに依り、安房守に任ず。又広時は、五箇月を隔つるの下臈なり。光俊は一年を送るの最末なり。皆一時の任に非ず、豈に同日の論有らむや。かたがた任日の前後を謂へば、独り新叙[(7)]の第一たり。之を等倫[(8)]に比ぶれば、更に傍輩無し。其の手実[(9)]の記は、具さに状の右に載す。望み請ふらくは　天恩を。先例に因准し、官史の巡第一たるに依り、隠岐国守に拝任せらるれば、一に前蹤[(10)]の墜ちざるを知り、後昆の勤め有るを励まさむ。〈某〉誠惶誠恐謹言。

保安三年（一一二二）正月廿日　散位従五位下大江朝臣通貞

【註】

(1) **大江朝臣通貞**　『分脈』にみえる通定（出雲守清綱男）か。嘉保元年（一〇九四）二月二十二日右少史（『柳原家記録』四十六・大間書）。同二年正月叙爵（本文書）。以後史として『中右記』などに散見する。保安三年（一一

二二）、本文書により隠岐守を申請するが、『中右記』などでは隠岐守任官は確認できないことから、任じられなかった可能性も高い。

(2) **伴広親**　駿河守広貞男。藤原忠実の家令を勤めた（『殿暦』康和五年〈一一〇三〉十二月十九日条）。嘉保元年（一〇九四）二月二十二日右少史（『柳原家記録』四十六・大間書）。永長元年（一〇九六）十月十五日右大史（『中右記』）。承徳元年（一〇九七）閏正月二十四日、左少史中原惟兼に刃傷された（『中右記』）。同二年正月六日、左大史。上日で劣るため豊原時真に叙爵を先んじられている（『中右記』）。康和三年叙爵（『大伴神主家譜』）。年紀不明であるが、従五位下の時期に主計助に任じられた（『成文抄』第九）。保安二年（一一二一）、安芸介から安房守に任じられた（『成文抄』第十・取闕事）。

(3) **豊原広時**　ほかにみえず。あるいは、嘉保元年（一〇九四、寛治八年改元）六月に右少史に任じられている豊原時真のことか。以下、時真の経歴を記す。応徳四年（一〇八七）三月二十四日、蔵人所出納（『群載』巻五）。嘉保元年六月十三日、右少史（『中右記』）。永長元年（一〇九六）正月十七日左少史、承徳元年（一〇九七）正月右大史（『中右記』）。同二年、上日で勝るため、伴広親より叙爵が先んじた（『中右記』）。以後は検非違使等を歴任した。

(4) **同年**　寛治八年（一〇九四）には改元があり、嘉保元年となる。

(5) **中原光俊**　ほかにみえず。

(6) **爵級**　叙爵。従五位下になること。

(7) **新叙**　蔵人・外記・史・検非違使等を経て叙爵した者を、順次受領に任命していくこと。

(8) **等倫**　同輩。同じ身分のともがら。

(9) **手実** 前掲された「上日等次第」のこと。本文書の特徴の一つとして、任日・上日が具体的に列挙されていることがあげられる。弁官局においてなされていた、各人の上日記録が元になっているのであろう。

(10) **前蹤**《ぜんしょう》 先人の事跡。先例。

【文書の位置づけ・機能】

本文書は除目に際し、自身の受領任官を申請した自薦の申文である。保安三年(一一二二)の春除目に提出された。受領補任の候補者は「旧吏」と「新叙」に大別される。旧吏とは公文勘済を終えた旧受領であり、新叙とは蔵人・検非違使・式部丞・民部丞・外記・史等を経て叙爵した後にはじめて受領に任命される者である。なお、院政期には新叙に院分も含まれる。本文書はこの新叙に関わるものである。

本文書が主に問題としているのは、任日・叙爵・上日である。受領任官(新叙)に際しては、式部・民部の巡が任日を基準として臈次を組み、その中では本労による叙爵を優先し、蔵人・検非違使の巡もまた任日を優先条件としていたと考えられるのに対し、外記・史の巡は『中右記』元永元年(一一一八)正月十八日条に「官史外記習所被用上日也、従昔及今被用上日」とあるように、上日が優先される原則があった。元永元年の事例では、実際に「上日上臈」が「任日并叙爵上臈」の者に優先して受領となっている。

本文書でも、叙爵が通貞より遅かった伴広親が、上日上臈として彼に先んじて安房守に任命されていた事が記される。よって通貞は「上日次第」によって選ばれるべきであることを「古今不易之例」として主張するのであるが、その一方で上日の下臈にあたる広時・光俊の両者が任日においても下臈であることを強調している。新叙資格者の巡を定める場合に、任日が全く考慮されなかったわけではなく、その都度議せられる必要があったことを意味するのであろう。

なお院政期には、いずれの巡においても叙爵後の待機期間が二十年を越える例が大多数となってしまうが、本申文も例外ではなく、通貞は叙爵から二十七年が過ぎている。院近臣およびその近親による熟国の独占（『中右記』天仁元年〈一一〇八〉正月二十四日条）により、巡任者の待機期間が延長されているのである。また外記・史の間では外記の方が有利な国に任命される（『中右記』元永元年正月十九日条）など、史の受領任官は比較的不利であった。

【関連史料】

『北山抄』巻十・給官事、『江家次第』巻四・正月・除目、『成文抄』第五・受領事、『柳原家記録』四十六・除目大間書、『群載』巻九・紀定遠検非違使申文

【参考文献】

玉井力「受領巡任について」（『平安時代の貴族と天皇』岩波書店、二〇〇〇、初出一九八一）、『官史補任』（続群書類従完成会、一九九八）

（澤　晶裕）

⑤菅野則元受領吏申文

上臈辞退受領下臈申文

散位従五位下菅野朝臣則元誠惶誠恐謹言

請[1]特蒙[2]　天恩、因准先例[3]、依官史労[4]拜任下野等國守状

右則元謹検案内、経官史[5]叙爵之者、毎春一人、必被任受領[6]、古今之例也[7]。今年之巡、相當[8]伴廣貞[9]。而嫌任國[10]、申他官[11]。若廣貞不被登用者[12]、則元為第二[13]、尤當其仁[14]。望請[15]　天恩。因准先例、拜任件等國者、將知奉公之不空矣[16]。則元誠惶誠

恐謹言。

嘉保二年[17]正月[18]廿六日　散位従五位下[19]菅乃朝臣則元

【校訂註】

(1)請…「諸」〔「請」と傍書〕（伴）　(2)特…「殊」（伴・大）　(3)因…「恩」〔「因」と傍訂〕（伴）　(4)史…「大」（底）　(5)経…「給」（史・豊）　(6)必…「為」（紅）、「為」〔「必」と傍訂〕（伴）　(7)也…「如」（紅）、脱〔上に「也」を補〕（伴）、下に「如」あり（大）　(8)當伴…欠（紅）　(9)伴…「件」（底・葉）　(10)貞…「貟」〔「貞」と傍書〕（伴）　(11)申…「中」（底）　(12)者…下に「也」あり（紅・伴）　(13)則元…欠（紅）　(14)第…欠（紅）　(15)望請…欠（紅）、脱〔「望請」を補〕（伴）　(16)空矣…欠（紅）、脱〔「空矣」を補〕（伴）　(17)二年…欠（紅）、「□」（東）、「□□」（伴）　(18)正…欠（紅）　(19)下菅乃…欠（紅）、脱〔「下菅野」を補〕（伴）、「下菅野」（大）

【書き下し】

上臈の辞退せる受領の下臈申文

散位従五位下菅野[1]朝臣則元誠惶誠恐謹言

特に　天恩を蒙り、先例に因准し、官史の労に依り下野等の国守を拝任せむことを請ふ状

右則元謹みて案内を検ずるに、官史を経て叙爵の者、毎春一人、必ず受領に任ぜらるるは、古今の例なり。今年の巡[2]、伴[3]広貞に相当す。而るに任国を嫌ひ、他[4]官を申す。若し広貞登用せられずんば、則元第二たりて、尤も其の仁に当る。望み請ふらくは　天恩を。先例に因准し、件等の国を拝任せば、将に奉公の空しからざるを知らむとす。則元誠惶誠恐謹言。

嘉保二年（一〇九五）正月廿六日　散位従五位下菅乃朝臣則元

【註】

(1)　菅野朝臣則元　他にみえず。

(2) **巡**　この場合は、叙爵後、臈次に従って受領に任命される受領巡任を指す。院政期における官史出身者の待機年数は、概ね二十五年前後であった。

(3) **伴広貞**　生没年不詳。伴為国男。④文書にみえる伴広親の父にあたり、女は藤原範明の母となる（『分脈』）。延久二年（一〇七〇）左少史に任ぜられ、翌三年叙爵（『大伴神主家譜』）。承暦三年（一〇七九）、中宮権大属に遷任（『為房卿記』同年七月二十五日条）。寛治七年（一〇九三）には従五位下の主計助兼安芸介であった（『魚魯愚抄』第二・諸司奏・同年二月二十五日主計寮奏）。本文書が作成された嘉保二年（一〇九五）に駿河守となるが（『魚魯愚抄』第七・尻付）、その後永長元年（一〇九六）には大外記としてみえ（『師通記』同年正月二十五日条）、承徳元年（一〇九七）に駿河守に復任している（『中右記』同年正月三十日条）。

(4) **他官**　伴広貞が受領に限らず具体的にどの官職を希望していたのかは定かでないが、結局この県召除目では駿河守に補任された（『魚魯愚抄』第七・尻付）。

【文書の位置づけ・機能】

本文書は、上臈が任国を嫌って他の官職を希望したため、その代替就任を要望した自薦の申文である。嘉保二年（一〇九五）の県召除目は正月二十六日に始まっており、二十八日に入眼がなされた（『中右記』）。本文書の日付が除目始と同日であることが作成経緯についての理解を難しくするが、作成者である菅野則元は除目開始間近になって件の情報を得、急遽この申文を作成し提出したとみることも可能であろう。則元は自らを「第二」と主張するが、これが事実であれば延久三年（一〇七一）をあまり降らない時期に叙爵しており、二十年近く待機を強いられていたこととなる。官史の受領任官は比較的不利であり（④文書参照）、待機期間が長期化の一途を辿っていた以上、かような申請は本人にとってまことに切実なものであったと言えよう。なお伴広貞は二十四年間の待機で任官したが、玉井力氏の研究によれば元官史の待機期間は長久三年（一〇四二）段階で十年、天永二年（一一一一）では二十八年であり、本文書から長期化の流れの一様相をみてとることができる。

【関連史料】

『江家次第』巻四・除目、『魚魯愚抄』第二・諸司奏・寛治七年二月二十五日主計寮奏、同書第七・尻付

【参考文献】

玉井力「受領巡任について」「平安時代の除目について」（『平安時代の貴族と天皇』岩波書店、二〇〇〇、初出ともに一九八一・八四）、『官史補任』（続群書類従完成会、一九九八）

（吉永　匡史）

⑥藤原仲義式部省正庁等成功宣旨

應令散位藤原朝臣仲義修造式部省正廳并(1)南門・西門(2)・南面築垣壹町拜任最前要國事

右得(3)彼省去四月廿八日解状偁(4)、得仲義欵状(5)偁(6)、謹検案内、依諸司修造功、任(7)諸國受領吏者、承前之例(8)也。爰當省者布(9)政之場・歴試(10)之砌也。先(11)先舍屋破壊(12)・頽倒之時(13)、募受領之功、致修造之營。古今之間、蹤跡多存。方今件正廳之屋、朽損(14)頽倒(15)、南門・西門已以無實。南面築垣又以破壊。而仲義早拜典厩(16)之官、再為(17)管國之吏。雖(18)莅(19)邊要(20)凋弊(21)之境、共勵勘(22)済(23)公(24)文之勤(25)。縦雖(26)無所募、何不任宰吏(27)。况(28)申成功、誰謂非拠(29)者。今加覆審(30)、所申(31)有實(32)。抑當(33)省去(34)天治元年之比、可被注損色之由(35)(36)、経(37)　天裁(38)之處、依同年十二月十七日(39)宣旨、官使・諸司相共検注、言上(40)損色并(41)功程已畢。其後(42)先抽至要舍屋等、可令成功輩修造之由、度々奏聞先畢。今依(43)彼欵状重所言上(44)也(45)。望請(46)　天裁(47)(48)。因准先例(49)、令件仲(50)義致修造(51)之功、被拜任受領吏最前闕者。右少辨藤原朝臣宗成傳宣、權(52)大納言藤原朝臣宗忠宣、奉　勅、依請者。

大治三年六月五日(53)　左大史兼算(54)博士能登介小槻宿祢(55)〈奉〉

【校訂註】

(1)并…脱〔「并」を補〕（紅）(2)門…脱（紅・大）、脱〔「門」を補〕（伴）(3)彼…「被」（紅・伴）(4)偁得…欠（紅）、「儞得」（伴）(5)状…脱（紅）、脱〔「状」を補〕（伴）(6)偁…「備」（紅）、「諵」〔「儞」と傍書〕（伴）(7)任…「怯」（紅）、「任」〔「任」と傍訂〕（東）、「徳」〔「任」と傍訂〕（伴）(8)例…「儀」（紅）、「儀」〔「例」と傍書〕（伴）(9)布…「布布」〔一字目を抹消〕（伴）(10)試…「誠」〔「試」と傍訂〕（伴）(11)先先…「先々」（史・豊）、「既先」（紅・大）、「既先」〔二字目に「先」と傍書〕（伴）(12)壊…「壊」〔「壊」と傍書〕（伴）(13)之時募…欠（紅）(14)顛…「願」〔「顛」と傍訂〕（伴）(15)倒…「例」〔「倒」と傍書〕（伴）(16)厩…「厩」〔「厩」と傍書〕（伴）(17)為…「馬」（紅）、「馬」〔「為」と傍書〕（伴）(18)雖…「稚」（紅）、「椎」〔「雖」と傍書、左にも「権　大内裏所引」と傍書〕（伴）(19)邊…「邊」〔「邊」と傍書〕（伴）(20)要…欠（紅）、□（残画）（東）(21)弊…「幣」（底・葉・紅・東・伴）(22)勘済…「勘御」〔二字目「済」と傍書、左にも「控御　大内」と傍書〕（伴）(23)公…「云」〔「公」と傍訂〕（伴）(24)文…「父」〔「文」と傍書〕（伴）(25)勤…「動」（紅）、「動」〔「勤」と傍書、左にも「働　大内」と傍書〕（伴）(26)雖…「稚」（紅）、「雅」〔「雖」と傍書〕（伴）(27)宰…「庠」〔「宰」と傍書〕（伴）(28)況…「兕」〔「況」と傍書〕（伴）(29)拠…「拠」〔「據」と傍書〕（伴）(30)覆…「覆」（紅）(31)所…「酖」〔「所」と傍書〕（伴）(32)實…欠（紅）、下に「宣旨文難」を補（伴）(33)省…「首」〔「省」と傍書〕（伴）(34)去…「去」〔「去」と傍訂〕（伴）(35)之…脱（紅・伴）(36)由…「留」（紅）、「笛」〔「由」と傍書〕（伴）(37)経…「絃」〔「経」と傍書〕（伴）(38)裁…欠（紅）、脱〔「裁」を補〕（伴）(39)日　宣…「日宣」（紅・伴）(40)言…「主」（紅）、「主」〔「言」と傍書〕（伴）(41)并…「年」（大）(42)其…「甚」（紅）、「甚」〔「其」と傍書〕（伴）(43)彼…「被」（東）(44)言…「高」〔「言」と傍書〕（伴）(45)也…「巴」〔「也」と傍訂〕（伴）(46)請…「諸」〔「請」と傍書、下に「早蒙」あり〕（伴）、下に「早蒙」あり（大）(47)天…「尺」（紅）(48)裁…「栽」（紅）、「栽」〔「裁」と傍書〕（伴）(49)令…「今」（伴・大）(50)仲義…欠（紅）(51)致…「被」（紅）、「被」〔「依」と傍訂〕（伴）、「依」（大）(52)權…「振」（紅）、「振」〔「權」と傍書〕（伴）(53)五日…脱〔「五日」を補〕（伴）(54)算…「管」（紅）、「管」〔「算」と傍訂〕（東）、「菅」〔「算」と傍書〕（伴）(55)祢…「祢」〔下に□を補〕（伴）

【書き下し】

応に散位[1]藤原朝臣仲義をして、式部省正庁并びに南門・西門・南面築垣壱町を修造せしめ、[2]最前の要国を拝任せしむべき事

右彼の省の去る四月廿八日解状を得るに偁へらく、仲義の[3]欵状を得るに偁へらく、謹みて案内を検ずるに、諸司修造の功に依り、諸国受領吏に任ずるは、承前の例なり。爰に当省は[4]布政の場・歴試の砌なり。先先の舎屋の破壊・顛倒の時、受領の功を募りて、修造の営を致す。古今の間、蹤跡多く存す。方に今件の正庁の屋は、朽損・顛倒し、南門・西門は已に以て実無し。南面築垣も又以て破壊す。而るに仲義早く[5]典厩の官を拝し、再び[6]管国の吏と為る。辺要・凋弊の境に莅むと雖も、共に勘済公文の勤に励む。縦ひ募る所無しと雖も、何ぞ宰吏に任ぜざらむ。況むや[7]成功を申さば、誰か[8]非拠と謂はむ、てへり。今覆審を加ふるに、申す所実有り。そもそも当省は、去る天治元年の比、損色を注せらるべきの由、天裁を経るの所、同年十二月十七日宣旨に依りて、官使・諸司相共に検注し、損色并せて功程を言上すること已に畢ぬ。其の後先づ至要の舎屋等を抽び、成功の輩をして修造せしむべきの由、度々奏聞すること先に畢ぬ。今彼の欵状に依りて重ねて言上する所なり。望み請ふらくは　天裁を。先例に因准し、件の仲義をして修造の功を致さしめ、受領吏の最前の闕に拝任せられむことを、てへり。右少弁[9]藤原朝臣宗成伝宣すらく、権大納言藤原朝臣宗忠宣すらく、勅を奉るに、請ひに依れ、てへり。

大治三年（一一二八）六月五日　左大史兼算博士能登介[11]小槻宿禰〈奉〉

【註】

(1)　藤原朝臣仲義　元永二年（一一一九）に前対馬守として功過定が行われている（『勘例』）。同二年四月六日の小除目において右馬権助に任じられ、「又仲義対馬前司下列之者也、今被成馬助、可然哉、人為奇云々」と評された（『中右記』）。さらに、保安四年（一一二三）正月六日に治国対馬として従六位上に叙されている（『勘例』）。

その後、本文書にあるように成功を希望している。そして大治五年（一一三〇）には、肥前守を罷免されていることから（『中右記』同年正月二十八日条）、成功申請を行った後すぐに肥前守に任命されたものと考えられる。

(2) **最前**　さきに。まっさきに。ここでは、真っ先に空いた受領のポストへの任官を希望しているのである。『小右記』長元四年（一〇三一）九月十七日条で下されている成功宣旨は、菅原義資に対し近衛府の庁屋等の修造を条件に、受領への任官を許可するものであるが、そこには「依其成功、拝隠岐・飛驒・佐渡等国最前闕事」と見えている。この場合も本例と同様の意味で用いられていると考えられる。

(3) **欵状《かじょう》**　款状。「かんじょう」とも。個人が提出する丁重な上申様式の文書。解・辞と似ているが、嘆願の内容を伝えることが多い。院政期には、叙位・任官を申請するための申文のことを言った。

(4) **布政の…試の砌**　式部省が諸司の任官・考課や式部省試など学生関係の試験を行っていた省であることの表現。

(5) **典厩の官**　馬寮の官人のこと。

(6) **管国の吏**　仲義が任じていた対馬守のことか。その場合、前掲の「典厩の官」は元永二年（一一一九）に任官した右馬権助のことではなく、仲義は対馬守任官以前にも馬寮の官人に任じていた可能性が想定されるが、詳細は不明である。

(7) **成功**　成功とは、任官・叙位を代替に行われる、私物進納または私物による造営行為である。受領功は寺院造営など莫大な経費を要する造営事業に、地下官人の成功は恒常的・臨時的経費の調達にも採用され、国家経費の調達手段として重要な地位を占めた。

(8) **非拠**　才能がないにもかかわらず高い地位に居ること。

(9) **藤原朝臣宗成**　藤原宗忠の二男。母は藤原行房女。保安二年（一一二一）少納言となり、天治二年（一一二五）

十二月十五日に右少弁となる。その後、右中弁・備前介・権左中弁を経て、長承二年(一一三三)三月二十二日蔵人頭に補任される(『補任』)。本文書では右少弁として、勅を奉じた藤原宗忠の宣を左大史に伝えているのである。

⑽藤原朝臣宗忠　藤原宗俊の男、母は藤原実綱の女。『中右記』の記主として著名。侍従・右左近衛少将・右左大弁を経て、康和元年(一〇九九)に参議。権中納言・権大納言・内大臣を経て保延二年(一一三六)に右大臣となり同四年に没した(『補任』)。大治三年(一一二八)時、六十七歳で正二位権大納言。

⑾小槻宿禰　小槻政重。父は盛仲。小槻氏は代々太政官史を務める官務家であり、算博士も世襲した。政重も、保安三年(一一二二)正月に官史に補任され(『二中歴』)、その後左大史として活躍する。天治元年(一一二四)に丹後介に任じられ、翌二年には「従五位下行左大史兼算博士丹後介小槻宿禰」(東南院—二〇九)、さらに大治二年(一一二七)に「従五位上行左大史算博士周防介小槻宿禰」(『石清水文書』田中家文書六〇八・同年十二月二十四日太政官牒写)と見える。同五年二月二十六日太政官符では、本文書と同じ「左大史兼算博士能登介小槻宿禰」としてみえ(⑨文書)、正五位下への加階の時期は不明確ながらも、同三年の始めに周防介から能登介へと転じたらしい。その後、播磨介・摂津守(以上『官史補任』)・修理左宮城判官主計頭(平—二四八七、康治元年〈一一四二〉十一月八日摂関家政所下文案)を歴任し、天養元年(一一四四)卒した(『世紀』)。

【文書の位置づけ・機能】

本文書は、受領功の申請に対して、申請された官司が朝廷に裁可を請い、そして認可された際に発給される成功宣旨である。上島享氏によれば、院政期における成功の手続きはa成功希望者による朝廷への申請(成功による進納・造営を受ける官司等が功を募り、朝廷へ申請する場合もある)、b成功を認める成功宣旨が下る、c成功希望者による進納もしくは造営、dそれに対する返抄・覆勘、e成功希望者による任官申文の提出、f成功希望者の任官・叙位という手順で進められた。bの成功宣旨にはあらかじめ成功による加階や任官予定の官について言及されており、成功希望者はcdの後、成功宣旨をもとにeの任官申文を作成・提出したことがうかがわれる。

本文書に即していえば、式部省は天治元年（一一二四）に、官舎破損の状況について調査・天裁を経ており、その損色に基づいて受領功を募り順次修理していったことがうかがわれる。今回、式部省は藤原仲義の成功希望要請を受けて仲義に官舎修理をさせ、仲義に成功させることを朝廷に申請し（a）、裁可された（b）のである。この後、実際に仲義による式部省官舎の修理が行われ（c）、覆勘により仲義の修理完了が確認され（d）、仲義は申文を提出し（e）、除目により任官される（f）ことになる。実際、大治五年（一一三〇）には肥前守として見えており（『中右記』同年正月二十八日条）、早くて同三年八月一日の小除目（『中右記目録』）、もしくは同五年までの除目の際に、今回の成功により肥前守に任官されたものと考えられる。

永久四年（一一一六）に提出された藤原成房の任官申文によれば、成功による神祇官八神殿・庁屋一宇の修造を行った永保二年（一〇八二）から、彼が伊勢守に任命されるまで三十四年もかかっており（『成文抄』第五・受領）、受領の空きポストが少なかった当時、成功による受領任官にも相当年数が必要だったことがうかがわれる。これに対し、成功申請の翌々年受領として登場するこの藤原仲義の任官は異例の早さであったといえる。

また、本文書は目録の「旧吏依成功申最前要国　宣旨」に相当する。前後の文書が任官希望者本人から直接提出された任官申請であるのに対し、本文書は成功希望者の欵状を受理した官司からの成功申請を許可する旨の宣旨であるという点で性格が異なる。本来ならば成功の修造が済んだ後、改めて任官申請の申文が提出されるはずであるが、それが仲義本人から直接提出されたのか、官司を通して提出されたのかは本文書およびその他の史料からは定かではない。本文書が性格を異にしながら採録されたのは、「因准先例、令件仲義致修造之功、被拝任受領吏最前闕者」と受領吏への申請文言が見えることから、任官申請にかかわる文書とみなされたからであろう。

【関連史料】

『成文抄』第七・所々奏・作物所、同書第八・功・中原時房申文など

【参考文献】

上島享「地下官人の成功」「受領の成功」（『日本中世社会の形成と王権』名古屋大学出版会、二〇一〇、初出一九九二・九四）、『官史補任』（続群書類従完成会、一九九八）

（武井　紀子）

⑦宇佐兼時諸国権守申文

申諸國權守

散位従五位下宇佐宿祢兼時[1]誠惶誠恐謹言

請特蒙　天恩、因准先例、依叙[2]労、被拝任諸國權守闕状

右兼時[3]謹検案内、散班[4]之者、依叙爵労、拝任諸國權[5]守者例也。採擇[6]之處、只[7]仰恒典。望請　天恩。因准先例、被拝除件官闕、將仰　皇化[8]矣。兼時[9]誠惶誠恐謹言。

康和二年正月廿六日　散位従五位[10]下宇佐宿祢兼時[11]

【校訂註】

(1)時…「持」（紅・大）、「持」〔「時」と傍書〕（伴）　(2)叙…下に「爵」を補（伴）、「叙爵」（大）　(3)時…「時」〔「持」と傍書〕（伴）、

「持」（大）⑷班…「斑」（底・葉・豊・東）⑸權…脱〔「権イ」と補〕（史・豊）⑹擇…「択」〔「擇」と傍書〕（伴）⑺只…欠（紅）、「□（残画）」（東）⑻化…「佐」〔「化」と傍書〕（伴）⑼時…「時」〔「持」と傍書〕（伴）、「持」（大）⑽位…「以」（紅）、「以」〔「位」と傍書〕（伴）⑾時…「時」〔「持」と傍書〕（伴）、「持」（大）

【書き下し】

諸国権守を申す

散位従五位下宇[1]佐宿祢兼時誠惶誠恐謹言

特に　天恩を蒙り、先例に因准し、叙労[2]に依り、諸国権守の闕に拝任せられむことを請ふ状

右兼時謹みて案内を検ずるに、散班[3]の者、叙爵の労に依り、諸国権守を拝任するは例なり。採択の処、只恒典を仰ぐ。

望み請ふらくは　天恩を。先例に因准し、件の官の闕に拝除せられ、将に　皇化を仰がむとす。兼時誠惶誠恐謹言。

康和二年（一一〇〇）正月廿六日　散位従五位下宇佐宿禰兼時

【註】

(1) 宇佐宿禰兼時　ほかにみえず。宇佐氏は豊前国宇佐八幡宮の宮司氏族。宇佐国造の後裔と伝える。姓は初め公（君）、のち宿禰を賜った。

(2) 叙労　叙爵の労に同じ。叙爵は従五位下に叙されることであり、叙爵の労とは従五位下に叙されてからの年数を指す。

(3) 散班　散位・散官のこと。

【文書の位置づけ・機能】

本文書は康和二年（一一〇〇）正月二十六日の春除目（『殿暦』）に際し、諸国権守任官を申請した自薦の申文であ

る。

本申文は、散位の者が叙爵の労により諸国権守に任じられる慣例があったことを主張する。これに似た論理の申文は他にも見受けられ（『成文抄』第五・諸国権守介、陽明文庫本『兵範記』紙背文書）、当時このような任官の慣例が存在した可能性がある。また大中臣氏の中から祭主を選ぶ際に、最終的には散位で叙爵の労を積んだ者が選出されている例が確認できる（『師通記』別記寛治五年〈一〇九一〉八月六日条）ことからも、当時の任官において、散位の叙爵労がある程度の役割を果たしていたことがうかがえるだろう。

一方、守でなく権守を望む点に注目すると、a兼国、b宿官、c臨時内給、d成功、による任官申請の可能性が挙げられる。aは京官（参議・装束司弁・少納言・近衛中将・近衛少将）が兼任する場合である。bは六位の蔵人・式部丞・民部丞で年労第一の者が叙爵後に受領の空きを待つ間、仮に権守や介に任じられることである。cは年官制度のうち天皇による推挙枠であり、十一世紀頃には権守まで任ずるようになっていた（『魚魯愚別録』第五所引『春玉秘抄』及び『中山内府抄』、『成文抄』第五・諸国権守介）。dは朝廷行事や修造の負担の功として、成功を受けた官司・行事所が推薦するものである。

本文書の場合は散位であり、経歴や成功について書かれていないため、abdではなくcの可能性が高い。そこで、臨時内給による任官申請の手続きを見ておくと、まず任官を申請する申文が蔵人所に提出されて選抜され、次に蔵人が該当者をまとめた名簿を作成したことがわかる（『山槐記』永万元年〈一一六五〉七月十八日条）。その名簿と考えられる事例を見ると、本申文よりも簡潔な記載となっていることから（『成文抄』第五・諸国権守介）、もし本申文が臨時内給関連文書であるならば、蔵人所に提出される際の申文と考えられる。もちろん臨時内給とは無関係に、除目にあたって散位の叙爵労を根拠として出された申文の可能性も残っている。

【関連史料】
『殿暦』康和二年正月二十六日条、『魚魯愚別録』第五所引『春玉秘抄』及び『中山内府抄』、『成文抄』第五・諸国権守介、『山槐記』長寛三年七月十八日条、陽明文庫本『兵範記』紙背文書

【参考文献】
時野谷滋「年給制度の研究」(『律令封禄制度史の研究』吉川弘文館、一九七七、初出一九五〇)、玉井力「平安時代の除目について」(『平安時代の貴族と天皇』岩波書店、二〇〇〇、初出一九八四)、吉田早苗「『兵範記』紙背文書にみえる官職申文」(『東京大学史料編纂所報』二三・二四、一九八八・八九、『東京大学史料編纂所研究紀要』一、一九九〇)

(宮川　麻紀)

⑧三善雅仲諸国介申文

従五位上行主税権助[1]兼算博士[2]三善朝臣雅仲[3]誠惶誠恐謹言

請特蒙　天恩、因准先例、依儒労[4]被兼任越前・越中國介状

博士帯助者兼國例

親父為長朝臣〈康平三年兼土[5]左介[6]〈助労〉／治暦二年兼備前権介〈博士労〉〉歴七年[7]

身労[8]〈寛治八年兼土[9]左[10]権介[11]〈助労〉〉歴[12]七年

右雅仲謹検案内、博士居助之輩、随其年限兼諸國介[13]者、古今之通規也。其例不遠[14]、只[15]追[16]親父之蹤。其仁在近、已[17]當今年之運。自餘[18]之例、不遑[19]勝言。望請　天恩。因准先例、依儒労、被兼任件等國介、將知奉公之不空[20]矣。雅仲[21]誠惶誠恐

謹言。

康和二年三月廿六日　従五位[22]下行主税[23]権[24]助兼[25]算[26]博士三善朝臣

【校訂註】

(1)権…脱〔「権イ」と補〕（史）、脱（豊）　(2)算…「管」〔「算」と傍訂〕（東）　(3)雅…「惟」（東）　(4)依…脱〔「依イ」と補〕（豊）　(5)士…「直」（紅）、「直」〔「士」と傍訂〕（伴）　(6)左…「佐」（史・豊）　(7)年…下に「勞」あり（大）　(8)身…欠（紅）、「第」（東）、助（伴）　(9)士…「直」（紅）、「直」〔「士」と傍訂〕（伴）　(10)左…「佐」（史・豊・大）　(11)介…脱〔「介」を補〕（伴）　(12)歴…「暦」〔「歴」と傍書〕（伴）　(13)介…「令」（紅）、「佡」〔「介」と傍書〕（伴）　(14)遠…「速」（紅）、「速」〔「遠」と傍書〕（伴）　(15)只…「只」〔「只」と傍書〕（伴）　(16)追…「進」〔「追」と傍書〕（伴）　(17)已…「也」〔「已」と傍書〕（伴）　(18)餘…「余」〔「餘」と傍書〕（伴）　(19)遑…「遑」〔「遑」と傍書〕（伴）　(20)空…「宣」（底）　(21)仲…「中」（東）　(22)位…「以」（紅）　(23)税…「祝」（紅）　(24)権…「祢」（紅）、「祢」〔「権」と傍書〕（伴）　(25)兼…「定」（紅）、「定」〔「兼」と傍書〕（伴）　(26)算…「管」〔「算」と傍訂〕（東）

【書き下し】

従五位上行主税権助兼算博士三善朝臣雅仲誠惶誠恐謹言[1]

特に　天恩を蒙り、先例に因准し、儒労[2]に依り越前・越中国介に兼任せられむことを請ふ状

博士の助を帯ぶる者の兼国の例

親父為長朝臣[3]〈康平三年土左介を兼ぬ〈助労〉[4]／治暦二年備前権介を兼ぬ〈博士労〉〉歴七年

身[5]労〈寛治八年土左権介を兼ぬ〈助労〉〉歴七年

右雅仲謹みて案内を検ずるに、博士の助に居るの輩、其の年限に随ひ諸国介を兼ぬるは、古今の通規なり。其の例遠からず、只親父の蹤を追ふ。其の仁近きに在り[6]、已に今年の運に当る。自余の例、勝げて言ふに遑あらず。望み請ふらくは　天恩を。先例に因准し、儒労に依り、件等国介に兼任せられ、将に奉公の空しからざるを知らむとす。雅仲

誠惶誠恐謹言。

康和二年（一一〇〇）三月廿六日　従五位下行主税権助兼算博士三善朝臣

【註】

(1) **三善朝臣雅仲**　生没年不詳。三善為長男。寛治元年（一〇八七）の小除目により権少外記から少外記（兼算博士）に昇ったとみえ（『世紀』同年八月二十九日）、翌二年には大外記となり（『寛治二年記』十二月十四日）、その後寛治七年までは外記として活躍していたことが確認できる（『師通記』同年八月十一日）。なお雅仲の位階は、冒頭には従五位上、末尾には従五位下と記されており齟齬をきたすが、いずれが正しいかは不明。

(2) **儒労**　儒官による労。ここでは後出の博士労と同じく、算博士の労を指す。

(3) **為長朝臣**　三善為長。寛弘四年（一〇〇七）～永保元年（一〇八一）。三善雅頼男。『成文抄』によると長暦三年（一〇三九）算博士に任ぜられ、その後寛徳二年（一〇四五）に兼美濃介、永承四年（一〇四九）に秩満、さらに天喜二年（一〇五四）には兼越後介となっていたことが確認される。『群載』所収文書にも多く登場し、同四年に従五位上行主税権助兼算博士越前介としてみえる（巻八）のを皮切りに、康平三年（一〇六〇）に兼土佐介、治暦二年（一〇六六）に兼備前権介（ともに本文書）、同四年には従五位上行大外記兼主税権助算博士備前介（巻六）、延久元年（一〇六九）大外記兼主税権助算博士備後（前カ）介（巻十三）といった官歴が窺える。永保元年八月六日に七十五歳で卒去（『水左記』）。

(4) **助労**　諸寮助による労。ここでは為長・雅仲ともに主税権助の労を指す。

(5) **身労**　雅仲自身の労。

(6) **其の仁…に当る**　仁はいつくしみ・あわれみ・めぐみの意味で、前出の天恩に同じ。ここではより具体的には、天皇の恩徳によって諸国介に任命されることを指す。運はめぐりあわせの意味。天恩に巡りあうということである。つまり雅仲は、父為長が主税権助の労により土佐介に任命されてから足掛け七年後に今度は算博士の労として備前権介に就任しているのを先例として、主税権助の労により土佐権介を拝任してから足掛け七年を経た今年は自分も算博士の労として諸国介に任命される権利を有すると主張していることになる。

【文書の位置づけ・機能】

本文書は、算博士の労により越前・越中介への任官を申請した三善雅仲の自薦の申文である。この年康和二年（一一〇〇）には、本文書と同日の翌日三月二十七日に小除目が行われており（『中右記目録』）、本文書はその小除目に際して提出されたものと思われる。

雅仲は、自身の申請の先例として実父為長の例を挙げている。雅仲によると為長は、康平三年（一〇六〇）に主税権助の労により土佐介を兼ね、それから足掛け七年の後、治暦二年（一〇六六）に今度は算博士の労として備前権介を兼任しているとされる。一方の雅仲は寛治八年（一〇九四）に父と同じく主税権助の労として土佐権介を兼任しており、「今年」康和二年はそれからちょうど足掛け七年を経た年にあたる。そのため雅仲は、遠い昔の先例というわけではなく（＝「其の例遠からず」）実父為長の例にならっており（＝「只親父の蹤を追ふ」）、自分の享受すべき天恩も近くにあり（＝「其の仁近きに在り」）、今年はまさに算博士の労により諸国介に任命されるべき年である（＝「已に今年の運に当る」）、と主張して越前・越中介の兼任を申請しているのである。

このように雅仲が実父為長とほぼ同様の官歴をたどり、それを根拠に諸国介兼任を申請している背景としては、この頃には三善氏が算博士を代々世襲するようになっており、くわえて算博士は多く主税寮・主計寮の官人などを兼ねていたことを考える必要があろう。またここから、京官である算博士を世襲する三善氏の諸国介（および権介）兼任は、遥任官としてのそれであると考えられる。実際に雅仲が寛治八年（＝嘉保元年）より土佐権介を兼任していた時期には、藤原有佐という人物が土佐守として現地に赴いていることが確認される（『群載』巻十七所収藤原重基鐘一口返送状による。重基は有佐の子）。しかし今回、雅仲が希望通り越前介または越中介に任命されたかは不明である。また、『群載』編者の三善為康は為長の養子であり、つまり雅仲と為康とは義理の兄弟ということになる。本文書はこのような縁により為康の手に渡り、『群載』に採録されたものと考えられる。

なお、本文書は巻二十二目録に「申同介」と記される文書にあたるが、これは直前の文書が「申権守」とされていることから「申権介」の意ともとれる。さらに国史大系本の鼇頭標目でも、本文書の文書名は「三善雅仲諸国権介申文」とされている。しかし雅仲が本文書により申請しているのは「越前・越中國介」であるため、文書名は「三善雅仲諸国介申文」とした。

【関連史料】

『成文抄』第五・兼国

【参考文献】

福井俊彦「労および労帳についての覚書」（『日本歴史』二八三、一九七一）、玉井力「平安時代の除目について」「平安時代における加階と官司の労」（『平安時代の貴族と天皇』岩波書店、二〇〇〇、初出一九八四・八八）

（山本　祥隆）

⑨三善為康兼任越前権介官符

外國官人官符

太政官符越前國司
　正五位下行諸陵頭兼算[1]博士三善[2]朝臣為康
右正月廿八日兼[3]任彼[4]國權介畢[5]。國宜承知、至即任用。符到[6]奉行。
正四位下行左中辨藤原朝臣　　正五位下行左大史兼算[7]博士能登介小槻宿祢
　　大治五年二月廿六日

【校訂註】
(1)算…「管」〔「算」と傍訂〕（東）(2)善…「盖」〔「善」と傍書〕（伴）(3)兼…「夷」（紅）、「夷」〔「兼」と傍書〕（伴）(4)彼…「被」（紅）、「被」〔「彼」と傍書〕（伴）(5)畢…下に「國權介畢」あり（東）、脱〔「畢」と補〕（伴）(6)到…「至」〔「到」と傍書〕（伴）(7)算…「管」〔「算」と傍訂〕（東）

【書き下し】
　外[1]国官人の官符
太政官符す越[2]前国司
　正五位下行諸陵頭兼算博士三[3]善朝臣為康
右正月廿八日彼国の権介に兼任し畢ぬ。国宜しく承知し、至らば即ち任用すべし。符到らば奉行せよ。
正四位下行左中弁藤[4]原朝臣　　正五位下行左大史兼算博士能登介小[5]槻宿禰
　大治（一一三〇）五年二月廿六日

【註】
(1)　外国官人の官符　巻二十二目録には「外任官符」とある。

(2) 越前国司　この時の守の藤原顕能は、権中納言顕隆男。大治二年（一一二七）十二月二十日任（『中右記』）。母は鳥羽天皇の乳母である越後守藤原季綱女悦子。

(3) 三善朝臣為康　『群載』の編者。永久元年（一一一三）算博士に任じられ、また諸陵頭を兼ねた。本文書の越前権介以外にも、博士として尾張介・越後介等を兼国している（『成文抄』第五・兼国）。

(4) 藤原朝臣　藤原実光。右中弁有信男。寛治五年（一〇九一）に文章得業生として見え（『中右記』同年十二月二十九日）、以後弁官としての官歴を重ねる。保安四年（一一二三）十二月二十日左中弁、大治五年（一一三〇）十月五日右大弁。のち参議・左大弁を経て権中納言、大宰権帥に至り、従二位となる。久安三年（一一四七）五月二十一日薨去（以上『補任』）。

(5) 小槻宿禰　小槻政重。左大史盛仲男。保安三年（一一二二）の盛仲卒去後、官史となる。算博士を兼ね、二十数年にわたって実務官人として活躍。天養元年（一一四四）三月十七日卒（『台記』）。⑥文書註⑾参照。

【文書の位置づけ・機能】

本文書は国司が任官された時に発給される任符である。外国国司の任官に際して赴任先の国に対しこのような太政官符が発給されたため、『群載』編纂の際に「外国官人官符」という見出しが付されている。

任符の発給においては、まず除目で作られた召名を式部省が勘合し、その写し（除目簿案）が弁官局に送られ、任符が作成される。次に任符を少納言局に送り、外記に勘じさせた上で請印し、再び弁官局を経て新任者に配給されるという手続きが行われる。任官日から任符作成日までに一ヵ月が過ぎているのは、以上の手続きに要した時間である。本文書は『群載』編纂者である為康自身の任符であり、自らの任符の写しを作成していたと考えてよいであろう。為康は算博士として何度か兼国にあずかっており（『成文抄』第五・兼国）、本文書も同様の論理に基づく任官に関わるものである。本文にみえる「奉行」とは公式令による書止文言であるが、具体的には現地での任符確認・受理作業（㊳文書—10・11）を指し、『時範記』承徳三年（一〇九九）二月十五日条に実例が確認できる。外国国司は任符の到着をもって交替の基準としていた（田令34在外諸司条集解跡記、朱説所引先説）ため、権介として遙任国司であったと考えられる本文書の場合においても「奉行」は必要な処理であった。

【関連史料】

延喜太政官式17新任国司食伝条、『符宣抄』第八・任符、『成文抄』第五・兼国

【参考文献】

市大樹「国司任符の発給について」（『延喜式研究』一四、一九九八）、同「国司任符に関する基礎的考察」（『古文書研究』四七、一九九八）、渡辺滋『日本古代文書研究』（思文閣出版、二〇一四）

（澤　晶裕）

⑩伴久永任淡路少掾官符

太政官符淡路國

　従七位上伴宿祢久永

右正月廿六日任彼國少掾畢[1]。國宜承知、至即任用。縁海之國[2]、亦[3]宜給粮。符到[4]奉[5]行。

正四位下行左中弁藤原朝臣　　修理左宮[6]城判官正五位下行大炊頭兼左大史[7]算博士小槻[8]宿祢

　寛治四年二月廿六日

【校訂註】

(1)掾…「椽」(紅・東・伴)　(2)國…「固」(紅)、「固」〔「國」と傍書〕(伴)　(3)亦…「工」(紅)、「工」〔「亦」と傍書〕(伴)　(4)到…「利」〔「到」と傍書〕(伴)　(5)奉行…欠(紅)　(6)宮城…「京」(紅)、「京」〔「宮城」と傍書〕(伴)　(7)算…「管」(東)　(8)小…脱(紅)

【書き下し】

太政官符す[1]淡路国
　従七位上[2]伴宿祢久永
右正月廿六日彼国の少掾に任じ畢ぬ。国宜しく承知し、至らば即ち任用すべし。[3]縁海の国、亦宜しく粮を給ふべし。
符到らば奉行せよ。
正四位下行左中弁[4]藤原朝臣　修理左宮城判官正五位下行大炊頭兼左大史算博士[5]小槻宿禰
　寛治四年(一〇九〇)二月廿六日

【註】

(1) 淡路国　類例では任符の宛所は国司とされており、本文書はやや異例。なお、当時の淡路守は藤原行実。
(2) 伴宿祢久永　ほかにみえず。
(3) 縁海の国　ここでは摂津、あるいは播磨のことであろう。淡路への国司の赴任に際して、八世紀には南海道駅路に沿って摂津・紀伊を通過する経路が基本であったが、九世紀以降、西海道・山陽道・南海道の国司に対して海路による赴任が許可された(『三代格』巻十八・大同元年〈八〇六〉六月十一日官符、延喜民部式下44国司赴任条)。
(4) 藤原朝臣　藤原季仲。権中納言経季男。天喜六年(一〇五八)正月、叙爵。延久元年(一〇六九)四月に刑部少

輔に任じられ、少納言・右少弁・左少弁などを経て、応徳元年（一〇八四）八月（六月か）に左中弁となる。寛治元年（一〇八七）十一月、正四位下。同年十二月には蔵人頭に任じられ、同八年六月に参議・左大弁、承徳二年（一〇九八）十二月に権中納言となり、康和四年（一一〇二）六月大宰権帥を兼任して下向する（以上、『補任』）。しかし、長治二年（一一〇五）に筑前国竈門神社（および神宮寺である竈門山寺）の神人・衆徒たちと争って、日吉神人を殺害するなどの事態となったため、本山である延暦寺の強訴を受けて「謀大逆」の罪名で周防へ配流となった（『中右記』同年六月二日・十月三十日・十二月二十九日条など）。翌嘉承元年（一一〇六）には配所を常陸国に替えられ（『中右記』同年二月十七日条）、元永二年（一一一九）六月一日に七十四歳で同地に没しており、「有才智、有文章、可惜可哀。但心性不直、遂逢其殃歟」と評されている（『中右記』同月二十四日条）。

(5)

小槻宿禰　小槻祐俊。左大史孝信男。治暦三年（一〇六七）に右少史となり（『群載』巻四・直物除目勘文）、承暦元年（一〇七七）ごろ大夫史となった（『二中歴』大夫史歴）。以後、従五位上で左大史（『成文抄』第二・任符返上）、永保元年（一〇八一）十二月五日に正五位下（『水左記』）となる。康和五年（一一〇三）正月には主税頭を兼ねるが（『二中歴』二寮頭歴）、同年二月三十日に左大史を子の盛仲に譲る（『世紀』）。長治元年（一一〇四）に従四位下に叙される（『中右記』同年正月二十九日条）。永久二年（一一一四）二月没（『中右記』同年二月十四日条）。

【文書の位置づけ・機能】

本文書は国司が任官された時に発給される任符である。寛治四年（一〇九〇）正月の除目に関わる文書と考えられる。伴久永という人物を少掾に任じることを淡路国に伝達するとともに、「縁海の国」に対して供給を命じる文言が付されているのが特徴である。

九世紀以前には、新任の国司は任符とは別に伝符と呼ばれる文書を受けていた。赴任にあたっては、この伝符を用いることで、郡に付属する交通システムである伝馬を利用し、途上の郡家での供給を受けることが可能になっていたのである。しかし九世紀末に伝符が廃止されると、任符自体に「可給食馬」という文言が付されるようになり、それによって路次の国々での供給を受けるという方式に変化した。これと並行して、供給の場であった郡家が機能しなくなってしまったため、赴任に際しては郎等が宿所を点定しながら向かい（㊳文書―6）、路次の国司による供給を受けていたと考えられる（『時範記』承徳三年〈一〇九九〉二月十日条など）。本文書に「縁海の国」に対して供給を命じる文言があるのは、こうした事情を背景とすると考えられる。

久永が任官された官は少掾であるが、掾への任官経路は二合・種々挙など数多く、久永自身の出自もはっきりしないため、任官理由などは不明である。また、久永が実際に任国に下向したかも定かではない。

【関連史料】
延喜太政官式17新任国司食伝条、延喜民部式44国司赴任条、『符宣抄』第八・任符、『成文抄』第二・任符返上

【参考文献】
武田信一「古代淡路の海上交通について」（『兵庫県の歴史』二七、一九九一）、森哲也「律令国家と海上交通」（『九州史学』一一〇、一九九四）、市大樹「国司任符の発給について」（『延喜式研究』一四、一九九八）、同「国司任符に関する基礎的考察」（『古文書研究』四七、一九九八）、松原弘宣「地方官の交通と伝馬制度」（『日本古代の交通と情報伝達』汲古書院、二〇〇九、初出二〇〇二）、渡辺滋『日本古代文書研究』（思文閣出版、二〇一四）

（澤　晶裕）

⑪三善為長諸国権介申文

従五位下行算[1]博士美濃[2]介三善朝臣為長誠惶誠恐謹言

請特蒙　天恩、因准先例、停美濃介被[3]改[4]任備後介・周防権介等闕状

當道博士兼[5][6]任[7]権守・介并改任要國例

家原氏主〈貞観四年兼[8]美作権介／同九年[9]兼[10]尾張権守〉

有宗益門[11]〈貞観七年兼信濃権[12]守〉

家原縄雄〈貞観十一年兼但馬権守〉

同[13]高郷[14]〈寛平六年兼備後権介[15]〉

大蔵良實〈延喜十九年兼周防介〉

同[16]忠臣〈正暦二年兼[17]周防権介〉

祖父[18]茂明〈長徳[19]二年兼美作権介〉

親父雅頼〈治[20]安二年兼土[21][22]左介／長元六年兼備前権介〉

右為長謹[23]検案内、当道儒士兼[24]要國権守・介、并改任之例、略載于状右矣。抑為長去四月除目、本望之外、兼件國介。爰彼國有兼任之名、無[25]微俸之實。依非宿望、[26]重仰朝[27]恩。望請　天恩。因准先例、被[28]改任件等國介闕者、将知稽古[29]之力[30]。

為長誠惶誠恐謹言。

寛治二年十二月廿五日　従五位下行算[31][32]博士兼美濃介三善朝臣

【校訂註】

(1)算…「管」（東）　(2)濃…「濃」〔「乃」と傍書〕（伴）　(3)被…脱〔「被」を補〕（伴）　(4)改…「政」（紅・東）、「政」〔「改」と傍訂〕

（伴）(5)「兼」以下十一字細字（紅）(6)兼…「宜」〔「兼」と傍書〕（伴）(7)「任」以下十字細字〔「以下本行」と傍書〕（伴）(8)兼…欠（紅）、脱（伴）(9)九…「六」（紅）、「九」〔「六」と傍書〕（伴）(10)兼尾張権守…欠（紅）、「兼信濃権介」（伴・大）(11)益…「久衛」（紅）、「久衛」〔「益」と傍訂〕（伴）(12)権…脱（史・豊）、脱〔「権」を補〕（伴）(13)同…「国」〔「同」と傍訂〕（伴）(14)郷…「郷」〔「郷」と傍書〕（伴）(15)介…「介」〔「守イ」と傍書〕（史・豊）、「守」（伴）(16)「同」以下十二字脱〔該当本文を補、「本ノ如ク」と傍書〕（葉）(17)兼…脱〔「兼」を補〕（伴）(18)父…脱〔「父」を補〕（伴）(19)徳…「源」（東）(20)治…脱〔「治」を補〕（東）(21)土…「直」（紅）、「直」〔「土」と傍訂〕（伴）(22)左…「佐」（史・豊・大）(23)検…「秢」（紅）、「秢」〔「検」と傍書〕（伴）(24)兼…脱〔「兼」を補〕（伴）(25)微…「衱」〔「微」と傍書〕（伴）(26)重…「言」（底・葉）、「言」〔「重イ」と傍書〕（史・豊）(27)朝…闕字す（史・豊）(28)改…脱（底）(29)古…「右」〔「古」と傍書〕（伴）(30)力…下に「為」あり（底）、下に「矣」を補（史）、下に「矣」あり（豊・大）(31)算…「管」（東）(32)博士…脱（紅）、脱〔「博士」を補〕（伴）

（補註）

「有宗益門〈貞観七年兼信濃権守〉」と「家原縄雄〈貞観十一年兼但馬権守〉」の部分について、史本・豊本における書写過程はやや複雑である。まず、本文として「有宗益門〈貞観十一年兼但馬権守〉」と記したあと、余白部分に「家原縄雄」と「〈貞観七年兼信濃権守〉」を書き入れ、次いで「有宗益門」と「〈貞観七年兼信濃権守〉」、「家原縄雄」と「〈貞観十一年兼但馬権守〉」をそれぞれ線で結んでいる。つまり結果的に該当部は諸本と同様の配列に落着している。

【書き下し】

従五位下行算博士美濃介[1]三善朝臣為長誠惶誠恐謹言

特に　天恩を蒙り、先例に因准し、美濃介を停め備後介・周防権介等の闕に改任せられむことを請ふ状

当道の博士権守・介を兼任し并せて要国に改任する例

家原氏主[2]〈貞観四年美作権介を兼ぬ／同九年尾張権守を兼ぬ〉

有宗益門[3]〈貞観七年信濃権守を兼ぬ〉

家原縄雄[4]〈貞観十一年但馬権守を兼ぬ〉

同高郷〈寛平六年備後権介を兼ぬ〉[5]
大蔵良実〈延喜十九年周防介を兼ぬ〉[6]
同忠臣〈正暦二年周防権介を兼ぬ〉[7]
祖父茂明〈長徳二年美作権介を兼ぬ〉[8]
親父雅頼〈治安二年土左介を兼ぬ／長元六年備前権介を兼ぬ〉[9]

右為長謹みて案内を検ずるに、当道の儒士、[10]要国の権守・介を兼ぬる、并せて改任の例、ほぼ状の右に載す。そもそも為長去る四月除目にて、本望の外、件の国の介を兼ぬ。爰に彼の国兼任の名有るも、微俸の実無し。[11]宿望に非ざるに依り、重ねて朝恩を仰がむ。望み請ふらくは　天恩を。先例に因准し、件等の国の介の闕に改任せらるれば、将に[12]稽古の力を知らむとす。為長誠惶誠恐謹言。

寛治[13]〔徳カ〕二年十二月廿五日　従五位下行算博士兼美濃介三善朝臣

【註】

(1) **三善朝臣為長**　三善為長。⑧文書註(1)参照。註(13)で後述するように、寛徳二年（一〇四五）四月に美濃介となった。ただ本文書で申請した美濃介からの改任は認められなかったようで、永承四年（一〇四九）に美濃介として秩満をむかえた（『成文抄』第五・兼国）。

(2) **家原氏主**　延暦二十年（八〇一）～貞観十六年（八七四）。嘉祥三年（八五〇）外従五位下（四月甲子条）。仁寿二年（八五二）二月壬子条に「為勘解由次官、算博士如故」とあり、これ以前に算博士となっていた。同年に主計頭（六月己酉条、以上『文実』）となり、以降安房守・玄蕃頭・伯耆守などを歴任し、本文にあるように貞観四年四月十五日に勘解由次官・算博士・美作権介、同九年二月二十九日に勘解由次官・算博士・尾張権守を兼任した。同十年二月十七日には兼勘解由次官から兼主税頭となり、同十六年七月三十日に「従五位上行算博士兼但馬守」として七十四歳で卒去した（以上『三実』）。家原氏は河内国大県郡家原邑を本拠とした渡来系氏族で、斉衡二年（八五五）に宿禰姓（『文実』八月辛卯条）、貞観十四年に朝臣姓（『三実』八月十三日条）を賜っている。

(3)　**有宗益門**　生没年未詳。仁寿三年（八五三）外従五位下（正月戊戌条）。斉衡元年（八五四）正月辛丑条に「為主計助、算博士如故。」とあり、これ以前に算博士となっていた。同三年に主計頭兼算博士（二月辛巳条）となると、以降貞観七年（八六五）までこの二官を兼帯した。天安二年（八五八）木工権助（正月癸丑条、以上『文実』）を兼ね、以降木工助・木工権頭へと転任していった。また天安二年八月二十七日の文徳天皇崩御の際には山作司に任命され、貞観五年三月二十八日に次侍従となった。そして本文にあるように同七年正月二十七日に主計頭・木工権頭に信濃権守を兼ね、同年六月二十六日に「主計頭兼木工権頭従五位上行算博士信濃権守」として右相撲司に任じられた（以上『三実』）のを最後に正史から見えなくなる。

(4)　**家原縄雄**　生没年未詳。斉衡三年（八五六）外従五位下主税助（十一月壬寅条）。天安二年（八五八）主税頭（正月己酉条、以上『文実』）。以降遠江権介、備後介、加賀権介、出雲権守などを兼任し、貞観十年（八六八）に周防守・鋳銭司長官（正月十六日条・二月十七日条）、同十一年三月二十三日に主計頭兼但馬権守となり、同十四年八月十三日に主計頭兼但馬権守として氏主とともに朝臣姓を賜った（以上『三実』）。縄雄に関しては貞観十一年に但馬権守と算博士を兼任していたのかは不明である。

(5)　**同高郷**　家原高郷。生没年未詳。元慶七年（八八三）四月二十九日条に右大史正六位上として見え、翌年十一月二十五日に左大史兼算博士として外従五位下に叙されているのでこれ以前に算博士となっていた。仁和三年（八八七）六月十三日に算博士兼播磨権大掾となる（以上『三実』）が、以降の官歴や寛平六年（八九四）に備後権介を兼任したかについても不明である。

(6) **大蔵良実** 延喜二十年（九二〇）に主計頭であったことが知られる（平―二一七）。また、『二中歴』の算博士の項には良実の名が見えるが、周防介の兼任については不明。

(7) **同忠臣** 小槻忠臣か。諸本はすべて「同」とし、正暦二年（九九一）に周防権介を兼任したとあるが、このころ「大蔵忠臣」なる者は史料上確認できない。『二中歴』の算博士の項に見える忠臣は小槻氏である。小槻忠臣の周防権介兼任を他史料では確認できないものの、正暦二年当時存命であるので、「同忠臣」は小槻忠臣の誤りであろう。以下、小槻忠臣の略歴を記す。承平三年（九三三）生、寛弘六年（一〇〇九）没。父は小槻茂助、母は小槻糸平の女。天徳四年（九六〇）二月二十七日主計大属（『西宮記』巻十四）、安和三年（九七〇）三月二十三日右大史（『符宣抄』第八・召大弐）、長徳三年（九九七）正月二十五日主計頭（『成文抄』第七・連奏）としてみえる。寛弘四年五月三十日に諸道論義の算道三番問答に候じており（『御堂』）、この時には算博士であったと思われる。また、安房守に任じられたことが知られる（『続文粋』巻六・寛仁四年〈一〇二〇〉正月十五日大江時棟申文）。

(8) **茂明** 三善茂明。生没年未詳。もと錦宿禰姓で、貞元二年（九七七）以前に主税助に任じられ、三善朝臣に改姓している（『符宣抄』第七・貞元二年五月十日太政官符）。長保二年（一〇〇〇）、不正な算師挙状を作成し罪を問われた記事に算博士として見え、数日後重ねて問われた記事には主税頭として見える（『権記』七月十七日・二十八日条）。『成文抄』第十・兼国には、年紀は不明なものの「美作権介従五位下三善朝臣茂明」とある。

(9) **雅頼** 三善雅頼。生没年未詳。万寿四年（一〇二七）主税助として覚挙状を進めたが、朝廷において以後数ヶ月に渡ってそれに関する議論がなされた（『小右記』六月十日条など）。『左経記』長元七年（一〇三四）八月二十一日条と翌年五月三日条に算博士として見えるが、本文書にある土佐介や備前権介との兼任については不明。ちなみに『成文抄』第七・連奏には寛弘三年（一〇〇六）に主税権少允、同六年に主税大允に任じられている「錦宿禰雅頼」がみえるが、これは三善朝臣に改姓する前の雅頼である可能性がある。

(10) **当道の儒士**　ここでは算博士のこと。

(11) **微俸**　わずかな俸給。

(12) **将に稽…むとす**　稽古とは書を読んで学問をすること。ただ藤原宗忠が右中弁に任じられた際、これまでを振り返って「稽古之勤朝夕不倦」と述べ、任官の感慨を「亦稽古之力也」と記している（『中右記』嘉保元年〈一〇九四〉六月十三日条）ように、稽古とは学問を修めることだけでなく官人として日々の勤務を実直にこなすことも意味している。つまり為長は、日々真面目に勤務しているのだから要国の国司に改任されるべきであると主張しているのである。

(13) **寛治二年**　諸本はすべて「寛治二年」（一〇八八）とする。しかし為長は永保元年（一〇八一）に亡くなっており、また寛徳二年（一〇四五）四月に美濃介を兼任したことが『成文抄』から知られるので、これは「寛徳二年」の誤りである。

【文書の位置づけ・機能】

本文書は算博士三善為長がその兼国として寛徳二年（一〇四五）四月に任じられた美濃介から、備後介や周防権介などの「要国」の国司に改任されることを申請した申文である。

「本望の外」「宿望に非ざる」と強調されるように、為長にとって美濃介への任官は相当に不本意であったようである。為長は兼任しても収入がないとして美濃介からの改任を要求しているが、美濃国自体が他の諸国に比べて受領の実入りが少ない亡弊国というわけではない。『補任』の記載を用いて平安時代の諸国のランク付けを行った土田直鎮氏の研究においても、院政期の家司受領・院司受領の任国を対象に諸国の格付けを行った寺内浩氏の研究においても、美濃国の格付けは備後・周防等の山陽道諸国と遜色ない。また藤原道長への奉仕・貢献で有名な源頼光は、二度の美濃守任官などで私富を蓄えたと考えられており、十一世紀前半の美濃国はむしろ受領にとっては実入りの多い熟国であった。しかしそれは、為長ら在京の遥任官の収入とは別問題である。

永祚二年（九九〇）美濃権守を兼任していた参議源時中は、受領が俸料を納入しないので兼任の実がないと奏上し、また正暦四年（九九三）には算道など四道の博士が同様の訴えを述べている（『要略』巻二十七・年中行事十一月三）。平安中期になると現地に赴任する受領が私富を蓄える一方で、遙任官はなかなか規定の俸料が納入されず困窮していたのである。つまり、為長ら国司を遙任官として兼任する者にとっての「要国」の基準とは、その国自体が熟国か亡弊国かということではなく、その国に赴任する受領からの俸料の宛行がきちんとなされるかどうかであったと考えられる。寛徳二年当時の諸国の受領の構成や彼らの遙任官に対する態度などについては関連史料がほぼ皆無のため不明な部分が多いが、為長は遙任官としての収入が期待できるという意味で、備後国や周防国を「要国」と述べて任官を希望したのであろう。

また為長が先例としている算博士の兼任した「要国」についてみてみると、山陽道諸国が多く、為長自身も備後介・周防権介を希望している。しかし平安中期の算博士がどの国を兼任していたかを『成文抄』から抽出してみても、特に地域的な偏りがあるわけではない。当時は算博士の兼国に特定の国が宛てられたということはなく、臨機応変に決定されていたはずで、為長は自らの主張に有利な先例を集めて本文書を作成したと思われる。

なお、『群載』編者の三善為康は本文書の作成者三善為長の養子である。よって本文書は為長から為康にもたらされ、『群載』に採録されたと考えられる。

【関連史料】

『要略』巻二十七・年中行事十一月三・応勘会公文参議遥授兼国公廨位禄季禄事、応依官符以各請文勘会公文紀伝明経明法算四道博士等兼国公廨位禄季禄事、『成文抄』第五・兼国

【参考文献】

土田直鎮「公卿補任を通じて見た諸国の格付け」(『奈良平安時代史研究』吉川弘文館、一九九二、初出一九七五)、寺内浩「院政期における家司受領と院司受領」(『受領制の研究』塙書房、二〇〇四、初出一九九八)

(吉松　大志)

⑫加賀初任国司庁宣

初任國司廳宣

新司宣　加賀國在廳官人・雜任等

仰下　三箇條事(1)

一、可早進上神寳勘文事(2)

右件神寳、或於京儲之、或於國調之者。且進上勘文、且(3)可致其勤(4)。又(5)恒例神事、慥(6)守式日、殊(7)可勤行矣(8)。

一、可催行農業事

右國之興復(9)、在勸農業(10)。農(11)之要務、在修池溝。宜下知諸郡、早令催勤(12)矣(13)。

一、下向事
右大略某(14)月比(15)也。於一定者、追可仰下之(16)。
以前條(17)事、所宜如件。宜承知依件行之。以宣。
延喜十年　月　日

【校訂註】

(1)箇…「ヶ」（紅・伴）(2)勘…「劫」（東）(3)且可…「等」（底）(4)勤…「勧」〔「勤」と傍書〕（伴）(5)又…「父」〔「又」と傍書〕（伴）(6)慥…「慥」〔「慥」と傍書〕（伴）(7)可…「帀」〔「可」と傍書〕（伴）(8)矣…脱〔「矣」を補〕（伴）(9)興…「興」〔「興」と傍書〕（伴）(10)農…下に「農」を補（伴）、下に「農」あり（大）(11)農…脱（紅・伴・大）(12)勤…「勧」〔「勤イ」と傍書〕（豊）(13)矣…脱〔「矢」を補い「矣」と傍書〕（伴）(14)某…「其」（底）、細字（史・豊）(15)比…「頃」と傍書（伴）(16)之…「也」（史・豊）(17)條…「修」〔「條」と傍書〕（伴）

【書き下し】

初(1)任国司庁宣
新司宣す　加賀国在(2)庁官人・雑任等
仰せ下す　三箇条の事
一、早(3)く神宝勘文を進上すべき事
右件の神宝、或は京に於て之を儲け、或は国に於て之を調ふてへり。且つは勘文を進上し、且つは其の勤を致すべし。又恒例の神事、慥に式日を守り、殊に勤め行ふべし。
一、農(4)業を催し行ふべき事
右国の興復は、農業を勧むるに在り。農の要務は、池溝を修むるに在り。宜しく諸郡に下知し、早く催し勤めしむべし。
一、下向の事(5)
右大略某月の比なり。一定(6)に於ては、追ひて之を仰せ下すべし。
以前の条事、宣する所件のごとし。宜しく承知し件に依り之を行ふべし。以て宣す。
　延喜十年（九一〇）　月　日

【註】

(1) 初任国司庁宣　国司庁宣は、国司が在庁官人や郡司等に命令を下した文書である。その起源については、国司遙任制の進展や国司庁の成立との関連が議論されてきたが、佐藤泰弘氏は、国司庁宣を「国司庁の宣」でなく「国司の庁宣」と捉え、その差出所である「庁」を「国司庁」ではなく、国庁の官長すなわち受領自身を指すものとしている（「平安時代の国務文書」『日本中世の黎明』京都大学学術出版会、二〇〇一）。また、本文書の新司宣を国司庁宣の初見とするか否かも議論が分かれるが、富田正弘氏は新司宣を国司庁宣の前段階とする知見を示している（「平安時代における国司文書」『中世公家政治文書論』吉川弘文館、二〇一二、初出一九七五）。

(2) 在庁官人・雑任等　国衙にいる任用国司および書生など。竹内理三氏によれば、本文書は「在庁官人」の初見とされる（「在庁官人の武士化」『律令制と貴族政権』Ⅱ、御茶の水書房、一九五八、初出一九三七）。しかし、在庁官人制の成立は十一世紀半ばと考えられており、さらに「在国庁官人・書坐〔生カ〕等」へ宛てた新司宣の例もあるため（『小右記』治安元年〈一〇二一〉二月二日条）、佐藤泰弘氏のように「庁に在る官人」と読み在庁官人と区別する（前掲「平安時代の国務文書」）見解もある。

(3) 早く神…べき事　神宝勘文の進上や国司神拝の遂行を命じる。神宝勘文とは、国司神拝に備えて任国内で調達可能な神宝を記した文書のこと。国司は赴任後第一に、任国の諸神に参拝する「神拝」を行い（㊳文書―16）、神拝は国司の赴任と強く結びつくものであった（『中右記』嘉承二年〈一一〇七〉七月二十四日・元永二年〈一一一九〉七月十四日条）。国司は入府するとまず神宝を造り、国内諸神に奉幣し、初めて国務にあたる（『群載』巻十五・陰陽道）。こうした神宝は、本文書に記されるように国司が京から携行したり、任地で調達したりした（『時範記』承徳三年〈一〇九九〉二月九日・十五日条）。

(4) **農業を…べき事**　諸郡への勧農の通達を命じる。勧農は八世紀より国司の任務の一つであり（養老職員令70大国条、養老考課令54国郡司条）、河川の堤防の修造（養老営繕令16近大水条）や灌漑用の渠堰の管理（養老雑令12取水漑田条）といった職務も含まれていた。平安時代にも依然として、国司の任務であり続けた（『時範記』承徳三年〈一〇九九〉二月十五日条）。

(5) **下向の事**　新任国司が任地へ赴く日程を述べる。

(6) **一定**　物事が確かに一つに定まること。

【文書の位置づけ・機能】

本文書は、着任前の新任国司が任国の任用国司や書生を代表とする雑任等に宛てた、新司宣の文例である。「在庁官人」とあることから十世紀末頃から一般的となる受領国司の遙任と関連づけ、文書の年代を疑う見方もあるが、下向についての記述は遙任が定着した時代には一般的でない。むしろ、本文書の年代を含む九世紀末から十世紀初頭には、彼らの遙任化に対処して赴任を促す政策がとられており（『別聚』延喜二十二年〈九二二〉二月二日・八月八日・二十五日宣旨）、国司は任国へ赴くべきであるという考え方がかろうじて存在していた時代といえよう。また、在庁官人制成立後の宛所は「在庁官人等」が一般的であるのに対し（『兵範記』久寿三年〈一一五六〉三月十三日条、

⑬・⑭・⑮・⑯文書)、本文書は「在庁官人・雑任等」であることも、年代の古さを示すものといえよう。
これ以後も、新任国司が国衙官人の精励すべき三箇条を記す文書は散見するが、内容は神事・神宝勘文・池溝(『兵範記』前掲)、神事・勧農・濫行輩の制止(『小右記』前掲)というように、多少の相違が見られる。このうち、神事・勧農関連は一般的国務として必須事項であったようだが、下向については本文書に特徴的な事項である。
なお、『群載』が本文書を掲載した背景について佐藤泰弘氏は、延喜年間頃に⑰・⑱・⑲文書と一体の国司任命者向け文例集が編集され、流布したと想定する。一方、五味文彦氏は、寛治四〜六年(一〇九〇〜九二)に加賀守であった藤原為房との関係から入手したとする。

【関連史料】
『小右記』治安元年二月二日条、『群載』巻十五陰陽道、⑬・⑭・⑮・⑯・⑰・⑱・⑲文書および㊳文書—16、『中右記』嘉承二年七月二十四日・元永二年七月十四日条、『時範記』承徳三年二月九日・十五日条、『兵範記』久寿三年三月十三日条、『別聚』延喜二十二年二月二日・八月八日・二十五日宣旨

【参考文献】
竹内理三「在庁官人の武士化」(『律令制と貴族政権』Ⅱ、御茶の水書房、一九五八、初出一九三七)、土田直鎮「国司の神拝」(『奈良平安時代史研究』吉川弘文館、一九九二、初出一九六八)、富田正弘「平安時代における国司文書」(『中世公家政治文書論』吉川弘文館、二〇一二、初出一九七五)、水谷類「国司神拝の歴史的意義」(『日本歴史』四二七、一九八三)、亀田隆之「国司と治水・灌漑」(『日本古代治水史の研究』吉川弘文館、二〇〇〇)、佐藤泰弘「平安時代の国務文書」(『日本中世の黎明』京都大学学術出版会、二〇〇一)

(宮川　麻紀)

⑬但馬初度国司庁宣

〈初度〉[1]

廳宣　但馬國在廳官人等

　仰下[2]雜事

一、可勤[3]仕恒例神事

右國中之政、神事為先。専致如在之嚴奠[4]、須期部内之豊稔[5]。一境殷富、乃[6]貢易備。百姓安堵、資[7]用已[8]足者。

一、可修固[9]池溝堰[10]堤事

右農務之要、尤[11]在池溝。宜下知諸郡、早致修固也。

一、可催勸農業事

右國以民為本、民以農為先。然則乃[12]貢之備、尤在此事。早以勤[13]行者。

以前條[14]事、所宣如件。宜知此状、依[15]件行之[16]。故宣。

　年　月　日

守

【校訂註】

(1)度…「度」〔「度」と傍書〕(伴)　(2)下…「可」(東)　(3)勤…「勒」(伴)　(4)奠…「貧」(紅)、「貧」〔「奠」と傍書〕(伴)　(5)稔…「穏」〔「稔」と傍書〕(史・伴)、「穏」(豊)　(6)乃…「及」〔「乃」と傍書〕(伴)　(7)資…欠(紅)　(8)已…「之」(紅・東)、「之」〔「已」と傍訂〕(伴)　(9)固…「国」〔「固」と傍書〕(伴)　(10)堰…「扌(残画)」(底)、「揺」(紅)、「揺」〔「堰」と傍書〕(伴)　(11)尤…「左」〔「尤」と傍書〕(伴)　(12)乃…「為」(東)　(13)勤…「勒」(底・伴)　(14)條…「修」〔「條」と傍書〕(伴)　(15)依…脱〔「依」を補〕(伴)　(16)

之…下に「依」〔抹消〕あり（伴）

【書き下し】

〈初度〉

庁宣す　但馬国在庁官人等

　仰せ下す雑事

一、恒例[1]の神事を勤仕すべし

右国中の政は、神事を先と為す。専ら如在[2]の厳奠を致し、須く部内の豊稔を期すべし。一[3]境殷富ならば、乃貢[4]備へ易からむ。百姓安堵ならば、資用已に足らむ。

一、池溝[5]堰堤を修固すべき事

右農務の要は、尤も池溝に在り。宜しく諸郡に下知し、早く修固を致すべきなり。

一、農業[6]を催勧すべき事

右国は民を以て本と為し、民は農を以て先と為す。然れば則ち乃貢の備へは、尤も此の事に在り。早く以て勤行せよ。

以前の条事、宣する所件のごとし。宜しく此の状を知り、件に依りて之を行ふべし。故に宣す。

　　年　月　日

守[7]

【註】

(1)　恒例の…すべし　勧農のために恒例の神事をしっかり執り行うことを指示している。

(2) 如在《じょさい》の厳奠《げんてん》　如在は神や主君が眼前にいるかのように謹みかしこむこと。奠は物を備えて祭ること。つまり、ここでは実際に神がそこにいるかのようにおごそかに祭ることをいう。

(3) 一境殷富ならば　一境はひとつの国、ある土地の意。つまり、一国全体が富み栄えることをいう。

(4) 乃貢《のうぐ》　年貢に同じ。

(5) 池溝堰…べき事　農業のために灌漑施設を整備することを命じている。

(6) 農業を…べき事　農業を励行し乃貢を滞りなく徴収することを指示している。

(7) 守　ここでは本庁宣を発布した新任の但馬守を指す。

【文書の位置づけ・機能】

庁宣とは、国司が任国内に発する文書様式のひとつであり、国司庁宣とも称する。先行研究によりその特徴を整理すると、(1)⑫文書のような新司宣を前身として成立した、(2)宛所や位署などの様式は国符と異なり律令官制の制約を受けない、(3)受領と在庁官人の分離を前提とする、(4)時代が下るとともにより重要な案件にも用いられるようになった、などの諸点が挙げられる。

庁宣の成立年代はこれまで、『平安遺文』中の初例が長久二年(一〇四一)十一月十二日の大隅国司庁宣案(平—五九〇)であることから、十一世紀半ばと考えられてきた。しかし佐藤泰弘氏によると、『小右記』寛仁二年(一〇一八)四月一日・八日条や『左経記』治安元年(一〇二一)五月十一日条に庁宣がみえることから、遅くとも十一世紀初めには庁宣は成立しており、またこれらの記事の中で藤原実資や源経頼が庁宣の使用そのものには何の疑義も呈していないことから、実際には十世紀中に庁宣は成立していたのではないかとしている。初期の庁宣が主として伝達文書に使用され長期保管されにくい状況にあったことも考慮すれば、佐藤氏の見解は従うべきものであろう。

しかし、本文書に関する限り、年代はそれよりもかなり下るとみなすべきである。本文書の宛所は但馬国在庁官人等となっているが、『平安遺文』に収録される実例によると、初期の庁宣の宛所は多くが郡司とされており、宛所が留守所のものの初例は承保三年（一〇七六）美濃国司庁宣案（平―一一二七）、在庁官人とされるものに至っては康和元年（一〇九九）大和国司庁宣（平―一四二〇、宛所は正確には在庁官人并郡司等）まで確認しえないからである。これは、本文書と対をなす⑭文書の年紀が元永元年（一一一八）とされ、十二世紀初頭を示すのに合致する。また、⑫文書が新任国司の下向を明記するのに対して、本文書は⑮・⑯文書に対応しており、国司の任国不行を前提としている。この点も、本文書の年代を引き下げて考える根拠となろう。

【関連史料】
『平安遺文』所収国司庁宣、『小右記』寛仁二年四月一日・八日条、『左経記』治安元年五月十一日条

【参考文献】
富田正弘「平安時代における国司文書」（『中世公家政治文書論』吉川弘文館、二〇一二、初出一九七五）、佐藤進一「中世史料論」（『岩波講座日本歴史』二五・別巻二、岩波書店、一九七六）、田村憲美「機能上から見た国司文書の変遷」（『日本中世村落形成史の研究』校倉書房、一九九四、初出一九七八）、佐藤泰弘「平安時代の国務文書」（『日本中世の黎明』京都大学学術出版会、二〇〇一）

（山本　祥隆）

⑭但馬第二度国司庁宣

〈第二度〉

廳宣　在廳官人等

仰下條事

一、可令注進官物率法事

右色々率徴[1]一々可注進之。

一、可同令注進一所目代并郡司・別[2]符司等事

右為令尋沙汰、早可注申之。

一、可同令注進當年田数并國内起請[3]田・農料[4]事

右國中之[5]政、農料為先[6]、官物為[7]宗[8]。早注委細、可令進上。兼可致用意之故[9]也。

一、可参上在廳官人等両三人事

右為召問先例國事、為宗之輩早[10]可参上之。

以[11][12]前條事、所宣如件。在廳官人等、宜承知依件行之。

元永元年十二月九日

右[13]兵衛権佐兼大介藤原朝臣

【校訂註】

(1)微…「微」（史・豊・紅）、「微」〔「徴」と傍書〕（伴）　(2)別…「前」〔「別」と傍書〕（伴）　(3)請…「言（残画）」（底）　(4)料…下に「之」あり（紅・伴・大）　(5)之…脱（東）　(6)先…「考」〔「先」と傍訂〕（東）　(7)為…脱（底・葉）、脱〔「為」を補〕（史・豊）　(8)宗…「字」〔「宗イ」と傍訂〕（史・豊）　(9)之故…脱（東）　(10)早…脱（大）　(11)以…脱（紅）、脱〔「以」を補〕（伴）　(12)「以前」以下改行せずに前行に続く（底）　(13)「右」以下十二字細字（紅・伴）

【書き下し】

〈第二度〉

庁宣　在庁官人等

　仰せ下す条事

一、(1)官物の率法を注進せしむべき事

右色々の率徴、一々之を注進すべし。

一、(2)同じく(3)一所目代并せて(4)郡司・別符司等を注進せしむべき事

右尋ね沙汰せしめむがため、早く之を注申すべし。

一、(5)同じく(6)当年の田数并せて国内起請田・農料を注進せしむべき事

右国中の政、農料を先と為し、官物を宗と為す。早く委細を注し、進上せしむべし。兼ねて用意致すべきの故なり。

一、(7)在庁官人等両三人参上すべき事

右先例の国事を召し問はむがため、宗たるの輩早く参上すべし。

以前の条事、宣する所件のごとし。在庁官人等、宜しく承知し件に依りて之を行ふべし。

　元永元年（一一一八）十二月九日

(8)右兵衛権佐兼(9)大介藤原朝臣

【註】

(1)　官物の…べき事　第一条では、国衙が徴収すべき租税である官物の税率を報告することを求めている。官物は田率賦課による税で、「官物の率法」とはいわゆる公田官物率法のこと。十世紀末〜十一世紀中頃に成立したと考

えられるが、税率や品目は国によって内容が異なっていた。保安三年（一一二二）二月日伊賀国在庁官人解案（平―一九五八）には、当時の伊賀国の官物の具体的な内訳が見えている。受領は任官すると、先例の税率を確認した上で官物を賦課・徴収していたことが久安四年（一一四八）十月二十九日の伊賀国宛官宣旨（平―二六五五）に見えており（「拝除初、尋旧記、徴下国中官物」）、本文書に通ずる行為であろう。

(2) **同じく…べき事**　第二条では現地で国務や田地経営に携わる一所目代と郡司・別符司を報告することを求めている。その理由は次行にあるように「尋ね沙汰」のためである。その内容は、第一・三条で官物率法や国内田数を問うていること、第四条で「先例の国事」を問うために在庁官人の上京を求めていることなどから、官物等の収取を中心としたものであろう。

(3) **一所目代**　十世紀末以降、受領は諸司・諸国の下級官人層（受領の郎等）を伴って任国へ赴任するようになり、彼らを目代として国衙の行政機関である税所・田所・公文所などの職務を担わせた。当初の所目代は、郎等として受領に随従してきた中央出身者であったが、受領の在京が恒常化するようになる十一世紀半ば以降になると、留守所目代等を除けば郎等らの下向も少なくなり、所目代に現地の有力者が用いられるようになったと考えられる。一所目代は半井家本『医心方』紙背文書所載の「国務雑事」にも、国司が把握すべき現地有力者の一つとして見えているが、本条でも郡司や別符司とともに列挙されていることから土着の有力者であろう。

(4) **郡司・別符司**　当該期の郡司は、各郡一人ずつのいわゆる一員郡司である。また別符司は、別符（別符の名）における官物納入の責任者のこと。別符とは、十一世紀中頃に再編された郡・郷による公田支配とは異なる国衙に直結する収取単位のこと。荒地開発や買得、官物等の負累物代として集積された土地によって構成され、国司庁宣（別符）によって認定された。認定の申請者＝土地の集積者には一定額の官物負担を条件に、当該地の実質的な支配権が認められていた。

仁平元年（一一五一）四月八日常陸国留守所下文（平―二七二七）では、それまで「則頼」の「執行」してきた別符を、「倉員」の「郡司名田」にすることが認められている。また十二世紀初頭、安芸国高田郡司の藤原氏は、在庁官人らとともに三田郷、風早郷の徴税に従事する過程で、未進物代として集積した負名の所領を自らの支配する別符の中に取り込んでいる（坂上康俊「安芸国高田郡司藤原氏の所領集積と伝領」『史学雑誌』九一―九、一九八二）。このように十二世紀初頭の郡司は、徴税等の国務に従事する一方、名田や別符の支配者（別符司）として、国衙への官物納入を請け負いつつ田地の開発・経営を行っていたと考えられる。

(5) **同じく…べき事**　第三条では国内の田数（「当年の田数」）と官物賦課対象となる田地（「起請田」）、下行すべき「農料」の報告を求めている。十二世紀に入ると、国司による国内の土地調査は単なる検田から領主権の調査も含む検注へと変化し、特に初任の検注は国検として重要視された。本条は徴収すべき官物数と下行すべき農料をあらかじめ把握するための指示であるが、それには検注（検田）を実施し、官物賦課対象田数を確定することが前提となる。すると本条は、結果的に検注（検田）の指示ともとれる。しかし、本庁宣が出されたのは十二月であり、見作田や損得田の状況を調査する検田を伴う検注の時期としては不適切である（収穫前が望ましいはずである）。したがって、受領任官に伴い、国内の田数や官物賦課額、農料等の概数を形式的に把握するための指示と解すべきであろう。

(6) **当年の…農料**　前註で触れたように、当該期の国内田数は検注（検田）の実施によって把握されていた。その様子は、天治三年（一一二六）に伊賀守源憲明の初任検注に際して作成された同国名張郡国検田目録案（平―二〇五八）から具体的にうかがうことができる。その内容は、①国内の総田数、②その田地状況（得田・損田・川成など）、③除田数（徴税に際し郡郷を経由しない別名や、不輸の荘田〈本免田〉などの田地数）、④定公田数（郡郷経由で収取される田地）から成っており、これを基本として官物賦課額が算出されたと考えられる。つまり、総田数から官物が賦課されない荘田数と損田数が除かれた分が、官物賦課田となるのである。さらに当該期の官物の賦課・収取に際しては「利田」と呼ばれる措置もとられていた。

　佐藤泰弘氏によると、「利田」とは官物率法を下げずに、賦課対象の田数のうちの何割かを控除することで官物を減額する措置のことである（「国の検田」『日本中世の黎明』京都大学学術出版会、二〇〇一、初出一九九二）。「利田」は検注（検田）の後に行われるのが原則であったようだが（『為房卿記』寛治五年〈一〇九一〉九月四日条、安元二年〈一一七六〉正月日源兼光解〈平―補三七九〉など）、荘園の出作田等への賦課の際には、検注（検田）を実施するかわりに国衙に「利田請文」を進めさせ、官物納入額を決定している例も見られる（久安四年〈一一四八〉官宣旨〈平―二六五五〉、同五年伊賀目代中原利宗・東大寺僧覚仁重問注記〈平―二六六六・七〉など）。

　このような一連の手続きを経て算出された官物賦課田数は、神への起請という形をとって確定されたようである。『時範記』承徳三年（一〇九九）＝康和元年三月二日条では、因幡守として任地に下向した平時範は、諸郡司から「一把半利田請文」を提出され、翌日宇倍宮（因幡国一宮）において「利田起請之趣」を載せた告文を読ませている。郡司は国の徴税責任を負う者として利田請文を提出し、これに対し時範はその内容を神に「起請」することで官物賦課田数を確定しているのである。このような過程を経て、官物賦課田は「起請田」として認識されたのであろう。なお安元二年正月日源兼光解（平―補三七九）には「去年者即平均令内検国中作田〈天〉、不作所加九把五分利、并本起請田作満所ハ〔引カ〕、行加三把利田、令遂収納畢」と、内検（その年の徴税額を決定する

⑭但馬第二度国司庁宣

ために行う損亡状況などの調査）の結果、「不作所」は九割五分の、「本起請田作満所」は三割の控除を受けた上で官物の収納が行われており、この場合は、利田（控除）以前に「起請田」が確定されていたようである。

以上のように設定された官物賦課田（「起請田」）には、種籾や食料の名目で「農料」が下行された。「農料」の下行は勧農権の行使を意味しており、勧農権は土地の支配権と密接に結びついていた。

(7) **在庁官…べき事**　第四条では、「先例の国事」を問うため主だった在庁官人の上京を求めている。このことから本文書が受領の在京を前提に出されたものであることが分かる。

(8) **右兵衛権佐兼大介藤原朝臣**　藤原忠隆。基隆男。母は藤原長忠女。『補任』によれば、嘉承二年（一一〇七）六歳の時に叙爵。天永二年（一一一一）十月二十五日には十歳で丹波守に任じているが（『中右記』、『殿暦』）、白河院の四位別当であった父の伊予守基隆が知行国主となっている。翌年には造大炊殿功により重任され（『中右記』天永三年十月十九日条）、永久四年（一一一六）正月三十日に右兵衛（権）佐を兼任。元永元年〈一一一八〉十一月十九日に相博により但馬守となっている。この時の相博相手は藤原家保であったと考えられる。『補任』によれば、家保は天永元年十月十二日に但馬守に任じ、永久五年（一一一七）にも但馬守として見えることから（『台記別記』久安四年〈一一四八〉八月十四日条）、重任されていたことが確認され、その後、元永元年十一月二十九日に丹波守に任じている。したがって若干の任日のずれはあるが、忠隆の相博相手は家保と見てよいだろう。保安元年（一一二〇）六月日の白河院庁下文（平―四九七五）には、忠隆父の播磨守基隆と丹波守家保がともに四位別当として名を連ねており、この相博は基隆と家保の間で成立したものであろう。忠隆はこの後、父と同様に院近臣としての道を歩み、白河院・鳥羽院の四位別当を務めつつ、近衛少将、大膳大夫、皇后宮亮、内蔵頭のほか、備中・播磨・伊予の受領を歴任。久安四年二月一日に従三位に叙されている（以上『補任』）。その後、大蔵卿、美濃権守、皇后宮権大夫に任じ、久安六年、四十九歳で薨じている。

(9) 大介 守の異称。知行国主のもとに任じられた守が、任国への下達文書（庁宣など）に用いている例が多い。

【文書の位置づけ・機能】

⑫文書から三通新任国司の庁宣が続き、本文書がその最後となっている。これら三通の関係について佐藤泰弘氏は、⑫文書が任地に赴任することを前提とした受領のケースを、⑬・⑭文書は任地に赴かない受領のケースを例示していると指摘している（「平安時代の国務文書」『日本中世の黎明』京都大学学術出版会、二〇〇一）。⑬・⑭文書の冒頭の「初度」、「第二度」の注記が『群載』成立当初から存在していたのかどうかは慎重にならなければならないが、各文書の内容から佐藤氏の説は首肯されるものであろう。

⑫文書には下向の旨が明記されている一方、⑬・⑭文書の内容からは、下向しないことを前提にしていることが読み取れる。特に本文書（⑭文書）の内容は、下向するのであれば任地において指示すべきものを含んでいるといえよう。また、⑫・⑬文書では神事に関する指示や勧農の指示など共通する内容を含んでおり、この両者に受領任官に際しての吉書的な側面を見出すことも可能である。したがって、⑫・⑬文書は赴任する場合・しない場合それぞれの初度庁宣であり、本文書（⑭文書）は赴任しない場合に下される二度目の庁宣と位置づけることができよう。東京大学総合図書館所蔵の青洲文庫本『朝野群載』（請求番号：A二〇―五二）は、江戸時代末期の写本であるが（国立国会図書館所蔵山脇元冲校訂本〈嘉永三年〈一八五〇〉校了〉の忠実な転写本で、三条西古本系か）、その巻二十二の目録部分には「新司庁宣 三通 初度二 二度一」とあり、上記と同様の理解を示している。

ただし⑬文書が年紀を欠き奥の署名部分を「守」とだけ記しているのに対し、⑭文書は年紀を持ち「大介」の称を用いているなど、同じ但馬国司の庁宣であることは確実であるが、この双方が元永元年（一一一八）の藤原忠隆但馬守任官に際してのものであるかは確定しがたい。

本文書は元永元年のものであり、『群載』の編纂が一応終了した永久四年以降のものである。巻二十二の永久四年（一一一六）以降の文書の入手ルートについて五味文彦氏は、永久四年以前同様、為康と親交のあった藤原為房・為隆親子から手に入れたものに加え、為康が文書の代筆等で奉仕したと考えられる藤原長実に関連する文書が見られるようになることを指摘している。本文書に見える藤原忠隆と任国の相博を行った藤原家保は、この長実の同母弟であり、家保と忠隆の父である基隆は白河院四位別当の同僚である。したがって本文書は、忠隆の父であり但馬の知行国主であった基隆から相博相手で同僚の家保、さらにその兄である長実の手に渡り、最終的に為康の元にもたらされたと考えることができる。また、為房男の顕隆の女が忠隆の室になっており、天仁二年（一一〇九）十二月二十二日の白河院庁牒案（平―一七一四）には、四位別当として為房とともに基隆も名を連ねている。したがって本文書が為房を通して為康のもとにもたらされた可能性も想定できるだろう。

【参考史料】

天治三年正月日伊賀国名張郡司解案（名張郡国検田目録案、平―二〇五八）、『為房卿記』寛治五年九月四日条、安元二年正月日源兼光解（平―補三七九）、久安五年伊賀国目代中原利宗・東大寺僧覚仁重問注記（平―二六六六・七）、『時範記』承徳三年三月二日・三日条

【参考文献】

大山喬平「国衙領における領主制の形成」（『日本中世農村史の研究』岩波書店、一九七八、初出一九六〇）、飯田悠紀子「大介考」（『学習院史学』四、一九六七）、泉谷康夫「平安時代における国衙機構の変化」（『日本中世社会成立史の研究』高科書店、一九九二、初出一九七七）、入間田宣夫「起請文の成立」（『百姓申状と起請文の世界』東京大

学出版会、一九八六、初出一九八五）、坂上康俊「安芸国高田郡司藤原氏の所領集積と伝領」（『史学雑誌』九一―九、一九八二）、同「負名体制の成立」（『史学雑誌』九四―二、一九八五）、勝山清次「公田官物率法の成立とその諸前提」（『中世年貢制成立史の研究』塙書房、一九九五、初出一九八七）、佐藤泰弘「国の検田」「平安時代の国務文書」（『日本中世の黎明』京都大学学術出版会、二〇〇一、初出一九九二・二〇〇一）、寺内浩「知行国制の成立」（『受領制の研究』塙書房、二〇〇四、初出二〇〇〇）

（磐下　徹）

⑮定遣国目代庁宣書様

定遣[1]國目代

廳宣　在廳官人等

　定遣目代事

　　散位中原朝臣〈某〉

右人為令執行一[2]事已上、所定遣如件。宜承知、依件行之。以宣。

　　年　月　日

守

【校訂註】

(1)遣…「遺」〔「遣」と傍書〕（伴）　(2)一…脱〔「一イ」と補〕（史・豊）

【書き下し】

国の目代を定め遣はす[(1)]

庁宣す　在庁官人等

定め遣はす目代の事

散位中原朝臣〈某〉[(2)]

右の人一事已上を執行せしめむがため、定め遣はす所件のごとし。宜しく承知し、件に依りて之を行ふべし。以て宣す。

年　月　日

守

【註】

(1) 国の目代　現地で国務の一切を取り仕切った庁目代（国司の赴任がない時は特に留守所目代といった）のこと。十一世紀になると、受領国司は自分の郎等たちを従えて任国へ下向するようになり、彼らを納所や公文所などの国衙の所々の目代に任命して、意のままに国務を遂行するようになった。国務条事には、公文を取り扱う公文目代について、貴賤を問わず優れた人材を目代として任命することが説かれている（㊳文書—18・38）。やがて、所目代には現地任用の者も現れるが、それとは別に、国務の「一事已上」すべてを取り仕切る庁目代が都から派遣されるようになった。『医心方』紙背文書には、加賀国・越中国目代を務めた善大夫と、知行国主の近親者である藤原親賢との遣り取りを示す文書が伝わっており、受領国司が在京のまま任国に下らなくなると、庁目代は国司からの指示を受けながら、国務一切を代行したことがうかがえる。『新猿楽記』は、庁目代たり得べき四郎君の能力として、船の操作や乗馬に優れていること、弓箭をはじめとする武芸に秀でていること、算筆などの事務能力に優れていることに加え、入境後の儀式・作法など国衙行政事務全般に通じていることを挙げている。

(2) **散位中原朝臣〈某〉**　目代として名前が見える者は、散位の者が多かった。目代の署名が見える留守所発給文書を分析した久保田和彦氏によれば、中原姓の者が一番多く、次いで惟宗、橘、藤原、三善姓の者が見える（「国司の私的権力機構の成立と構造」『学習院史学』一七、一九八一）。目代には、算筆に堪能な者・国内の実務に精通している者が好まれたため、学生や外記・史の経験者がその任に就いた例が多い。『中右記』天永二年（一一一一）正月二十一日条によると、「凡外記史叙爵之後、為受領執鞭赴遠国、巡年之時参上関其賞、近代之作法也」とあり、外記・史は叙爵の後、受領に任官するまでの間に目代を経験することが多かったようである。また、天喜四年（一〇五六）七月二十三日の東大寺政所下文案（平—八〇九）には、「庁目代石見前司」とあり、石見前司が丹波国の庁目代となっていたことがうかがわれ、受領前任者が庁目代となる場合があったことがわかる。

【文書の位置づけ・機能】

本文書は、国司が任国へ目代を遣わす際に在庁官人等に対して出した庁宣である。本文書では、目代の名が「某」と特定できないこと、目代としてもっとも事例の多い中原姓を用いていることなどから、書様であると考えられる。特に「為令執行一事已上」とあることから、庁目代の任命に関する文書であると考えられる。また、年紀を欠いているが、受領国司が下向しないことを前提に出された文書である点から、⑭文書と同様、十一世紀末から十二世紀初頭のものと考えられる。

さらに、本文書は『群載』巻二十二の目録に照らし合わせると、「新司庁宣」の最後に位置し、⑫・⑬・⑭文書と同一に扱われている。そこで、目代がどの段階で任命されるかが問題となるが、これについては定かではない。『医心方』紙背文書中には、国司初任に行う国除目の存在が知られ、この場で、保司や所々の目代等が任命される場合もあったようである。実際、『今昔』二十八―二十七によれば、国司の在任中に国内で目代を求めており、国司の任国下向後に任命される事例が見られる。しかし、これは適当な目代がいなかったためであり、庁目代は受領との私的関係のもとに任命され、受領交替の際には庁目代も任命し直されるのが普通であった点を考えると、新司が決定した時には庁目代となるべき人物もある程度決定していたように思われる。『兵範記』久寿三年（一一五六）三月十三日条によれば、伊予国司の先使発遣に際して、新司庁宣を作成する場面にすでに目代が登場して雑務にあたっている様子が見て取れる。このような状況から、受領国司が任国へ下向しなくなる時期には、新司が先使を派遣するときには目代となるべき人物も決定しており、新司庁宣ののちに庁目代の下向とともに庁目代任命の宣が現地の在庁官人に宛てて下されたと推測される。ゆえに『群載』でも目代任命は新司庁宣と一連のものとして扱われたのであろう。

文書の入手経路について、五味文彦氏は、『医心方』紙背文書にみえる藤原親賢の申文が『群載』巻十一・廷尉（大治三年〈一一二八〉八月二十八日藤原親賢移遣配流人申文）に載録されていることから、親賢と為康との関係を指摘し、そこから為康が諸国の目代や在京の雑掌と親交があったことを推測している。したがって、彼らとの交流によって入手した可能性が想定できる。

【関連史料】

『医心方』紙背文書、『兵範記』久寿三年三月十三日、『新猿楽記』

【参考文献】

泉谷康夫「平安時代における国衙機構の変化」（『日本中世社会成立史の研究』高科書店、一九九二、初出一九七七）、久保田和彦「国司の私的権力機構の成立と構造」（『学習院史学』一七、一九八一）、五味文彦「花押に見る院政期諸階層」（『院政期社会の研究』山川出版社、一九八四）、山本信吉・瀬戸薫「半井家本『医心方』紙背文書について」（『加能史料研究』四、一九八九）五味文彦「紙背文書の方法」（石井進編『中世をひろげる』吉川弘文館、一九九一）

（武井　紀子）

⑯定遣国目代源清基庁宣

廰宣　在廰官人等

　散位源朝臣清基

右件人為令執行國務、補目代職、発遣如件。在廰官人等、宜承知、一事[1]已上、可従[2]所勘[3]。不可遺[4]失。故[5]宣[6]。

　　年　月　日

守藤原朝臣

【校訂註】

(1)事…「年」（葉）　(2)従…「徒」〔「従」と傍書〕（伴）　(3)勘…「勘」〔「勤」と傍書〕（伴）　(4)遺…「遭」（紅）、「違」（東・大）、「遭」〔「違」と傍書〕（伴）　(5)故…欠（紅）　(6)宣…欠（紅）、「□」（東）

【書き下し】

庁宣す　在庁官人等

　散位源[1]朝臣清基

右件の人国務を執行せしめむがため、目代職に補し、発遣すること件のごとし。在庁官人等、宜しく承知し、一事已上、勘ずる所に従ふべし。遺失すべからず。故に宣す。

年　月　日

守藤原朝臣

【註】

(1) **源朝臣清基**　『分脈』によれば、醍醐源氏、有明親王の流で、父は蔵人・上野介従四位下の源実房。清基本人の官歴は不明だが、祖父（源高実）・父をはじめ、兄（高基）・甥（高範）はいずれも蔵人を務めている。また、『中右記』大治四年（一一二九）七月十五日条には、白河法皇の葬儀の参列者の中に非蔵人として名前が見える。このことから、具体的な任国は判然としないものの、白河院の院近臣等が知行国主を務める国へ目代として派遣されたと推測できよう。

【文書の位置づけ・機能】

本文書は、「一事已上、可従所勘」などの文言から、⑮文書と同様、国司が任国へ庁目代を遣わす際に在庁官人等に対して出した庁宣である。⑮文書が書様であったのに対し、本文書はその実例文書として続けて『群載』に載録されている。また、文書の年代についても、源清基が大治年間の人物として見えることから、⑮文書と同様、十一世紀末から十二世紀初頭のものと考えられる。

文書の入手経路については⑮文書の本項を参照。

【関連史料】

『医心方』紙背文書、『兵範記』久寿三年三月十三日、『新猿楽記』

【参考文献】

泉谷康夫「平安時代における国衙機構の変化」（『日本中世社会成立史の研究』高科書店、一九九二、初出一九七七）、久保田和彦「国司の私的権力機構の成立と構造」（『学習院史学』一七、一九八一）、五味文彦「花押に見る院政期諸階層」（『院政期社会の研究』山川出版社、一九八四）、山本信吉・瀬戸薫「半井家本『医心方』紙背文書について」（『加能史料研究』四、一九八九）、五味文彦「紙背文書の方法」（石井進編『中世をひろげる』吉川弘文館、一九九一）

（武井　紀子）

⑰送前司館書状書様

送前司館書状

某謹言。除目案内、定風聞候歟。御上道何程乎。可然者、於洛下可奉待候。[1]諸[2]近將執啓。謹言。

月　日　　加賀守〈[3]某〉

[4]謹々上　前司御館

【校訂註】

(1)諸…「諸」（「請」と傍書）（伴）、「請」（大）　(2)近將…「道將」（底）、「近時」（「進將イ」と傍書）（史）、「近時」（豊）、「進將」（紅）、「進將」（一字目に「近」と傍書）（伴）　(3)〈某〉…「某」（紅・東・伴・大）　(4)次行に「謹々上　前司御館」とあり、重複（東）

【書き下し】

前司の館に送る書状

某謹言。[1]除目の案内、定めて風聞候ふか。[2]御上道何程か。[3]然るべくは、洛下に於て待ち奉るべく候ふ。諸《そ》れ近く将に[4]執啓せむとす。謹言。

謹々上　前司御館
　　月　日　　加賀守〈某〉

【註】

(1) 除目の…候ふか　在国の前司に対して、「除目の結果はもうご存じでしょうか」と、新司となったことを婉曲に伝えている。⑱文書の「除書を披き閲る」という表現に対応する。

(2) 御上道何程か　「上道」は、出発すること。前司に、任国より京に戻る時期を尋ねている。

(3) 然るべ…く候ふ　前司に対して、入京の時期によっては自分が「洛下」(京内)で待つと述べている。任国への出発に先行して前司が入京する場合を想定した表現である。国司の交替にあたっては、新司着任後に任国において交替政がおこなわれることになっていた(㊳文書―18～22)。交替政は引き継いだ公文と官物等との対照をともなうものであり、前司は交替政が完了して放還されるまでは任国を離れることができなかった(『延喜交替式』)。この原則からすれば、本文書のように新司が前司を京内で待つ事態は想定しがたいが、実際には替解後の前司が任意に入京してしまう場合も多く(『三代格』巻五・貞観十二年〈八七〇〉十二月二十五日太政官符など)、本文書もこのような実態を考慮したものと考えられるか。ただし、実際の手続きとは即応しない単なる常套句の可能性もある。

(4) 執啓　取り次ぎ申し上げること。書状での用例としては、康保三年(九六六)八月三日清胤王書状(平―二九六、「諸事追執啓如此、清胤謹言」)などがある。

【文書の位置づけ・機能】

受領に任じられた新司が、任国にある前司に宛てた書状の書様である。全体としては、新司に任命されたことを前司に伝える挨拶状に位置づけられる。新司は任命後に吉日を選んで任国に赴任する（㊳文書―2）が、それに先立ち前司に対して書状を送る慣例があったことになる。

本文書は、同様に任国赴任に先立つ前司と新司との間の書状である⑱文書、加賀国の国司交替に関わる点で⑫文書と、それぞれ関連をもつ。このうち⑫文書は、延喜十年（九一〇）の年紀を有する。また、⑱文書と深く関わる⑲文書も同じく延喜十年のものである。こうしたことから、本文書の元となった文書も同年のものであったと判断できる。

【関連史料】

⑫・⑱・⑲文書

【参考文献】

佐藤泰弘「平安時代の国務文書」（『日本中世の黎明』京都大学学術出版会、二〇〇一）

（北村　安裕）

⑱遣新司許書状書様

献新司許書

某[1]頓首謹言。披閲除書、被拝任當國、本意已足、喜悦亦[2]深。幸甚々[3]々。抑熊[4]軾[5]期、何[6]程許乎[7]。慥承案内、可参仕境間。

但御頓料解文、注別紙謹以進上。伏[8]賜恩納跪所望也。〈某〉頓首謹言。

謹[9]々上新司殿〈政所〉

【校訂註】

(1)某…「〈某〉」（史・豊）　(2)亦…「思」（紅）、「思」〔「亦」と傍書〕（伴）　(3)々々…「々」（葉）、「云云」〔「々々」と傍訂〕（伴）　(4)熊

…「熊」（「態」と傍訂）（伴）、「態」（大）　(5)期…「之期」（二字目に「胡イ」と傍書）（史・豊）、「之期」（紅・東・大）、「之胡」（二字目を「期」と傍訂）（伴）　(6)何…「仰」（「何」と傍書）（伴）　(7)乎…「乎」（「早イ」傍書）（史）、「早」（紅）、「早」（「歟」と傍書）（伴）　(8)伏…「状」（紅）、「状」（「伏」と傍書）（伴）　(9)前行に「月　日」とあり（史・豊）

【書き下し】

新司の許に献ずる書

某頓首謹言。除書[(1)]を披き閲るに、当国に拝任せらるること、本意已に足り、喜悦亦深し。幸甚々々。そもそも熊軾[(2)]の期、何程許か。慥かに案内を承け、境間[(3)]に参り仕るべし。但し御頓料解文[(4)]は、別紙に注して謹みて以て進上す。伏して恩納賜らむを跪きて望む所なり。〈某〉頓首謹言。

謹々上新司殿〈政所〉

【註】

(1) 除書　ここでは新司の人事についての記録をさす。「頼光所献雑物色目、人々写書宛如除書」（『小右記』寛仁二年〈一〇一八〉六月二十日条）とあるように、摂関期には除目の結果を記した除書が書写されて流布していたようであり、実際に前司の許にこのような「除書」がもたらされた可能性もある。あるいは、人事に関する風聞があったことを、修辞的に「披閲除書」としたか。

(2) 熊軾《ゆうしょく》の期　「熊軾」は、中国で公侯・刺史などが使用した車の軾（前方の横木）のことで、受領の異称としても用いられた（『拾芥抄』中・位階部・唐名大略など。なお、同書は「能軾」とする）。ここでは、原義から派生して、新司の任国への出発を意味するようである。

(3) 境間に…るべし　前司が、「境間」に参上する意思を述べている。用字から、官人らが新司を迎える儀礼である境迎（㊳文書―8）が想起されるが、そこに前司が参加することは想定しにくい。ここでは、単に任国内で待つというニュアンスか。

(4) 御頓料解文　⑲文書参照。

【文書の位置づけ・機能】

任国にある前司から、京にいる新司に充てた書状の雛形である。新司の任官を祝し、下向の時期を問いつつ、任国内で待つ意思を伝える内容となっている。その発信時期は、⑰文書とほぼ同時か、やや後であろう。元となった文書は、⑫・⑰・⑲文書と一連のもので、延喜十年（九一〇）の加賀国の交替に関わるものと考えられる（⑰文書の本項参照）。

なお、佐藤泰弘氏は、本文書を⑲文書にみえる頓料解文を送付するための書状とみなしている。たしかに本文書にも明記されているように両文書は同時に発信されたとみなしうるが、新司への挨拶状である本文書は頓料解文の発信の有無に関わらず一定の意味を有していたのであり、両文書の意義は別個にとらえる必要があるだろう。

本文書が『群載』に収録された経緯については、⑫文書の本項参照。

（北村　安裕）

【関連史料】

⑫・⑰・⑲文書

【参考文献】

佐藤泰弘「平安時代の国務文書」（『日本中世の黎明』京都大学学術出版会、二〇〇一）

⑲頓料解文

頓料解文

進上

新司頓料物事

合若干[1]

右依例進上如件。

延喜十年　月　日　前司藤原朝臣

【校訂註】

(1)干…「千」〔「干」と傍書〕（伴）

【書き下し】

頓[1]料解文

進上す

新司頓料物の事

合せて若干

右例に依り進上すること件のごとし。

延喜十年（九一〇）　月　日　前司[2]藤原朝臣

【註】

(1)　頓料　初任時に支給される支度料と考えられる。斎王や親王・東宮が初めてたてられた際に頓料（頓給料）を文給する規定がある（延喜斎院式20頓給料条・主殿式12諸司年料油条・春宮式29東宮初立頓料条）。本文書によれば国司の頓料は国元から新司に送られ、延喜十年（九一〇）頃までには定例化していたようである。ただし、『小右記』治安元年（一〇二一）二月二日条では伯耆守に任じられた藤原資頼（実資の養子）が「伯耆頓料麻百端」を道長に献上しており、またそれが「近代例」だとされている。その頃には国司の頓料は受領任官の謝礼として権力者に献上されるものになっていたらしい。

(2) **前司藤原朝臣** 未詳であるが、本文書は⑫・⑰・⑱文書と一連のものと考えられるので、前加賀守であろう。

【文書の位置づけ・機能】

⑱文書に明記されるように、⑱文書とともに任国の前司から京の新司へと充てられた文書で、頓料そのものとともにもたらされる送り状としての機能を有する。

本文書が解としての体裁を整えていないにもかかわらず「（御）頓料解文」とされる理由は定かではない。『群載』が編纂された当時には「解」の語義が拡大し、相手を上に見たてる文書が「解」と呼ばれることがあったのだろう。なお、本文書が『群載』に収録された経緯については、⑫文書の本項参照。

【関連史料】

⑫・⑰・⑱文書、『小右記』治安元年二月二日条

【参考文献】

佐藤泰弘「平安時代の国務文書」（『日本中世の黎明』京都大学学術出版会、二〇〇一）

（大高　広和）

⑳山城新国司請給鉤匙解

山城國司解　申請　官裁事(1)
　請被給鉤(2)匙(3)開検不動倉状
右謹検案内、不動之物、理須算(4)計。非加開検、何(5)知積高。望請　官裁(6)。被(7)給鉤(8)匙(9)将備交替。仍録事状、謹解(10)。
　康平七年　月　日
従五位下行守橘朝臣経俊
　案之、拝任受領之吏、在(11)前申請文也。付官申(12)納言。

【校訂註】

(1)裁…「栽」（葉・紅）、「栽」〔「裁」と傍書〕（伴）　(2)鉤…「釣」（葉・伴）、「鈎」（紅）、「鉤」（東）　(3)匙…「題」（葉）、「起」（紅）、「起」〔「匙」と傍書〕（伴）　(4)算…「□（残画）」（底）、「管」（葉・東）、「竿」〔「算」と傍書〕（伴）　(5)何…「仰」〔「何」と傍書〕（伴）　(6)裁…「栽」（葉・紅）、「栽」〔「裁」と傍書〕（伴）　(7)被…「皷」〔「被」と傍書〕（伴）　(8)鉤…「釣」（葉）、「鈎」（紅・東）、「釣」〔「鉤」と傍書〕（伴）　(9)匙…「題」（葉）　(10)解…「行」（紅）、「行」〔「解」と傍訂〕（伴）　(11)在…「在亦」〔一字目に「仕」と傍書し、二字目を「在」と傍訂〕（伴）　(12)申…「中」（底・紅・伴）

【書き下し】

山城国司解し　申し請ふ　官裁の事
　鉤(1)匙を給はられ、不(2)動倉を開検せむことを請ふ状
右謹みて案内を検ずるに、不(3)動の物、理として須く算(4)計すべし。開検を加ふるに非ずは、何ぞ積(5)高を知らむ。望み請ふらくは　官裁を。鉤匙を給はられ、将に交替に備へむとす。仍て事状を録し、謹みて解す。
　康平七年（一〇六四）　月　日

従五位下行守橘朝臣経俊[6]
之[7]を案ずるに、受領を拝任するの吏、在前[8]に申し請ふ文なり。官[9]に付して納言に申す。

【註】

(1) 鉤匙《かぎさじ》　不動倉のカギ。延喜中務式55不動倉鑰条によれば、各国の不動倉の鉤匙は、国司によって中央に提出された後、中務省が保管することとなっていた。国司の交替時、または倉の修理の際などに交付された(『延喜交替式』)。

(2) 不動倉　満倉となった後、カギを中央に進上し、国司・郡司による自由な開閉を許さなかった正倉をいう。和銅元年(七〇八)に貯積が開始され、九世紀末に至るまで蓄積が進められた。しかし九世紀以降、国衙財政における中央の用途への負担が増大する中で、大粮下行や位禄給用の充用に加え両別納制(年料租春米・年料別納租穀)の成立により、支出を補うため不動穀が消費されていくこととなった。渡辺晃宏氏は、郡家遺構が十世紀以降存続しないとみられる例が多いことから、不動倉もこの時期に消滅に向かったとする(「平安時代の不動穀」『史学雑誌』九八―一二、一九八九)。当該文書の「不動倉」も、実態とは離れた形式的な表現である可能性が高い。

(3) 不動の物　不動穀。本来は、満倉となった倉を国司が不動倉として検封することによってはじめて、その内容物を不動穀と称していた。しかし渡辺氏によれば、減少の一途を辿る不動穀を拡充しその用途を確保するため、康保元年(九六四)官符によって、義務化された年料である一般の新委不動(「官符」)と、受領の任意貯積である別功不動(「別功」)の二方式を内包する、新委不動穀制が創設された(『江家次第』巻四・定受領功課事、『北山抄』巻三・定受領功過事)。これにより、不動倉の存在を前提としない、中央の立用に供するための新たな財源としての不動穀が成立した。本文書の時期の不動穀はこの新委不動穀制に基づくものであるが、ここでは実存しない不動倉の開検を行おうとしており、実態とは離れた形式上の文書に過ぎないことがうかがえる。

(4)　**算計**　かぞえはかること。

(5)　**積高**　不動倉は穎稲ではなく穀で貯め置くことになっており、貯蓄された状態の積み高を指す（『三代格』巻八・寛平九年〈八九七〉五月十三日官符）。ここでは、蓄積状況そのものを指す。

(6)　**橘朝臣経俊**　ほかにみえず。

(7)　**之を案…に申す**　当該箇所は、太政官に提出された山城国解に本来あった文言ではなく、後補である。しかし補筆された段階については、三善為康が『群載』編纂時に記したのか、あるいは為康が手に入れた原資料に施されていた案文なのか、二通りの可能性が考えられる（彌永貞三「朝野群載」『日本古代の政治と史料』高科書店、一九八八、初出一九七一）。

(8)　**在前**　事前。前もって準備がなされていること。

(9)　**官に付…に申す**　『北山抄』巻七・申大中納言雑事に、奏上すべき事案として「申請不動鉤匙事」がみえる。森田悌氏によれば、摂関期の官奏は主として不堪佃田・減省・鉤匙に限定されてくるが、鉤匙奏が吉書化しながらも残ったのは、受領功過に関係するためだったと考えられる（「奏請制度の展開」『日本古代の政治と地方』高科書店、一九八八、初出一九八五）。この案文は、当該文書の処理について、弁官を通じて大・中納言に申請することを示している。

【文書の位置づけ・機能】

本文書は、国司交替に際して、新司が不動倉開検のため鉤匙を申請した国解である。

八世紀末以降、国務に関する種々の権限や責任が受領に集中することによって、新たな考課制度として受領考課制度が成立した。その要となるのが受領功過定であり、多くの点が審議されたが、その中の勘解由勘文に、不動穀に対する評価が記載されていた（『江家次第』巻四・定受領功課事）。註(3)で述べた如く、本文書が作成された康平七年は新委不動穀制下であるが、特に別功不動（「別功」）の認定については、新司が任国に到着後、倉を開検して蓄積の事実を確認し、正税帳に附する必要があった（『北山抄』巻十・吏途指南）。

しかし当該時期においては既に不動倉は廃絶しているとみられ、また中央政府は新委不動穀が保管された倉の個別把握を放棄しているので、新司が不動倉開検のため鉤匙を申請した本文書は、その実態的意義を完全に喪失していると考えられる。渡辺晃宏氏が指摘するように、十世紀末には不動倉開検申請解は吉書として扱われており（『小右記』正暦四年〈九九三〉四月二十八日条）、本文書も、年紀に鑑みれば吉書とみて問題なかろう。くわえて「不動之物、理須算計。非加開検、何知積高。」という部分は、『三代格』巻八所収の寛平九年（八九七）五月十三日官符にほぼ同文がみえることから、実態を伴わない定型化された表現であることをうかがわせる。吉書化は不動倉の消滅と新委不動穀制の成立によって促されたものとみられるが、一方で十一世紀前半においても受領の間には、不動穀の使用には中央の裁許が必要であるという共通認識が存在していた点に留意しておきたい（『小右記』長元三年〈一〇三〇〉五月十四日条）。つまり、諸国の郡に実際に不動倉が存在し、中央政府によって統括されていた時代の記憶が、名称は同じでありながらもその内実は別物である新委不動穀に投影されることによって、不動倉開検申請解は吉書として存続していったと考えられるのである。

なお渡辺氏は、山城国が新委不動穀設置国でないにもかかわらず不動倉開検申請解を提出していることに注意を向けているが、『北山抄』巻三・定受領功過事にみえる新委不動穀不設置の八ヵ国（山城・志摩・尾張・丹波・安芸・

長門・対馬・壱岐）のうち、五ヵ国までが申請解を提出していることが確認でき（先の括弧内の傍線部。『権記』寛弘六年〈一〇〇九〉三月十四日条などを参看）、新委不動穀の有無と申請解は、理念上関係性は薄いようである。

【関連史料】

延喜中務式55不動倉鑰条、『延喜交替式』、『北山抄』巻三・定受領功過事、巻七・申大中納言雑事、巻十・吏途指南、『江家次第』巻四・定受領功課事、『三代格』巻八・寛平九年五月十三日官符、『小右記』正暦四年四月二十八日条、長元三年五月十四日条

【参考文献】

森田悌「奏請制度の展開」（『日本古代の政治と地方』高科書店、一九八八、初出一九八五）、渡辺晃宏「平安時代の不動穀」（『史学雑誌』九八―一二、一九八九）、寺内浩「受領考課制度の成立」「受領考課制度の変容」「受領考課制度の解体」（『受領制の研究』塙書房、二〇〇四、初出一九九二・九七・九七）

（吉永　匡史）

㉑高階成章籤符申文

申籤[1]符

従四位下行[2]阿[3]波守高階朝臣成章誠惶誠恐謹言

請特蒙　天恩、准[4]傍例、不待本[5]任放還、給籤[6]符、赴[7]任[8]國状

右謹検案内、須待本[9]任放[10]還[11]、給籤[12]符、赴任國也。而進発在近、相催無程。望請　天恩。因准傍例、不待本[13]任[14]放還、被給籤[15]符、將赴任國。成章誠惶誠恐謹言。

長久五年二月廿八日[16]　従四位下行阿[17]波守高階朝臣成章[18]
今案、在本任之人、待其放還、給籤符[19]、赴任國。爰京官者不給而不[20]行。仍所申請也。但諸道博士、不預官物之類、非責限。又無本官之人不可[21]申請。式云[22]、自京官遷任畿[23]内之人、雖[24]不進本任[25]解由、向任國。近江・丹波等[26]准之。不申請籤[27]符之時、任符所、稱宣旨未下之[28]由、敢不作上之故也。

【校訂註】
(1)籤…「籖」（底・葉・史・豊・東）、「籤」〔「籤」と傍書〕（伴）　(2)行…脱〔「行」を補〕（伴）　(3)阿…「河」（紅）　(4)准…上に「因イ」を補（史）、上に「因」を補（伴）、上に「因」あり（大）　(5)本…「不」〔「本」と傍書〕（伴）　(6)籤…「籖」（史・豊・東）、「箴」〔「籤」と傍書〕（伴）　(7)赴…「趣」（史・豊）　(8)任…脱（葉）　(9)本…「木」（伴）　(10)放…「於」〔「放」と傍訂〕（史）　(11)還…「逌」（紅）、「逌」〔「還」と傍書〕（伴）　(12)籤…「籖」（史・豊・東）　(13)本…「不」〔「本」と傍訂〕（伴）　(14)任…「住」〔「任」と傍書〕（伴）　(15)籤…「籖」（史・豊・東）　(16)八…「八」〔「五」と傍訂〕（伴）　(17)阿…「河」（紅）　(18)成章…脱（紅）、脱〔「成章」を補〕（伴）　(19)籤…「籖」（史・豊）　(20)不…「木」〔「不」と傍書〕（伴）　(21)不可…「可不」（伴）　(22)云自…欠（紅）、脱〔「云自」を補〕（伴）　(23)畿…「籤」〔「畿」と傍書〕（伴）　(24)雖…「改」〔「雖〈一本〉」と傍書〕（史）、「改」（豊）、「稚」（紅）、「雅」〔「雖」と傍書〕（伴）　(25)任…「位」〔「任イ」と傍書〕（史）、「位」（豊）　(26)等…「守」〔「等」と傍書〕（伴）　(27)籤…「籖」（史・豊）　(28)之…脱（葉）

【書き下し】
籤[1][2]符を申す
従四位下行阿波守[3]高階朝臣成章誠惶誠恐謹言
　特に　天恩を蒙り、傍例に准へ、[4]本任の放還を待たず、籤符を給ひ、任国に赴かむことを請ふ状
右謹みて案内を検ずるに、須く本任の放還を待ち、籤符を給ひ、任国に赴くべきなり。而るに進[5]発近くに在り、相催すに程無し。望み請ふらくは　天恩を。傍例に因准し、本任の放還を待たず、籤符を給はられ、将に任国に赴かむと

す。成章誠惶誠恐謹言。

長久五年（一〇四四）二月廿八日　従四位下行阿波守高階朝臣成章

[6]今案ずるに、本任に在るの人、其の放還を待ち、籤符を給ひ、任国に赴く。[7]爰に京官は給はずして行かず。仍て申請する所なり。但し[8]諸道博士と、官物に預からざるの類とは、責ふ限りに非ず。又[9]本官無きの人は申請すべからず。[10]式に云へらく、京官より畿内に遷任するの人、本任の解由を進らせずと雖も、任国に向かへ。近江・丹波等は之に准へよ、と。[11]籤符を申請せざるの時、[12]任符所、宣旨未だ下らざるの由を称し、敢へて[13]作上せざるの故なり。

【註】

(1) 籤《せん》符《ぷ》を申す　巻二十二冒頭の目録では「申給籤符」とある。なお、この部分の「籤」の字は底本も「籖」とつくっているが、字義等から考えて本来は「籤」となっていたはずであり、比較的早い段階からの誤写とみなされる。

(2) 籤符　任符のこと。唐では籤符の語は品官を証明する告身と同義であるが（『三代格』巻六・弘仁十年〈八一九〉十二月二十五日官符所引永徽禄令）、日本では位記が重視された結果、籤符は国司などの外官の任命の際に出される太政官符を指す語として用いられたことが、延喜太政官式（22遷任条など）や『延喜交替式』からうかがわれる。本文書のように籤符と任符とは混同されている場合があり、両者は同義と考えてよい（市大樹「国司任符の発給について」『延喜式研究』一四、一九九八）。

原則として、新任者は前任の官司での解由状を取得して式部省に提出し、交替業務を完了することによって初めて任符を得ることができた。給与支給などの点で任符の到着が国司の交替の基準とされ（養老田令34在外諸司条集解跡記・朱説所引先説、『延喜交替式』）、また赴任時の路次の国々での供給や着任の儀式に任符が必要不可欠となっていたため、新司はこれを携えて任地まで赴いた（㊳文書―10、『中右記』嘉保元年〈一〇九四〉九月六日条）。なお、⑨・⑩文書は任用国司の任符の実例で、㉒・㉓文書は受領国司の任符の実例である。

(3) **高階朝臣成章**　正暦元年（九九〇）～康平元年（一〇五八）。藤原道長の家司東宮亮業遠の男。長和五年（一〇一六）蔵人となり、同六年従五位下。寛仁三年（一〇一九）には紀伊守となり、以後受領等を歴任した。長久三年（一〇四二）正月に従四位下、続いて主殿頭となり、そして本文書の一月前に当たる同五年正月に阿波守となっている。天喜二年（一〇五四）には大宰大弐に任ぜられ、同三年従三位。康平元年正三位大宰大弐にして、大宰府に薨ず（以上『補任』）。

(4) **本任の放還**　前任の官司（この場合は主殿寮）において解由状を得て式部省に提出し、その交替業務が完了すること。

(5) **進発近…程無し**　出発すべき期日が近いため、解由状の支給を催促しても間に合わないということ。

(6) **今案ずるに**　以下は本来の籤符申文の文言ではなく、後補である。算博士であった為康が諸道の官人のための心覚えとして『群載』を編纂したのではないかとする五味文彦氏の見解を参考にすると、後補部分に諸道博士についての言及があることは、この部分が為康の手によるものであることを強く想起させるが、原資料に記されていた可能性も否定はできない。

(7) **爰に京…所なり**　京官は任符を得ていない状態では赴任することができないため、解由状なしで任符の発給を認めてもらう申請を行っている。このとき成章は京官の主殿頭から国司の阿波守へと任じられているので、本来は交替業務を完了した上で任符を得る必要がある。

(8) **諸道博…に非ず**　『延喜交替式』に「凡大学諸博士、不責解由。自余諸司、不預官物公文者、准此」と同様の規定がある。また延喜式部式上169解由日限条にも同様の規定がみられる。

(9) **本官無…からず**　本官の無い者、つまり散位の者は、散位であった期間中にそれ以前の官の解由状は取得しておくべきであり、本文書のような申請は認められなかったのであろう。

(10) **式**　延喜太政官式21京官遷畿内条（「凡自京官遷任畿内之輩、雖未進本任解由、且聴向国〈近江、丹波准此〉」）のこと。京官から畿内および近国の近江・丹波へ遷任する場合には本文書のような申請を必要としないが、裏を返せばそれ以外の国の場合は申請が必要であった。

(11) **籤符を…故なり**　任符所（註(12)）が「宣旨」が出ていないとして任符の発給を拒否するので、本文書のような申請が必要であることを述べている。ここでの「宣旨」とはいわゆる不待本任放還宣旨のことで、解由状の提出のない状態での任符の発給を認めるものである。そのような宣旨の実例が『符宣抄』巻八・任符に多く載せられていることからは、不待本任放還宣旨にもとづく任符発給が常態化していたことがうかがわれる。

(12) **任符所**　任符を作成する所。『西宮記』巻二・除目によれば、任官儀礼の終了後、式部省と兵部省は召名の正文を外記に渡し、外記は写しを「任符所」と蔵人所に一通ずつ送っており、それを元に任符が作成されたと考えられる。その構成員としては、弁や史生があった（『小右記』長元二年〈一〇二九〉二月二十二日条、『中右記』長治元年〈一一〇四〉五月三日条）。

(13) **作上**　『符宣抄』巻八・延喜十八年（九一八）十月二十一日宣旨や『中右記』長治元年（一一〇四）五月三日条等にも同様の表現がみえ、最後の請印等を除いた、任符本文の作成を指しているとみられる。

【文書の位置づけ・機能】

本文書は、京官から近江・丹波を除く畿外の国司に遷任する場合に、解由状を提出しない状態での任符の発給を申請する内容をもつ。実質的には、そのための不待本任放還宣旨（註⑾参照）を申請する申文である。

市大樹氏によれば、本来は解由状未進者が任用されてしまうことがあっても、任符請印の際に解由状の取得について再確認が行われ、未進者の任符は発給されない仕組みが存在していた。しかし、『符宣抄』第八・任符にあるように、延喜年間以降には不待本任放還宣旨が頻繁に下されるようになり、解由状なしに任符が発給される例が増加していったことがうかがわれる。このことは、こうしたあり方を認めなければ受領を中心とした地方行政が立ちゆかなくなっていたことを背景とすると思われる。ただし、交替手続きが未完了のままでの赴任を認めたとはいっても、解由状の提出自体が免除されたわけではなく、本文書にみえるような手続きが必須となっていたことも考慮すると、必ずしも交替業務そのものが完全に形骸化したということはできないだろう。

（大高　広和）

【関連史料】

延喜太政官式21京官遷畿内条、『延喜交替式』、『符宣抄』第八・任符

【参考文献】

福井俊彦「『延喜交替式』による交替制度」（『交替式の研究』吉川弘文館、一九七八）、市大樹「国司任符に関する基礎的考察」（『古文書研究』四七、一九九八）、同「国司任符の発給について」（『延喜式研究』一四、一九九八）、渡辺滋『日本古代文書研究』（思文閣出版、二〇一四）

㉒信濃国司罷符

罷[1]符

太政官符[2]　信濃國司
　正五位下藤原[3]朝臣永平
右今月一日任彼國守畢。國宜承知、官物一[4]事已上、依例分付。符到奉行。
弁　　　　　　　史
　　年　月　日

【校訂註】
(1)罷…「羅」〔「罷」と傍訂〕（史）、「羅」（豊）　(2)太…「大」（豊）　(3)原…「源」（紅）　(4)一…脱〔「一」を補〕（伴）

【書き下し】
罷符[1]
太政官符す　信濃国司
　正五位下藤[2]原朝臣永平
右今月一日彼国の守に任じ畢ぬ。国宜しく承知し、官[3]物一事已上、例に依りて分付すべし。符[4]到らば奉行せよ。
弁　　　　　　　史
　　年　月　日

【註】
(1)　罷符　「罷」は「罷る」を意味し、任地へ赴く受領等に発給した任符を指すと考えられる。このことはまず、『符宣抄』第八・任符の任符が本文書と同形式であることから分かる。また、「罷符」の事例は『中右記』に二例見え、発給の対象は大宰権帥と受領である（康和五年〈一一〇三〉十月八日・長治元年〈一一〇四〉四月八日条）。

前者は、大宰権帥藤原季仲が赴任の途中で「罷符」を紛失した記事であるが、『世紀』同日条ではこれを「任符」と記しており、両者が同一のものを指すことがわかる。ただし、「罷符」は『小右記』、『御堂』など摂関期の日記に見えないことから、平安時代後期に使用されるようになった受領任符の別称であるといえよう。

(2) **藤原朝臣永平** 『分脈』(国史大系本)のみに見え、永平の兄として永年も挙げられているが、『同』前田本・内閣本に永年の名がないことから、頭注では両者が同一人物である可能性が提示されている。ともに父は尹文、母は藤原定方女で経歴も似ている。永平の信濃守の補任時期は不明であるが、天元五年(九八二)には藤原陳忠が信濃守に在任しており(『小右記』同年三月十一日条)、永年は永祚元年(九八九)十二月三十日に前信濃守として卒去しているので(『小右記』)、もし永平が永年の誤りであるとすれば、補任はこの間のことと考えられる。

(3) **官物一…すべし** 新司と前司との間で、正税などの官物を引き継ぐべきことが記されている。八世紀には正税を中心として引き継いでいたが、延暦末年以降は国内の諸施設も引き継ぎの対象として加えられていった(『延暦交替式』延暦十九年〈八〇〇〉九月二日・十六日官符、『三代格』巻十二・弘仁四年〈八一三〉九月二十三日官符)。こうした変化は受領の権限および責務の増大と一連の動きである。八世紀に倉別の専当人により管理されていた官物は、やがて受領が一手に引き受けるようになり、九世紀に専当制が廃止された後は、受領の交替時にのみ官物の引き継ぎを行うようになっていく(寺内浩「平安初期の受領と任用」『受領制の研究』塙書房、二〇〇四、初出一九九一)。なお、具体的な引き継ぎの手順は㊳文書—20を参照。

(4) **符到らば奉行せよ** 新任国司が任符を携行して任地へ到着すると、前司らが任符を確認する「奉行」の儀が行われた(㊳文書—10)。実例からは前司らが任符を確認した後、「奉行」の文字と日付を記入して署名を加えるとともに、国印を押捺したことがうかがえる(『時範記』承徳三年〈一〇九九〉二月十五日条)。なお、郡司の例であるが、実例も存在する（平――一二〇〇）。

【文書の位置づけ・機能】

註(1)で述べたように本文書は受領の任符であり、これは「不待本任放還宣旨」を申請する㉑文書の次に掲載されることからも推定できる。さらに、「外国官人官符」の⑨・⑩文書と区別されていることは注意を要する。本文書の年代を藤原永年が信濃守に補任された十世紀末頃と考えると、任国の政務を請け負う受領国司とそれ以外の任用国司との間に大きな差が表れた時代であったということができる。両者の差異は交替時に顕著であり、受領は新司の携行する任符によって交替するのに対し、任用の交替は停任符によることとされた（『別聚』延喜十年〈九一〇〉六月二十三日宣旨）。ここには官物引き継ぎのために赴任しなければならない受領と、その必要のない任用との差が表れており、前者の任符である本文書と後者の任符である⑨・⑩文書との区別もこれに起因するのだろう。

【関連史料】

『符宣抄』第八・任符、『中右記』康和五年十月八日・長治元年四月八日条、『世紀』康和五年十月八日条、『別聚』延喜十年六月二十三日宣旨

【参考文献】

阿部猛「国司の交替」（『平安貴族社会』同成社、二〇〇九、初出一九七六）、市大樹「国司任符の発給について」（『延喜式研究』一四、一九九八）、同「国司任符に関する基礎的考察」（『古文書研究』四七、一九九八）、渡辺滋『日本古代文書研究』（思文閣出版、二〇一四）

（宮川　麻紀）

㉓伯耆国司罷符

太政官符[1]伯耆國司

従五位下平朝臣忠盛[2]

右去三月廿日任彼國守畢。國宜承知、官物一事已上、依[3]例[4]分附。符[5]到奉行。

造東大寺長官正四位下行左中辨藤原朝臣　修[6][7][8]理右宮城判官正五位下行左大史兼[9]算[10]博士播[11]磨介小槻宿祢

年　月　日

【校訂註】

(1)符…下に「此間二字欠」と傍書（伴）(2)盛…「成」と傍書（伴）(3)依…欠（紅）(4)例…「件」（史・豊）、欠（紅）(5)符…脱（紅）、脱〔「符」を補〕（伴）(6)理…下に「亮イ」を補（史・豊）(7)右…「介」（東）、「亮」（大）(8)「右」以下二十四字…「亮—宿祢」（紅）、「亮—宿祢」〔「宮城判官正五位下行左大史兼算博士播磨介小槻宿祢」と傍訂〕（伴）(9)兼…脱（大）(10)算…「管」（東）(11)播磨…「権」（東）

【書き下し】

太政官符す伯耆国司

従五位下平[1]朝臣忠盛

右去る三月廿日彼国の守に任じ畢ぬ。国宜しく承知し、官物一事已上、例に依りて分附すべし。符到らば奉行せよ。

造東大寺長官正四位下行左中弁[2]藤原朝臣　修理右宮城判官正五位下行左大史兼算博士播磨介[3]小槻宿禰

年　月　日

【註】

(1) **平朝臣忠盛**　永長元年（一〇九六）〜仁平三年（一一五三）。平正盛男、清盛の父。白河法皇の寵を得て、左衛

門少尉・検非違使・伯耆守・越前守などを歴任。大治四年（一一二九）に山陽・南海道の海賊を追捕する。法皇の没後は鳥羽上皇の近臣となり、保延元年（一一三五）に再び海賊追捕にあたる。備前守・中務大輔・美作守・尾張守・播磨守・内蔵頭・刑部卿を歴任した。なお、伯耆守としての初見は永久五年（一一一七）十一月二十六日であり（『台記別記』久安四年〈一一四八〉八月十四日条）、保安元年（一一二〇）十一月二十五日には越前守に遷任した（『中右記』）。私家集「平忠盛集」がある。

(2) **藤原朝臣**　藤原為隆。延久二年（一〇七〇）〜大治五年（一一三〇）。藤原為房男。応徳三年（一〇八六）に蔵人となり、越前守・甲斐守・中宮大進を経て弁官に任じられる。正四位下左中弁となったのは永久三年（一一一五）八月十三日（以上『補任』『弁官補任』）。『補任』は造東大寺長官への補任を元永二年（一一一九）とするが、すでに永久二年の文書に見えている（『東大寺文書』十一・同年五月二十八日行造東大寺所下文案）。

(3) **小槻宿禰**　小槻盛仲。康和三年（一一〇一）算博士に任じられ（『成文抄』第五・兼国）、同五年には父祐俊から左大史を譲任（『世紀』二月三十日条）。天永二年（一一一一）従五位上から正五位下へ加階した（『中右記』二月十四日条）。同四年正月には越後介に任じられている（『成文抄』第五・兼国）。

【文書の位置づけ・機能】

本文書の年代は、藤原為隆が左中弁に転任した永久三年（一一一五）八月十三日から、小槻盛仲が越後介に任官された同四年正月以前と考えられる。本文書の性格は㉒文書を参照。

なお、本文書には藤原為房が関与していることから、『群載』編者の三善為康が、為房・為隆親子との交流の中から入手した文書である可能性が想定される。

【関連史料】

㉒文書参照

【参考文献】

㉒文書参照

（宮川　麻紀）

㉔藤原家業依下名誤依本位賜官符申文

依下名[1]誤[2]依本位申賜任符

上野介従五位下藤原朝臣家業誠惶誠恐謹言

請殊蒙　天恩被下宣旨[3]、依本位賜任符状

右家業、去正月除上野介。即賜籤[4]符、欲赴任國、下名誤注[5]従五位上。仍不給任符。望請　天恩[6]。被下宣旨[7]、依本位給任符。家[8]業誠惶誠恐謹言。

治安四年七月九日　上野介

【校訂註】

(1)名…「各」（底・葉・紅・東）、「各」〔「名」と傍訂〕（史・豊・伴）　(2)誤…「誤」〔「誤」と傍書〕（伴）　(3)宣旨…闕字す（史・豊）　(4)籤…「籤」（史・豊）　(5)注…「任」〔「注」と傍書〕（葉）、「住」（紅・東）、「住」〔「注」と傍書〕（伴）　(6)天恩…闕字せず（伴）　(7)宣旨…闕字す（史・豊）　(8)家…「宗」〔「家」と傍書〕（史）、「宗」（豊）

（補註）

本文書には二ヵ所に「下名」が見えるが、このうち前出部分の「名」字は大系本以外の諸本で「各」となっている（校訂註(1)参照）。しかし、①「下各」では文意が通じないこと、②史本・豊本・伴本は「各」を「名」と傍訂していること、③「名」と「各」はきわめ

て似通った文字であること、④後出部分は諸本とも異同なく「名」字となっていること、などを理由に、本文は「下名」と校訂した。

【書き下し】

[1]下名の誤りに依り本位に依りて[2]任符を賜ふを申す

上野介従五位下[3]藤原朝臣家業誠惶誠恐謹言

殊に　天恩を蒙り宣旨を下され、本位に依りて任符を賜はむことを請ふ状

右家業、去る正月上野介に除す。即ち[4]籤符を賜ひ、任国に赴かむと欲するも、下名誤りて従五位上と注す。仍て任符を給はず。望み請ふらくは　天恩を。宣旨を下され、本位に依りて任符を給はむことを。家業誠惶誠恐謹言。

治安四年（一〇二四）七月九日　[5]上野介

【註】

(1)　**下名**　叙位・除目ともに下名と称される文書を使用するが、ここでは特に除目下名を指す。除目下名は、大間からその時の除目の任人の名を抄出した文書であり、式部・兵部二省に伝達された。西本昌弘氏の研究によると、下名は任官儀礼参入前に任人を点検する唱計の儀で使用される名簿にその原型があり、そのため本来は公卿をのぞく任人全員を記すものであった。しかし、天皇出御のもと内裏正殿で行われていた任官儀礼が、太政官庁や外記庁で行われるようになるのに伴い形骸化し、任人の一部を抄出するようになった。また、このような除目の儀式の形態は基本的に八世紀まで遡り、正倉院文書に現存する「上階官人歴名」（『大日古』二十四—七四）や「神祇大輔中臣毛人等百七人歴名」（『大日古』十五—一二九）は、後世の下名にあたる任官文書（の案文または写し）の八世紀における実例であるという。本文書にしたがえば、任符が下名をもとに作成されたこととなるが、これは下名の本来的機能や記載内容からして首肯しがたい。【文書の位置づけ・機能】参照。

(2) 任符　⑨・⑩・㉑・㉒・㉓文書など参照。

(3) 藤原朝臣家業　生没年未詳。『分脈』には「有国―貞嗣（本名貞順）―家業（或有国子）」および「有国―家業（実父丹波守貞順云々・或本広業子云々）」という二つの系譜が載る。ここから推測するに、家業は貞順（＝貞嗣）の子として生まれた後、何らかの事情で祖父有国の養子となったものと思われる。その時期については判然としないが、『御堂』には寛弘元年（一〇〇四）の時点で「勘解由長官（＝有国）子家業」と記されていることから（十二月十九日条）、寛弘元年以前であることは確かであろう。さらに『分脈』によると、家業は文章生・蔵人から出身し土佐守（または介）・上野介・少納言などを歴任、極位・極官は従四位上（あるいは下）・少納言であった。また、長和四年（一〇一五）に藤原教通宅が火災に遭った際、教通および藤原公任が一時家業宅に避難しており（『小右記』四月十三日条）、また寛仁二年（一〇一八）には藤原実資や僧仁海に道長の書状を届ける家業の様子が確認され（『小右記』五月二十四日条・六月八日条、『御堂』六月八日条）、道長と深い関わりを有していたことが窺われる。一方で治安三年（一〇二三）には太皇太后宮賀茂祭使となった家業に実資が螺鈿剣を貸与しており、さらには家業を「為僕頗有志之者也、可謂如家人歟」と記すなど（『小右記』四月十一日条）、この時点までに実資とも深い結びつきを得ていたことがわかる。本文書はこの年の翌四年（＝万寿元年）のものであり、加えて家業は任期中の万寿二年（一〇二五）に手作布百端を実資に献じていることから（『小右記』九月二十六日条）、今回の家業の上野介任官は実資の推挙による可能性も考えられる。さらに家業は、いわゆる「上野国交替実録帳」にみえる人物としても著名である。同史料は、前沢和之氏により「長元三年（一〇三〇）上野国不与解由状草案」と称すべき文書であることが明らかにされているが（「『上野国交替実録帳』にみる地方政治」『群馬県史』通史編二・原始古代二、一九九一）、これはまさしく本文書において治安四年に上野介に任じられたことが知られる家業の、任期満了による交替に際しての不与解由状の草案である。ここで家業はいわゆる勘陳問答の中に「前司家業」として登場し、新司良任に対して、施設等の破損・無実が自身の責任ではなく代々のものであり、すでに報告も済ませている旨を主張している。

(4)　籤符　任符に同じ。㉑文書註(2)参照。

(5)　上野介　上野国はいわゆる親王任国であるため、介が受領にあたる。

【文書の位置づけ・機能】

本文書は、治安四年（＝万寿元年、一〇二四）正月に上野介に任官された藤原家業が、「下名」に記された位階が誤っていたために任符の発給を受けられず、そのため宣旨を下し正しい位階にもとづいて任符を発給することを、同年七月に至り申請したものである。

平安時代の除目は、任官すべき官名が列記された大間と呼ばれる文書に執筆の大臣が入眼（任人の名を書き入れること）していくことで進められた。任人の書き込まれた大間は天皇に奏上され、そののちに清書の上卿および参議によって召名（＝除目清書）が作成・奏覧されることになっていた。以上の一連のプロセスにおいて、大間への入眼後に任人の変更や追任者が生じることもありえたため、除目においては召名こそが任官結果を示すもっとも正式な文書とされていた。加えて外官への任官の際には、外記によって作成された召名の写しが任符所へ送られ、任国へ新司の任官を通知する太政官符である任符が作成された。市大樹氏の研究によると、国司の交替は任符の任国への到着を基準としており、また任符の作成・発給の過程で少納言局が請印を拒否することによって解由状未得者の赴任を停止させる仕組みが存在したことから、国司の場合は除目によって任官されるのみでは不十分で、その後首尾よく任符を取得することが必要とされた。家業はこのように重要な任符が、「下名」の記載ミスにより取得できない状況に置かれたため、改めて任符を発給するよう申請しているのである。『符宣抄』第八には任符およびそれに関する宣旨が多数収録されているが、そこには任人の名やカバネの誤記などを訂正し、任符を発給するよう命じる宣旨が「名替」として四通収録されており、家業はこのような宣旨およびそれによる任符発給を期待したものと思われる。

ただし、本文書によれば任符が「下名」から作成されたことになるが、この点は注意が必要である。任符は本来、召名の写しを任符所に送って作成するものであり、任符の基礎資料となるのは召名（の写し）であるはずだからである。これは召名が除目清書とも称され、任官の正式な記録としての性質をもっていたことからも首肯される。対して下名は、召名とは別個に大間から作成される文書であり、四位・五位・初位以上（六位）それぞれに大間から任人を数人ずつ抄出したのみの文書で、しかもそこには正確な位階が記されていないため、任符作成の基礎資料としては適さないものである。そもそも下名は、任官儀礼の中心的行事である唱名の儀（召名をもとに任人名を読み上げる儀式）に先立ち、任人を点検する唱計の儀で使用される名簿である。註(1)で触れた「上階官人歴名」など下名の前身文書にも、位階やカバネは記載されていない。よって下名は、その成立当初から任符作成の基礎資料となりうるような内容を備えていなかったと推察できる。

ここで注目されるのは、先に触れた唱計の儀・唱名の儀を含む任官儀礼全体が、『西宮記』『江家次第』などでは「下名事」「除目下名」あるいは「下名」などと称されていることである。文書としての下名は唱計の儀でしか使用されず、召名は唱名の儀で任人名を読み上げるのに使われるのであり、両者は別個のものである。実際に『小右記』では「除目下名」「除目召名」と呼び分けている事例も見られる（万寿二年二月二日条）。しかし、『小右記』にも任官儀礼全体を「除目下名」と称している記事が存在し（正暦元年〈九九〇〉九月二日・十月五日条）、類似の事例として『御堂』にも任官儀礼全体を「下下名」「給下名」などと表現した記事が確認される（長和二年〈一〇一三〉十月二十四日・二十六日条)。そして『中右記』や『師通記』などでは、任官儀礼全体を「下名」「除目下名」などと称することが定着している様子が認められる(『中右記』寛治七年〈一〇九三〉十一月二十日・十二月二十七日条の「行清書并下名事等」など)。このように、十世紀頃には任官儀礼全体を「下名」の語で表現するようになり、それは十一世紀末までに浸透したものと考えられる。

以上のように任官儀礼全体が「下名」と称されるようになっていくことと、「下名」(＝任官儀礼)の中心はあくまで唱名の儀であり、そこで使用される文書が召名であることを念頭に置けば、「下名」「召名」の語が混用されることが起こりえ、本文書の「下名」は実際には召名を指している可能性も否定できないだろう。

【関連史料】

『符宣抄』第八・任符、『西宮記』巻二・除目、『江家次第』巻四・除目、上階官人歴名(『大日古』二十四―七四)、神祇大輔中臣毛人等百七人歴名(『大日古』十五―一二九)、上野国交替実録帳(『群馬県史』資料編四・原始古代四、平―四六〇九)

【参考文献】

西本昌弘「八・九世紀の内裏任官儀と可任人歴名」(『日本古代儀礼成立史の研究』塙書房、一九九七、初出一九九五)、市大樹「国司任符に関する基礎的考察」(『古文書研究』四七、一九九八)、同「国司任符の発給について」(『延喜式研究』一四、一九九八)、佐々木恵介「古代における任官結果の伝達について」(笹山晴生編『日本律令制の展開』吉川弘文館、二〇〇三)、渡辺滋『日本古代文書研究』(思文閣出版、二〇一四)

(山本　祥隆)

㉕出羽守橘時舒改路次申文

國司申改路次

従五位上行出羽守橘朝臣時舒解(1)　申請　官裁(2)事

請殊蒙　官裁(3)、因准前例、被給官符於(4)東海道、准正道赴任國状

右謹(5)、須(6)自(7)路次罷下。而頃(8)年之間、水(9)陸自(10)変(11)、遠行之程、道路多嶮(12)。望請　官裁(13)。因准(14)前(15)例、給食(16)馬官符於海道、将以罷向矣。仍注事状謹解。

天禄二年四月五日　従五位(17)上行出羽守橘朝臣

【校訂註】

(1)解…下に空白なし（伴）　(2)官裁…闕字せず（伴）　(3)官裁…闕字せず（伴）　(4)於…脱〔「於」を補〕（伴）　(5)↓補註　(6)須…「頃」（史・豊）　(7)自…「目」〔「自イ」と傍書〕（史・豊）　(8)頃…「項」（底・葉・東）　(9)水…脱〔「水」を補〕（伴）　(10)自…欠（底）、「日」（葉・史・豊）　(11)変…「爰」（紅）、「爰」〔「変」と傍書〕（伴）　(12)嶮…「冷」（底・葉・東）、「冷」〔「嶮イ」と傍書〕（史・豊）　(13)官裁…闕字せず（底）　(14)准…脱〔「准」を補〕（史）、脱（豊）　(15)前…「先」（葉）　(16)食…「人良」〔「食」「食」と傍書〕（伴）　(17)位…脱〔「位」を補〕（伴）

（補註）

史本・豊本は下に挿入符のみがあり、伴本は下に挿入符があり「検案内」を補い、大系本は「謹検案内」としている。「謹検案内」とした方が文意は通りやすいが、底本などに従って補わず「謹」のまま校訂した。

【書き下し】

国司路次を改むるを申す

従五位上行出羽守橘朝臣時舒解し(1)　申し請ふ　官裁の事

殊に　官裁を蒙り、前例に因准し、官符を東海道に給はられ、正道[2]に准へて任国に赴かむことを請ふ状

右謹[3]みて、須く路次より罷り下るべし。而るに頃年の間、水陸自ら変はり、遠行の程、道路嶮多し。望み請ふらくは官裁を。前例に因准し、食馬[4]の官符を海道に給ひ、将に以て罷り向かはむとす。仍て事状を注し謹みて解す。

天禄二年（九七一）四月五日　従五位上行出羽守橘朝臣

【註】

(1) **橘朝臣時舒**　生没年未詳。天慶九年（九四六）十月二十八日に散位従五位下（『九暦』）、安和元年（九六八）十月十一日に従五位上少納言・侍従・紀伊権介（『符宣抄』第四・帝皇）として見える。

(2) **正道**　ここでは出羽国の所属する東山道のこと。

(3) **謹みて**　本来は「謹みて案内を検ずるに」などとなっていたであろう。【校訂註】補註参照。

(4) **食馬の…に給ひ**　任国までに通過する東海道諸国に食料と馬の供給を命じる官符（枉道官符）を発給すること。【文書の位置づけ・機能】参照。

【文書の位置づけ・機能】

本文書は出羽守橘時舒が任国出羽国（東山道所属）に赴くにあたって、実際に通過する東海道諸国に食料と馬の供給を命じる官符を下すことを請求する解である。

規定の路次とは異なる国々を通過して地方に下向することを「枉道を取る」といい、官人が地方を移動する際に、規定以外の道を利用する場合には、枉道を申請して通過する国々から供給を受けていた（通常の国司赴任時の供給の仕組みについては⑩文書参照）。本文書よりやや降る時期の事例であるが、長元四年（一〇三一）流刑に処せられた斎宮頭藤原相通夫妻の配所への移送に際しては「不給狂〔枉〕道宣旨、国々不逓送歟」（『小右記』八月十二日条）とあり、

規定の路次以外の国々を経路とする場合、枉道を許可する文書がなければ、通過する諸国において食馬の供給などの逓送の協力が受けられなかった。したがって国司の場合も、通過する国々で食料や馬の供給を受けるためには、赴任に先立って「枉道官符」を申請する必要があった。本文書はこの「枉道官符」を申請するための文書である。

延喜十四年（九一四）には、この「枉道官符」による人馬の徴発によって部内が疲弊していると東海道の駿河国が上申し、それを受けて枉道が禁止されている（『別聚』同年六月十三日官符）。ところがこういった禁制にもかかわらず、実際には枉道は頻繁に行われていたようで、長徳元年（九九五）に秋田城介（東山道出羽国）となった源信親は「海道」から赴任するため、枉道官符の発給を申請し許可されている（『権記』十月二日・三日条）。枉道は禁止されたにもかかわらず平安中期以降も日常的に行われていたのだろう。

本文書に見えるような、東海道・東山道の古代における交通の様相については、川尻秋生氏の研究に詳しい。それによると、東山道諸国への下向にあたって、八世紀より東海道諸国が経路として使用されていた。東山道交通には神坂（美濃国と信濃国の境）、碓氷坂（信濃国と上野国の境）などの難所が多く、複数の大河の渡河を要するとはいえ比較的平坦であった東海道交通が選択された結果と考えられる。こうした状況は本文書に見られるように十世紀後半にも継続しており、さらに『群載』成立時にも引き継がれていた。たとえば、承保三年（一〇七六）に陸奥守となった橘為仲は、近江国・尾張国・三河国・遠江国・駿河国・相模国・武蔵国を経過して陸奥国に到っていることが、彼が下向の途次に詠んだ歌によって確認できる（『橘為仲集』）。

【関連史料】

『別聚』延喜十四年六月十三日官符、『権記』長徳元年十月二日・三日条、『小右記』長元四年八月十二日条、『橘為仲集』

【参考文献】

一志茂樹『古代東山道の研究』（信毎書籍出版センター、一九九二）、川尻秋生「古代東国における交通の特質」（『古代交通研究』一一、二〇〇二）

（吉松　大志）

㉖駿河国司国司以下帯剣申文

國司以下申帯劍

駿河國司解　申請　官裁事

請因准諸國例、被令國司并郡司・雜任帯劍狀

右謹検案内、當國西作(1)遠江國榛原郡(2)、東承相模國足柄關(3)。況(4)復國内帯清見(5)・横走(6)兩關(7)。坂東暴戻之類(8)、得地往反、隣國奸猾(9)之徒、占(10)境栖集。侵害屢聞(11)、奪撃(12)發。百姓不安、境内無静。國宰守(13)官符旨、勘糺(14)奸犯(15)之輩、不(16)帯弓箭、無便追(17)捕(18)。近(19)則管益頭郡司伴成正、判官代(20)永原忠藤等、去天暦八年被殺害(21)、介橘朝臣忠幹(22)、去年被殺害也。是或拒(23)押(24)公事、或忽結私怨(25)、往々所侵也。重(26)検傍例、甲斐・信濃等(27)國、雖(28)云不置關門、去承平(29)・天慶之間、任國(30)申請、已被裁許。此國(31)已帯両關、何不申請。加以(32)可捕(33)糺(34)私帯兵仗之輩、及勤行警固之状、官符重疊。若無弓矢之儲、何禦非常之危。望請官裁。准(35)諸國例(36)、被裁許件帯劍、將(37)爲不虞(38)之備。仍録事狀、謹請　官裁。謹解(39)。

天暦十年六月廿一日

件帯劍事、同年十月廿一日、中納言師尹宣、奉　勅(40)、依請(41)。

【校訂註】

(1)作…「作」〔「限」と傍書〕（伴）　(2)榛…「捧」〔「榛」と傍書〕（伴）　(3)關…「開」〔「關」と傍書〕（伴）　(4)况…「兄」（紅・東）　(5)清…「請」〔「清」と傍書〕（伴）　(6)横…「模」〔「横」と傍書〕（伴）　(7)兩…「西」〔「両」と傍書〕（伴）　(8)之…欠（紅）　(9)猾…「榾」〔「猾」と傍書〕（伴）　(10)占…「古」（底・葉）、「古」〔「占イ」と傍書〕（史）　(11)聞…「闘」（史・豊・大）、「開」〔「聞」と傍書〕（伴）　(12)撃…下に「自」を補（伴）、下に「自」あり（大）　(13)官…脱（葉）　(14)糺…「記」（紅）、「記」〔「糾」「糺」と傍訂〕（伴）　(15)奸…脱（底・葉）、脱〔「奸イ」と補〕（史・豊）　(16)不帯…上に「不帯」〔右に「本ノ如ク」と傍書、左に抹消符〕あり（葉）　(17)便…「使」〔「便」と傍書〕（伴）　(18)捕…「補」〔「捕歟」と傍書〕（伴）、「補」（大）　(19)近…「進」〔「近」と傍書〕（伴）　(20)代…「氏」（東）　(21)殺…「致」〔「殺」「殺」と傍書〕（伴）　(22)幹…「軩」〔「幹」「幹」と傍書〕（伴）　(23)拒…「柜」〔「拒」と傍書〕（伴）　(24)押…「捍」（史・豊・大）　(25)私…「私」〔「私イ」と傍書〕（史）、「私」〔「私」と傍訂〕（豊）　(26)重…「至」（東）　(27)等…脱〔「等」を補〕（底）　(28)雖…「獾」（紅）、「権」〔「雖」と傍書〕（伴）　(29)承…「康」（底・葉・豊・紅・東）、「康」〔「承」と傍訂〕（史）　(30)國…脱〔「國」を補〕（史）、脱〔「國イ」と補〕（豊）　(31)國…「□」（東）　(32)以…下に「下」あり（紅）、下に「下」あり〔「不」「一本无」と傍書〕（伴）、下に「不」あり（大）　(33)糺…「糺」〔「糾」と傍書〕（伴）　(34)私…「杓」（紅）、脱（伴）　(35)准…「准」〔「準」と補訂〕（伴）、「準」（大）　(36)例…脱（紅）、脱〔「例」を捕〕（伴）　(37)將…脱（伴）　(38)虞…「慮」（紅・東・伴・大）　(39)解…「行」（紅）、「行」〔「解」と傍書〕（伴）　(40)勅…闕字せず（紅・東・伴）　(41)請…脱（東）

【書き下し】

国司以下帯剣を申す

駿河国司解し　申し請ふ　官裁の事

　諸国の例に因准し、国司并せて郡司・雑任をして帯剣せしめられむことを請ふ状

右謹みて案内を検ずるに、当国西に遠江国榛原郡を作し、東に[1]相模国足柄関を承く。況や復た国内[2]清見・[3]横走の両関を帯ぶるをや。坂東暴戻の類、地を得て往反し、隣国奸猾の徒、境を占め栖集す。侵害しばしば聞き、奪撃を発す。百姓安からずして、境内静かなること無し。国宰官符の旨を守り、奸犯の輩を勘糺するも、弓箭を帯びざれば、追捕

に便無し。近くは則ち管益頭郡司伴成正[4]、判官代永原忠藤[5]等、去る天暦八年殺害せられ、介橘朝臣忠幹[6]、去る年殺害せらるるなり。是れ或は公事を拒押し、或は忽ち私怨を結び、往々に侵す所なり。重ねて傍例を検ずるに、甲斐[7]・信濃等国、関門を置かずと云ふと雖も、去る承平[8]・天慶の間、国の申請に任せ、已に裁許せらる。此の国已に両関を帯ぶるに、何ぞ申請せざらむ。加以、私に兵仗を帯ぶるの輩を捕糺し、及び警固を勤行すべきの状、官符重畳たり。若し弓矢の儲無くは、何ぞ非常の危を禦がむ。望み請ふらくは　官裁を。諸国の例に准へ、件の帯剣を裁許せられ、将に不虞の備と為さむことを。仍て事状を録し、謹みて　官裁を請ふ。謹みて解す。

天暦十年(九五六)六月廿一日

件の帯剣の事、同年十月廿一日、中納言師尹[9]宣すらく、　勅を奉るに、請ひに依れ。

【註】

(1) **相模国足柄関**　相模国足柄峠に所在した関。足柄峠は駿河・相模両国の間にあり、東海道において東国を区画する境界だった。足柄関は、運送活動に従事するとともにその機動力を活かして略奪行為をはたらく僦馬の党を取り締まるために昌泰二年（八九九）に設置された（『三代格』巻十八・同年九月十九日太政官符）。さらに翌三年には過所を用いた勘過が義務づけられた（『三代格』巻十八・同年八月五日太政官符）。『将門記』によれば、東国の制圧をはかった平将門が征討軍を足柄・碓氷の二関で阻む構想を述べたといい、この関が軍事・防衛上の要地として認識されていたことをうかがわせる。

(2) **清見**　清見関。駿河国廬原郡に所在する。初見は本文書。『枕草子』関はの段に、足柄関・横走関等と並び関の代表例として挙げられる。また『更級日記』には、海に面して立地し、多数の「関屋」が立てられていたことが描写されている。

清見関と深い関連をもつと考えられるのが、天慶三年（九四〇）正月に「凶党」によって破られた岫崎関（『紀略』同月二十五日条）である。清見関と岫崎関については、同一の史料に併存しないことから同一とみる見解もあるが、『海道記』、『東関紀行』等の紀行文によると清見関は地名としての岫崎とは別所のようである。清見関は、天慶三年に破壊された岫崎関に替わるものとして成立した可能性もある。なお岫崎関を破った「凶党」は、官符使を襲撃するとともに、駿河国国分寺を攻撃している。『貞信公記抄』同日条にみえる、駿河国に乱入した「賊」も、この「凶党」と同一のものであろう。この時期が平将門の乱の渦中にあったことを考えると、将門に連なる軍兵による攻撃とみることもできる。

(3) **横走**　横走関。駿河国駿河郡に所在する。同地は甲斐・相模への分岐点、また足柄峠への基点として交通の要衝にあたる。横走関の近傍にあたる横走駅には東海道の駅としては例外的に二十疋の馬が配置され、駿河郡に配置されたものとは別に五疋の伝馬も置かれていた（延喜兵部式79東海道駅伝馬条）。

(4) **伴成正**　ほかにみえず。

(5) **永原忠藤**　ほかにみえず。判官代は、十世紀半ば頃から田所・税所・大帳所などで勘合等の職務に従事する職員として散見し、十一世紀には在庁官人の一般的肩書きとなった（平―八五五など）。その一方で、判官代の肩書きを持つ人物が郡司（平―六九九）や郷司（平―一一五〇）に任命される事例もみえる。本文書の永原忠藤も、国府の業務に従事した在地の人物とするのが妥当であろう。

(6) **橘朝臣忠幹**　父は長盛（『分脈』）。『勅撰作者部類』に「五位駿河守〔介カ〕」とある。作歌が『拾遺和歌集』『続古今和歌集』に載る。

(7) **甲斐・信濃等国**　天慶二年（九三九）に平将門の謀反が報告されると、将門に追われた坂東諸国の国司が退避した信濃国に対し、軍兵を徴発して国内を守備することが命じられた（『紀略』同年十二月二十九日条）。信濃国司の帯剣は、あるいはこの時の措置によるか。

(8) **承平**　底本以下の諸本は「康平」とするが、康平年間（一〇五八〜六五）は天暦十年（九五六）から回顧することが不可能であるため、史本の傍訂等を尊重して「承平」に改めた。

(9) **師尹**　藤原師尹。父は忠平。母は源能有女昭子（『分脈』）。師輔の同母弟。子に貞時・済時らがおり、女芳子は村上天皇女御となった。承平二年（九三二）元服に際して叙爵。同五年に昇殿を許された。侍従・左兵衛佐・右中弁・蔵人頭・左近衛中将等を歴任し、天慶八年（九四五）に参議に至った。天暦二年（九四八）に従三位権中納言、同五年に中納言、天徳四年（九六〇）に権大納言、康保三年（九六六）に大納言にそれぞれ任じられ、同四年には右大臣に就いた。安和二年（九六九）に左大臣源高明が大宰権帥に左降されると左大臣に昇ったが、同年薨去して正一位を追贈された（以上、『補任』）。忠平の小一条第を伝領して小一条左大臣と号し、小一条流の祖となった。

【文書の位置づけ・機能】

本文書は、駿河国の国司以下雑任以上の帯剣を申請する国解である。国の申請に基づく国司帯剣の許可は、本文書によると甲斐・信濃国についてもなされており、ある程度一般的な手続きだったことがうかがわれる。

国司などの地方官の帯剣は、公式令52内外諸司条にみえる。同条には、「五衛府・軍団及諸帯仗者、為武〈大宰府・三関国・及内舎人、不在武限〉」と規定され、大宰府官や三関国司が「帯仗者」であったことが分かる。ただし、これらの地方官の帯剣に実際の武力としての意味合いは薄く、むしろ象徴的儀礼的意義が強かったと考えられる。

延喜兵部式59諸国帯仗条には、大宰府管内諸国、東国（武蔵・安房・上総・下総・常陸・上野・下野・陸奥・出

羽）・日本海側諸国（越後・佐渡・因幡・伯耆・出雲・石見・隠岐・長門）の国郡司・雑任らに帯仗を許す規定がある。このうち長門国・出雲国・因幡国の帯剣は、貞観年間の措置（『三実』貞観五年〈八六三〉十二月二十一日条・同九年四月八日・同十二年六月二日条）に制度的淵源をもつ。この時期の日本海側諸国は、新羅海賊の襲撃などによって不穏な情勢にあり（『三実』同十一年六月十五日条）、帯剣許可の背景となったことが想定されている。ここでの国司帯剣には、部内治安との強い相関関係が認められるのである。帯剣が持つ意味も単なる個人的な武装にとどまらず、治安維持を視野に入れた武力の保持にあったと思われる。

東国では、貞観九年に上総国に、同十一年に下総国に、それぞれ帯剣の検非違使が設置された（『三実』貞観九年十二月四日・同十一年三月二十二日条）。国司も、おそらくこの前後の時期には帯剣を認められていた可能性が高い。貞観年間以降の東国では治安の悪化が顕著であり、ここでも部内情勢の緊迫化と国司帯剣に強い関連を見いだすことができる。

貞観三年には群盗の横行を理由として武蔵国の郡ごとに検非違使が設置され（『三実』同年十一月十六日条）、同十七年・元慶七年（八八三）には俘囚による官寺の焼討や官物の奪取が引き起こされた（『三実』貞観十七年五月十日、元慶七年二月九日条ほか）。さらに九世紀末には大盗賊物部氏永（『紀略』寛平元年〈八八九〉今年条、『略記』同年四月二十七日条）や、僦馬の党の活動も活発化していった（註(1)参照）。また官物の納入の際に「前司子弟」「富豪浪人」らが国司に対捍し郡司を陵冤すると上総国司が訴えているように（『三実』元慶八年八月四日条）、いわゆる富豪層による国務の妨害もみえる。上野国では、延喜十六年（九一六）に当国人と大掾が介藤原厚載を殺害する事件すら起きている（『紀略』同年十月二十七日条）。このように、東国における国司帯剣の背景には、機動力を持った群盗の活動、官物納入への対捍、国司の殺害などがあったのである。

本文書によれば、駿河国で帯剣が必要とされる状況は、「奸犯の輩」によってもたらされている。彼らの行動は、①高い機動力を有して坂東諸国などと往還を繰り返す。②各所を襲撃して治安を悪化させる。③国郡司・雑任らと対立し、場合によっては殺害にいたる。④官物等の対捍を為す、と整理できる。これらは九世紀中葉以降の東国の状況とほとんど合致している。実際に昌泰年間の僦馬の党の追捕には足柄関に接続する駿河国も参加したであろうし、延喜二年には富士郡の官舎が群盗によって焼亡する事件も起きており（『略記』同年九月二十六日条）、本史料で述べられる事象は他の史料からも確認できる。駿河国でも東国同様の争乱状況が展開しており、それが帯剣申請の背景となっていたのである。

一方、本文書にみえる国郡司等の殺害事件の背景として、駿河国に内在する要因が介在した可能性もある。延喜二十二年に守惟原峯兄が闕国司公廨田の穫稲を「郡司費」の補填のために用い、罪を得る事件が起きた（『要略』巻五十三・交替雑事十三・雑田）。これ自体は国司が郡司を優遇した結果起きた事件であるが、「郡司費」の処分如何では両者の対立が生じた可能性も否定できない。天慶五年（九四二）には掾橘近保が駿河国の調物を奪取したかどで捜索を受けている（『世紀』同年六月三十日条）。近保の官物奪取自体は事実であったが、天暦元年（九四七）には近保と確執のあった右衛門権佐藤原成国らが勘問を受けた（『紀略』同年閏七月二十三日条など）。この事件については、平将門の乱鎮圧のために下向した藤原忠文に随行した成国らが、駿河国にとどまる過程で駿河掾との確執を生じたことを背景とするとの説がある（『静岡県史』通史編Ⅰ　第三編第一章〈小林昌二氏執筆〉、一九九四）。このように駿河国では、十世紀以降に国郡司を巡る内紛が頻発していたのである。憶測の域を出るものではないが、本史料にみえる事件の背後にもこのような国郡司の内紛が絡んでいた可能性も否定できない。

【関連史料】

【参考文献】

『静岡県史』通史編Ｉ（一九九四）、有富純也「九世紀後期における地方社会の変転過程」（『日本古代国家と支配理念』東京大学出版会、二〇〇九、初出二〇〇六）

（北村　安裕）

㉗下総守藤原有行兼押領使并給随兵申文

申兼押領使并給随兵

従五位下(1)下総守(2)藤原朝臣有行誠惶誠恐謹言

請被特(3)蒙　天恩、因准先例、兼(4)行押領使、并給随兵卅人状

右謹検案内、當國・隣(5)國司等、帯(6)押領(7)使、并給随兵、勤行公事。其例尤多。近則前司守(8)従五位下菅(9)原朝臣名明、依天慶九年八月六日符、兼(10)押領使、并給随兵卅人。凡坂東諸國、不善之輩、横(11)行所部、道路之間、取物害(12)人。如此物危(13)、日夜不絶。非施(14)公威、何肅(15)國土(16)。望請(17)　天恩(18)。因准先例、不費(19)官物、國廻(20)方略、漸以(21)宛(22)行。然則若有凶黨(23)之輩、且(24)以追捕、且(25)以言上。有行誠惶誠恐謹言。

天暦四年二月廿日　従(26)五位下

同年五月五日左大臣宣(27)、奉　勅、依請。

【校訂註】

(1)下…脱（底・葉・紅・東）、脱〔「下」を補〕（伴）　(2)守…「国」〔「守イ」と傍訂〕（史・豊）　(3)特…「持」（紅）　(4)兼…「宜」（紅）、

「宜」〔抹消し上に「兼」を補〕（伴）　(5)隣…「憐」（東）　(6)帯…脱（底・史）、脱〔「帯イ」と補〕（豊）　(7)領…脱（底・葉）、脱〔「領イ」と補〕（史）、脱〔「領」を補〕（豊）　(8)守…脱（大）　(9)菅原朝臣…細字双行とし、「以下本行」と傍書（伴）　(10)兼…「宜」（紅）、「宜」〔「兼」と傍訂〕（伴）　(11)横…「模」（紅）、「模」〔「横」と傍書〕（伴）　(12)害…「客」〔「害イ」と傍訂〕（史・豊）　(13)危…「危」〔「忿〈一本〉」と傍書〕（史）、「老」〔「危」「窓」と傍書〕（伴）、「忿」（大）　(14)施…「絶」（底・葉・紅・東）、「絶」〔「施」と傍書〕（伴）　(15)粛…「隶」（紅）、「隶」〔「粛」と傍訂〕（伴）　(16)土…「公」（紅）、「公」〔「土」と傍訂〕（伴）　(17)請…「倩」（東）　(18)恩…脱〔「恩」を補〕（伴）　(19)費…「貴」（底）、「責」（紅・伴）　(20)廻…「廼」（底）　(21)以…「北」（紅）、「北」〔「比」「以」と傍書〕（伴）　(22)宛…「充」（史・豊）　(23)凶…欠（紅）、脱（伴）　(24)且…「是」（底・葉）　(25)且…脱（底・葉）、脱〔「且イ」と補〕（史・豊）　(26)従五位下…下に「｜｜｜」あり（伴・大）　(27)宣…「冝」（紅・伴）

【書き下し】

　押領使[(1)]を兼ね并せて随兵[(2)]を給はらむことを申す

従五位下下総守藤原[(3)]朝臣有行誠惶誠恐謹言

　特に　天恩を蒙り、先例に因准し、押領使を兼行し、并せて随兵卅人を給はられむことを請ふ状

右謹みて案内を検ずるに、当国・隣国の司等、押領使を帯び、并せて随兵を給はり、公事を勤行す。其の例尤も多し。近くは則ち前司の守従五位下菅原[(4)]朝臣名明、天慶九年八月六日符に依り、押領使を兼ね、并せて随兵卅人を給はる。凡そ坂東[(5)]諸国、不善[(6)]の輩、所部を横行し、道路の間、物を取り人を害す。此のごとき物[(7)]危、日夜絶えず。公威を施すに非ずは、何ぞ国土を粛せむや。望み請ふらくは　天恩を。先例に因准し、官物[(8)]を費さず、国方略を廻らし、漸く以て宛て行はむ。然れば則ち若し凶党の輩有らば、且は以て追捕し、且は以て言上せむ。有行誠惶誠恐謹言。

　天暦四年（九五〇）二月廿日　従五位下

同年五月五日左[(9)]大臣宣すらく、　勅を奉るに、請ひに依れ。

【註】

(1) **押領使**　押領使は地方における軍事指揮官の職である。史料的な初出は延暦十四年（七九五）十一月二十二日太政官謹奏（『三代格』巻十八）であり、九世紀以降は『三実』元慶二年（八七八）六月七日条などに見えるように、国司が兵員を率いて戦地に赴く際に臨時に兼帯するものとなっていた。一方で、本文書における押領使は、国司の申請に応じて「不善之輩」の追捕の名目で、国司の在任中の兼帯を許されたものであり、戦時の臨時職としての押領使とはやや性格を異にしている。

(2) **随兵**　供に連れる兵士。随行の兵士。「不善之輩」の追捕執行のために支給された。

(3) **藤原朝臣有行**　藤原春房男（『分脈』）。天慶五年（九四二）五月七日条に検上総国交替使・勘解由判官として見える（『世紀』）。また本文書の前年にあたる天暦三年（九四九）八月二日には、任国下総に赴かず逗留していることについて定が行われており（『紀略』）、下向を渋っていたことが窺える。本文書に見えるような治安の悪さを懸念したものか。なお有行は任期中に下総国で卒したらしく、天暦七年六月十日の太政官符で「故守藤原朝臣有行」の後家を入京させることが国に命じられている（『符宣抄』第八）。

(4) **菅原朝臣名明**　未詳。本文書から天慶九年（九四六）に下総守に在任していることが分かる。なお、『世紀』天慶五年四月二十五日条には、「菅野名明」が「伊豆国功課」により外従五位下から従五位下に入内したとある。「菅野名明」は『二中歴』第十二・詩人歴や『天徳三年八月十六日闘詩行事略記』（『大日本史料』一―一〇所引内閣文庫本。『群書類従』文筆部では「菅原名明」とする）に勘解由次官としてみえ、『類聚句題抄』の「菅名明」や『江談抄』巻四―十七の「菅在明」と同一人物である可能性が想定される。本文書では諸本一致して「菅原」としているが、「菅野」である可能性も否定できない。

(5) **坂東諸国**　足柄・碓氷峠以東の諸国。将門の乱の鎮圧後も群党の活動が止まず、治国には困難が伴った。㉖文書参照。

(6) **不善の…を害す**　『御堂』寛弘六年（一〇〇九）九月八日条に大宰府における「不善郎等」の記事があり、『小右記』天元五年（九八二）六月二十六日条に「不善之輩」があるので諸衛に内裏を警固せしめ、かつ検非違使にそれを追わせたという記事があるように、ここでの「不善之輩」は一定の武力を保持し狼藉を行う集団をさす。「凶党」の語が指すものと同様であり、そのような集団が輸送・交通の障害となっていた状況を示す。「道路の間」に関しては、『師通記』寛治四年（一〇九〇）八月八日条に、金峯山詣の行途を「道路之間」と表現している例がある。

(7) **物危**　『九暦』天慶九年（九四六）十月二十八日条に、大嘗会御禊のための輦輿による移動に際して「御輿出自件門、昇降之間、雖有物危」という表現があり、物事が危険な様をあらわす。

(8) **官物を…行はむ**　守が押領使を兼帯することで官物の支出を抑え、また国が効率的な追捕活動を行うことで「凶党」に対抗することが可能であるとする主張。

(9) **左大臣**　藤原実頼。忠平男、母は宇多天皇皇女源順子。天暦元年（九四七）四月二十六日に右大臣から左大臣に任ぜられる（『紀略』）。康保四年（九六七）六月に関白、十二月に太政大臣となる（以上『補任』）。小野宮流の祖。村上天皇の治世において左大臣として弟の右大臣師輔とともに朝政を取り仕切ったが、外戚となることができず、関白となるも師輔の子らが権勢を振るったため、自らを「揚名関白」と称した。

【文書の位置づけ・機能】

本文書は下総守である藤原有行が、押領使の兼任と随兵の支給を申請した申文である。これに続く一連の押領使関係官符と異なり、守自身の押領使兼帯を求めている点に特徴がある。押領使任命の形式については㉚文書の【文書の位置づけ・機能】参照。

国司の掾などが押領使を兼帯することは、既に元慶の乱において行われていたが（『三実』元慶二年〈八七八〉六月七日条など）、介以上が押領使に任命されたことが確認できるのは、天慶年間の将門の乱に際して任命された相模権介橘是茂・武蔵権介小野諸興らの例である（『世紀』天慶二年〈九三九〉六月二十一日条・『貞信公記抄』同年六月九日条）。本文書の引く菅原名明などの先例は、「凶党之輩」の追捕を名目として、坂東諸国の国司が押領使を兼帯することが常態化していることを示す。同様の申請は上野国においても行われていることが確認でき（平―四三九）、国司が本人の任国（当国）だけでなく隣国の押領使を帯びる事例もあった（『北山抄』巻十・吏途指南・臨時申請雑事、『長秋記』大治五年〈一一三〇〉九月四日条）。『北山抄』によれば坂東諸国の国司が自ら押領使を兼ねる目的は、隣国の国司が「当国」の押領使を兼ねて活動することを避けることであった。いずれにせよ、本文書に挙げられるように、本来は「凶党」や「不善之輩」の追捕を目的としたものであった。

ただし、「凶党之輩」の追捕を中心とした所部の粛清を目的とする随兵支給は、一方でその随兵自身の狼藉をもたらす場合もあり（平―四三九）、そのため押領使の停止も行われた（㉜文書）。守自身による治安維持活動には、このような狼藉を抑える目的もあったのだろう。

【関連史料】

寛弘六年条事定文写（平―四三九）、『北山抄』巻十・吏途指南・臨時申請雑事、『長秋記』大治五年九月四日条、『中右記』長承二年二月二十八日条、『符宣抄』第七・寛弘三年三月九日官符

【参考文献】

戸田芳実「国衙軍制の形成過程」（『初期中世社会史の研究』東京大学出版会、一九九一、初出一九七〇）、福田豊彦「王朝軍事機構と内乱」（『中世成立期の軍制と内乱』吉川弘文館、一九九七、初出一九七六）、下向井龍彦「王朝国家国衙軍制の成立」（『史学研究』一四四、一九七九）、井上満郎「押領使の研究」（『平安時代軍事制度の研究』吉川弘文館、一九八〇、初出一九六八）、下向井龍彦「押領使・追捕使の諸類型」（『ヒストリア』九四、一九八二）、同「諸国押領使・追捕使史料集成」（『広島大学文学部紀要』四五、一九八六）

（澤　晶裕）

㉘淡路国司補押領使申文

申[(1)]補押領使

淡路國司解　申請　官裁事

　請被因准傍例給官符、以正六位上高安宿祢[(2)]為正補押領使状

右謹検案内、此國四方帯海、奸猾易通。况乎世及澆季、俗[(3)]亦[(4)]狼戻也。警衛之備、無人勤行。望請　官裁。[(5)]以件為正補押領使職者、將令就[(6)]不虞之勤。仍勒[(7)]事状謹解。[(8)]

　　寛弘三年四月十一日

【校訂註】

(1)↓補註　(2)祢…「称」（伴）　(3)俗…「恬」（紅）、「恬」〔「俗」と傍書〕（伴）　(4)亦…「亦」〔「亦」と傍書〕（伴）　(5)裁…下に「朝臣」あり、以下改行（紅）、下に「朝臣」〔抹消〕あり、以下改行するも訂正す（伴）　(6)就…「然」（史・豊）、「然」〔「就」と傍書〕（伴）

(7)勤…「勤」(豊・紅・東) (8)解…「制」(紅)、「制」〔「解」と傍訂〕(伴)
(補註)
伴本は「申補押領使」を㉗文書の末尾「依請」とつなげて、「依請申、補押領使」として㉗文書の一部と解している。

【書き下し】

淡路国司解し　申し請ふ　官裁の事[1]
　押領使に補すを申す
　傍例に因准し官符を給ひ、正六位上高安宿祢為正[2]を以て押領使に補せられむことを請ふ状右謹みて案内を検ずるに、此の国四方に海を帯び、奸猾通ひ易し。況むや世澆季[3]に及び、俗も亦た狼戻[4]なるをや。警衛の備、人の勤行する無し。望み請ふらくは　官裁を。件の為正を以て押領使職に補さば、将に不虞の勤めに就かしめむとす。仍て事状を勒し謹みて解す。
　寛弘三年(一〇〇六)四月十一日

【註】

(1)淡路国司　この時の淡路守は、藤原能通。生没年未詳。永頼男。母は藤原宣雅女。藤原道長の側近として受領を歴任し、私富を蓄えた。『御堂』寛弘元年(一〇〇四)閏九月二十二日条に「淡路守能通従国参上」とあり、『権記』寛弘四年十二月二十九日に「淡路前司能通不与状」が結政にかけられたとあることから、本文書の時期には能通が淡路守であったことがわかる。また、寛弘五年に敦成親王(後の後一条天皇)が誕生した際には、その家司別当となっている。左兵衛佐、内蔵権頭、甲斐守、太皇太后宮亮、右馬頭、備後守、但馬守などを歴任している様子が、『御堂』、『小右記』などに見られる。また『今鏡』には頼通の後見として「はかばかしきもの」と評価されているが、その一方で教通の家司としても見える。『小右記』長元四年（一〇三一）二月二日条では、除目の日程調整を行う能通について実資は「荒涼第一者也」と評している。

(2) 高安宿祢為正　ほかにみえず。高安氏については未詳であるが、『新撰姓氏録』には河内国諸蕃に「高安造」、未定雑姓河内国に「高安忌寸」が見えることなどを考えると、河内国高安郡近辺出身の在地有力者である可能性が想定される。

(3) 澆季《ぎょうき》　道徳が廃れた、人情軽薄な世の中のこと。

(4) 狼戻《ろうれい》　乱れて散らかっているさま。

【文書の位置づけ・機能】

本文書は、淡路守である藤原能通が高安為正という人物を押領使に任命することを申請したものである。国司自身が押領使となることを申請した㉗文書とは異なり、国司以外の人物の押領使任命を申請している。

『土佐日記』に海路での任国からの帰京の際に海賊におびえる国司一行の様子が描写されているように、瀬戸内海では十世紀前半の段階から海賊の横行が顕著であった。それを象徴する藤原純友の乱の際には淡路国府も襲撃を受けており（『貞信公記抄』天慶三年〈九四〇〉二月五日条）、海賊に対する備えが国司にとって切実であったことがうかがわれる。こうした状況は十一世紀に入っても同様だったようで、本文書にみえる申請の一つの論拠となっている。一方で、能通の二つ前の守である讃岐扶範は百姓の愁訴により解任されている（『小右記』長保元年〈九九九〉七月十八日条、『紀略』同年九月二十四日条）。これは、任国において国司に対抗する一定の集団が存在したことをうかがわせる事件である。本文書はそれから間もない時期に出されており、国内の騒擾もまた背景の一つとすることができると思われる。

以上の状況に対して国司は自らの権威のみで治安の維持をはかることが困難であり、本文書のように国司以外の者を押領使に任命するという申請がなされたと考えられる。なお、寛弘三年（一〇〇六）には陸奥国でも国司ではない人物が押領使に任じられており（『符宣抄』第七・同年三月九日官符）、同様の状況が各地で見られたことを示唆する。

【関連史料】

『純友追討記』（『略記』天慶三年十一月二十一日条所収）、『符宣抄』第七・寛弘三年三月九日太政官符、『小右記』長保元年七月十八日条、㉗・㉚文書

【参考文献】

井上満郎「押領使の研究」（『平安時代軍事制度の研究』吉川弘文館、一九八〇、初出一九六八）、『兵庫県史』第一巻（一九七四）、下向井龍彦「王朝国家国衙軍制の成立」（『史学研究』一四四、一九七九）、同「押領使・追捕使の諸類型」（『ヒストリア』九四、一九八二）、同「諸国押領使・追捕使史料集成」（『広島大学文学部紀要』四五、一九八六）

（西本　哲也）

㉙追捕使官符

追討使官符

太[(1)]政官符近江國司

應以散位従七位上甲[(2)]可臣[(3)]是茂令追捕[(4)]部内凶黨事

右得彼國去年十月十七日解[(5)]偁、謹検案内、此國帯三箇道、為要害地。奸猾之輩、横行部内、強[(6)]盗殺[(7)]害、往々不絶。仍前前國宰、部内武藝之輩、撰[(8)]堪其事之者、申請公[(9)]家、為[(10)]追捕使。近則故佐々貴山[(11)]公[(12)]興[(13)]恒[(14)]・故大友兼平等是也。爰兼平[(15)]

今年二月其身死去。前[16]司介藤原朝臣清正、權大掾依知秦公廣範可補彼替之状、言上解文先畢。而[17]件廣範、齢已老[18]、身非武藝[19]。今[20]件是茂忠廉[21]之情、方寸不撓。文武之用、随分相兼。糺[22]察[23]・追捕、可堪其職。望請　官裁。因准先例、以件是茂為追捕[24]使、肅[25]静部内者。右大臣宣、依請者。國宜承知、依宣行之。符到奉行。

正五位下守[26]左中辨藤原朝臣文範[27]　　左大史

天暦十年六月十三日

【校訂註】

(1)太…大（伴）　(2)甲…「申」（東）、「申」〔「甲」と傍書〕（伴）　(3)臣…「召」（紅）、「召」〔「公」と傍書〕（伴）、「公」（大）　(4)捕…「補」〔訂正符あり〕（伴）　(5)解…下に「状」を補（伴）、下に「状」あり（大）　(6)強…「搖」（紅）　(7)殺…「殺」〔「殺」と傍書〕（伴）　(8)撰…「樸」（東・伴）　(9)公…「云」〔「公」と傍書〕（伴）　(10)為…「馬」〔「為」と傍書〕（伴）　(11)山…「凶」〔「山」と傍書〕（伴）　(12)公…細字とせず（史・豊・紅・東・伴・大）　(13)興…「與」〔「奥イ」と傍書〕（史）、「與」（豊）、「奥」（紅）、「与」（東）、「奥」〔「興」と傍書〕（伴）　(14)恒…「垣」〔「恒〈一本〉」と傍書〕（史）、「垣」（豊）　(15)平…「等」（紅）、下に「等」あり〔「者」と傍訂〕（伴）、下に「者」あり（大）　(16)前…「者」（紅）、「者」〔「前」と傍訂〕（伴）　(17)而…「尚」（紅）、「尚」〔「而」と傍訂〕（伴）　(18)老…「者」〔「老」と傍書〕（伴）　(19)藝…「無」〔「藝〈如本〉」と傍書〕（葉）　(20)今…「金」（紅）、「金」〔「今」と傍書〕（伴）　(21)廉…「廣」（底・葉・紅）、「廣」〔「廉」と傍書〕（伴）　(22)糺…「糺」〔「糺」と傍書〕（伴）　(23)察…「寮」（底・葉・豊・紅・東）、「寮」〔「察〈一本〉」と傍書〕（史）、「棄」〔「察」と傍書〕（伴）　(24)捕…「補」（伴）　(25)肅…「隶」（紅）、「隶」〔「肅」と傍書〕（伴）　(26)守…脱（大）　(27)範…下に空白なし〔「一字欠」と傍書〕（伴）

【書き下し】

追[1]討使官符

太政官符す近江国司

応に散位従七位上甲[2]可臣是茂を以て部内の凶党を追捕せしむべき事

右彼国去年十月十七日解を得るに偁へらく、謹みて案内を検ずるに、此の国三(3)箇道を帯び、要害の地たり。奸猾の輩、部内に横行し、強盗殺害、往々にして絶えず。仍て前(4)前の国宰、部内の武藝の輩、其の事に堪ふるの者を撰び、公家に申請し、追(5)捕使と為す。近くは則ち故(6)佐々貴山公興恒・故(7)大友兼平等是なり。爰に兼平今年二月其の身死去す。前司介藤(8)原朝臣清正、権大掾依(9)知秦公広範をして彼の替に補すべきの状、解文を言上すること先に畢ぬ。而るに件の広範、齢已に老にして、身に武芸非ず。今件の是茂は忠(10)廉の情ありて、方(11)寸撓さず。文武の用、随分相兼ぬ。糺(12)察・追捕、其の職に堪ふべし。望み請ふらくは　官裁を。先例に因准し、件の是茂を以て追捕使と為し、部内を粛静せむことを、てへれば、右(13)大臣宣すらく、請ひに依れ、てへり。国宜しく承知し、宣に依りて之を行ふべし。符到らば奉行せよ。

正五位ト守左中弁藤(14)原朝臣文範　　左(15)大史
天暦十年（九五六）六月十三日

【註】

(1) **追討使官符**　「追討」は、令文にも見られる語である（養老捕亡令3追捕罪人条）。「追捕」とほぼ同様の意味を持つものとして用いられているが、恵美押勝の乱（『続紀』天平宝字八年〈七六四〉九月乙巳条など）や新羅の侵寇（『紀略』寛平五年〈八九三〉五月二十二日条）など、単なる警察的行動だけでなく国家レベルの脅威に対応する場合に用いられていることから、本来は軍事的意味合いが強い言葉であると指摘されている（井上満郎「追捕使の研究」『平安時代軍事制度の研究』吉川弘文館、一九八〇、初出一九六九）。本文書を含む以下三つの文書は、巻二十二目録の「追討使官符三通」としてくくられる。

(2) **甲可臣是茂**　ほかにみえず。近江国甲可郡の譜第郡領氏族か。天平勝宝三年（七五一）七月二十七日甲可郡司解

（『大日古』三―五一三）には擬大領甲可臣乙麿、少領甲可臣男が見える。

(3) **三箇道**　東海道・東山道・北陸道の駅路のこと。天暦三年（九四九）正月二十一日近江国司解（『別聚』）でも「境接五畿、駅承三道、奸猾之輩往還不絶。盗賊之類遍満境内」とある。

(4) **前前の国宰**　代々の国司の意。

(5) **追捕使**　国内の治安維持を目的に、中央からの官符を得て任命される職。承平天慶の乱において諸道を単位に中央からの任命により設置された。乱の鎮静後の十世紀後半以降は、次第に一国単位での補任形式へと変化し、実際の任用も国衙の意向が大きく影響しており、国衙の一機構として機能した。国内の郡領氏族など有力豪族が任命されることが多かった。

(6) **故佐々貴山公興恒**　ほかにみえず。佐々貴山公は、近江国蒲生郡もしくは神前郡の譜第郡司氏族。蒲生郡・神前郡の大領として見えるほか（『続紀』天平十六年〈七四四〉八月乙未条など）、采女の貢進も行っている（『続紀』延暦六年〈七八七〉四月戊寅条）。承平二年（九三二）正月二十一日源昇家領近江国土田荘田地注文（平―二三九）には「当郡（蒲生郡）郡司」として佐々貴岑雄・佐々貴豊庭の名が見える。蒲生郡篠笥郷出身か。

(7) **故大友兼平**　ほかにみえず。『園城寺伝記（寺門伝記補録）』巻六によれば、大友氏は天智天皇の皇子である大友皇子にはじまるとされ、大友皇子の孫の都堵牟麻呂が志賀（滋賀）郡司として、またその子である夜須良麻呂は志賀郡擬大領従七位下としてみえる。承平二年（九三二）正月二十一日源昇家領近江国土田荘田地注文（平―二三九）に「当郡（蒲生郡）郡司」として大友馬飼が見える。

(8) **藤原朝臣清正**　藤原兼輔男。三十六歌仙の一人。このとき従五位上紀伊守。紀伊権介・備前権守などを歴任し、天暦元年（九四七）に蔵人、同二年正月には蔵人頭となる。近江介着任は天暦四年二月である（以上『三十六歌仙伝』)。同年閏五月一日の承子内親王の第七夜饗饌には別当として奉仕している(『御産部類記』所引九条殿記)。また同六年十二月二十八日には源高明男の元服に際して理髪を務めている(『天暦六年御元服記』)。四年任期とすれば近江介在任は天暦七年までとなる。天徳二年(九五八)七月没(『三十六歌仙伝』)。

(9) **依知秦公広範** ほかにみえず。依知秦公氏は、愛智郡の譜第郡領氏族としてみえ、十世紀以降は国衙官人として活躍している。

(10) **忠廉《ちゆうれん》の情** まことがあって心が清らかなこと。

(11) **方寸《ほうすん》撓《みだ》さず** 心を乱すことがない、ということ。

(12) **糺察・追捕** いずれも律令の用語に由来している。「糺察」は養老職員令70大国条に「糺察所部」、「追捕」は養老捕亡令3追捕罪人条に「追捕罪人」とある。これらが律令制下における国司の警察権の根拠となっていた。底本をはじめ諸写本で「糺察」の「察」が「寮」となっているが、律令用語であるため、校訂本文では「糺察」と改めた。

(13) **右大臣** 藤原師輔。このとき正二位。

(14) **藤原朝臣文範** 藤原元名男、母は藤原扶幹女。左少弁・右中弁を歴任し、天暦八年(九五四)九月二十七日左中弁に転じる。同年十一月二十二日正五位下。その後、康保四年(九六七)に従四位上参議、大蔵卿・民部卿を経て天禄三年(九七二)に中納言となった。永延二年(九八八)従二位中納言・民部卿の時、息子である為雅の受領中任を行っている(以上『補任』)。

(15) **左大史** 未詳。

【文書の位置づけ・機能】

本文書は、近江国内の治安悪化に伴い、追捕使の後任者変更を裁許した太政官符である。官符内の文言にもあるとおり、近江国は東海道・東山道・北陸道の結節点に位置し、そのため「奸猾之輩」が部内に絶えない状況が続いていた。『別聚』天暦三（九四九）年三月七日の太政官符では、正月二十一日の近江国司解を受けて、それまで三人だった検非違使を一人増やして四人とすることが定められている。さらに本文書によれば、天暦九年の段階まで追捕使の申請が行われており、部内の有力豪族が追捕使として任命されていた様子がうかがわれる。

追捕使は、諸国検非違使同様に、地方の状況をよく把握している国内の有力豪族が任命された。本文書でも佐々貴山公興恒・大友兼平、および前司介藤原朝臣清正によって申請されていた権大掾依知秦公広範、その替として申請された甲可臣是茂はいずれも近江国の在地豪族出身の者である。彼らの任命方法は、太政官符で中央から任命される形を取っているが、実際には国司による選定・申請が行われており、『北山抄』巻六には、「追捕使事　畿内近江等国、或奉勅宣旨、自余諸国々解申官、給上宣官符。〈押領使同之〉」とある。こうした追捕使に任命されるような国内の地方豪族勢力に関しては、『高山寺本古往来』（六）に、米の運輸に際した押領使任命の場合ではあるが、その適任者の選定については「郡司書生之間有所伝」とみえる。また、国衙文書の中にみえる「譜代図」（㊳文書―20）で把握されていたとする説もある（石井進「中世成立期の軍制」『石井進著作集』第五巻、二〇〇五、初出一九八七）。

天暦十年前後における近江国司と追捕使との状況を整理すれば左の図のようになる（『補任』）。

天暦九・十年における近江国司の交替は史料上で正確に追うことはできないが、前任の守である大江維時は天暦八年まで近江守であることが確認され（『補任』）、任期が四年とすれば天暦九年に交替したと考えられる。さらに介藤原清正が本文書所引の十月十七日近江国解の中で前司として登場することからも、この間に国司（守・介）の交替が行われた可能性は高い。本文書では大友兼平の死去により藤原清正によって推挙された依智秦公広範について「齢已老、身非武芸」を変更理由に挙げているが、先に触れた追捕使の任命と国司との関係を考慮すれば、国司交替が行われたために、前司介清正の推挙を受けた依智秦公広範ではなく、新任国司が甲可臣是茂を新たに推挙したとも解せる。近江国において追捕使に任命された人物は蒲生郡・神前郡・滋賀郡・甲可郡などそれぞれの地域に基盤を持つ勢力であり、国司とこうした在地勢力との関係が追捕使任命にも大きく影響していたのではないだろうか。

	〈近江守〉	〈近江介〉	〈近江権介〉	〈追捕使〉
天暦4		藤原清正		
5	大江維時			
6			藤原元輔	（佐々貴山公興恒）
7				（大友兼平）
8		?		
9	? 10/17	前司介清正	藤原元輔（9/17再任）	2月 依智秦公広範
10	6/13			甲可臣是茂
11		藤原元輔	藤原兼通	

㉙追捕使官符

【関連史料】
『別聚』天暦三年三月七日太政官符、『高山寺本古往来』、『北山抄』巻六
【参考文献】
井上満郎「追捕使の研究」（『平安時代軍事制度の研究』吉川弘文館、一九八〇、初出一九六九）、上横手雅敬「平安中期の警察制度」（竹内理三博士還暦記念会編『律令国家と貴族社会』（吉川弘文館、一九六九）、大饗亮「律令制下の地方警察組織」（『律令制下の司法と警察』大学教育社、一九七九）、石井進「中世成立期の軍制」（『石井進著作集』第五巻、二〇〇五、岩波書店、初出一九八七）

（武井　紀子）

㉚押領使官符

太政官符　出雲國司
　應以清瀧静平為押領使令追捕部内奸濫[1]輩事
右得彼國去正月廿六日解状偁、謹検案内、美作・伯耆等國申請官符、押領使勤行警固[2]事[3]。而此國在二境之中[4]、暴悪之輩任心横行。自非官符之使、何糺執悪之徒。加以年来之間、賦税之民恣[5]集黨類、動奪[6]人物。謹[7]案[8]事情、糺捕凶類之道[9]、尤在此使。方今静平才[10]幹[11]兼備、亦堪武藝、清廉[12]之性、勤公在心。望請　官裁。准件等國例[13]、以静平被裁[14]給押領使、且令断[15]凶悪之輩、且令[16]在平善之風者、右大臣宣、依請者。國宜承知、依宣行之。符到奉行。
従[17]四位下行左中弁橘[18]朝臣好古　左[19]大[20]史出雲宿祢蔭時
　天暦六年十一月九日

【校訂註】

⑴濫…「盗」（伴・大）　⑵固…「國」（紅・東・伴）　⑶事…脱〔「事」を補〕（伴）　⑷中…「十」（底）　⑸恣…「盗」〔「恣」と傍書〕（伴）　⑹奪…「集準」（紅）、「集准」〔「奪」と傍訂〕（伴）　⑺謹…欠（紅）、脱〔「謹」を補〕（伴）　⑻案…脱（底）　⑼類…「頼」〔「類」と傍書〕（伴）　⑽才…「戈」（史・豊・伴）　⑾幹兼…欠（紅）　⑿廉…「廣」（紅）、「廣」〔「廉」と傍書〕（伴）　⒀以…「次」（紅）、「次」〔「以」と傍書〕（伴）　⒁被…「致」（伴）　⒂断…「新」（紅）、「新」〔「断」と傍書〕（伴）　⒃令…「今」（底）、「今」〔「令」と傍書〕（伴）　⒄従…「行」〔「従」と傍書〕（伴）　⒅橘…「橘」〔「橘」と傍書〕（伴）　⒆左…「大」（底・葉）　⒇史…「夫」（伴）

【書き下し】

太政官符す　出雲国司⑴

　応に清瀧⑵静平を以て押領使と為し部内奸濫の輩を追捕せしむべき事

右彼国去る正月廿六日の解状を得るに偁へらく、謹みて案内を検ずるに、美作・伯耆等の国官⑶符を申請し、押領使警固の事を勤行す。而るに此の国二⑷境の中に在り、暴悪の輩心に任せて横行す。自ら官⑸符の使に非ずは、何ぞ執悪の徒を糺さむ。加以年来の間、賦税の民恣に党類を集め、ややもすれば人物を奪ふ。謹みて事情を案ずるに、凶類を糺し捕ふるの道、尤も此の使に在り。方今、静平才幹兼備にして、亦武芸に堪へ、清廉の性、勤公心に在り。望み請ふらくは　官裁を。件等の国⑹例に准へ、静平を以て押領使に裁給せられ、且は凶悪の輩を断ぜしめ、且は平善の風を在らしめむことを、てへれば、右⑺大臣宣すらく、請ひに依れ、てへり。国宜しく承知し、宣に依りて之を行ふべし。符到らば奉行せよ。

従四位下行左中弁橘⑻朝臣好古　左大史⑼出雲宿禰蔭時

　天暦六年（九五二）十一月九日

【註】

(1) **出雲国司**　天暦六年（九五二）当時の国司は不明。『続群書類従』第四輯上『外記補任』（原本は尊経閣文庫本）天慶九年（九四六）条の大外記十市部有象（のち中原有象）の尻付には「天暦二年正月任出雲守」と見えている。したがって有象の任期は天暦五年までとなり、また『西宮記』巻二・除目の勘物から、天暦六年正月十一日に除目下名が行われたことが確認できる。この時の除目で新たな出雲守が任命されたとすると、本官符発給のもととなった国解が同年正月二十六日に出されているので、一連の措置は天暦六年正月除目で出雲守に任官した者によってなされたことになるだろう。

(2) **清瀧静平**　ほかにみえず。

(3) **官符を申請し**　本文書のように、押領使や追捕使は国司（受領）の申請に応じて太政官符で任命されることになっていた。押領使・追捕使任命の官符は、本文書の他に㉙文書（天暦十年〈九五六〉）、『符宣抄』巻七所収の紀伊国追捕使（正暦三年〈九九二〉）、陸奥国押領使（寛弘三年〈一〇〇六〉）の事例が確認される。

(4) **二境**　山陰道に属する出雲国が、東は伯耆国、西は石見国と国境を接していることを指す表現か。あるいは押領使の任命官符を申請した先例として挙げられている美作国、伯耆国のことを指すとも考えられるが、この場合は美作国が出雲国と国境を接していない点が問題となる。

(5) **官符の使**　太政官符によって任命された押領使のこと。押領使や追捕使が地域の「暴悪の輩」、「執悪の徒」、「凶類」に対峙する際、中央政府の権威を背景にしていたことがうかがえる。

(6) **国例**　「国例」とは、国司官長受領化や国衙の所、在庁官人制の発達とともに、各国で独自に形成された国内統治方針に関する慣例のこと。ここでは伯耆国や美作国の、官符によって任命された押領使を設置することで国内の治安維持を図るという措置のことを指す。

(7) **右大臣** 藤原師輔。右大将、従二位。忠平男で九条流の祖。

(8) **橘朝臣好古** 右京大夫従四位上公材男で、母は橘貞樹女。参議橘広相の孫。延喜十五年(九一五)九月に文章生となり、同十九年には美濃権掾。延長二年(九二四)には少内記となり、同八年に叙爵。その後、大学頭・右衛門権佐などを経て天慶九年(九四六)に権右少弁。天暦四年(九五〇)には従四位下に進み、翌年左中弁。同八年には右大弁となり、天徳二年(九五八)には任参議(右大弁元の如し)。同四年には左大弁に転じ、応和二年(九六二)には正四位下。康保三年(九六六)には従三位権中納言に至り、翌年転正。天禄元年(九七〇)には大宰権帥を兼ね、翌年大納言に進む。同三年大宰府にて薨去(以上『補任』)。

(9) **出雲宿禰蔭時** ほかにみえず。

【文書の位置づけ・機能】

本文書は出雲国司の解にもとづき、清瀧静平を押領使に任命する官符である。地方における押領使・追捕使の意義については㉘・㉙文書を参照。ここでは両使の任命方法について述べる。

『西宮記』巻十二・諸宣旨、同書巻十五・諸国追捕使事(巻次は故実叢書本)、『北山抄』巻六・備忘略記・下宣旨事によれば、押領使・追捕使は任命申請の国解が太政官に提出され、上宣官符によって任じられることを原則とし、畿内国や近江国の場合は奉勅宣旨によって任じられることもあったようである。本文書は出雲国の例であるが、上記の規定通り国解にもとづいた上宣官符によって押領使が任命されている。

このように押領使・追捕使の任命は国解によって申請されるが、その処分について『北山抄』巻七・都省雑例では「諸国申置押領使事」を「中大中納言雑事」のうちの「上宣」に分類している(『九条年中行事』も同様)。したがっ

押領使・追捕使任命申請／処分形式一覧

番号	申請年月日	処分年月日	国司	押領使・追捕使	処分形式	出典
i	天暦6(952)・11・9 (国解)	天暦6(952)・11・9 (官符)	出雲国司	清瀧静平 (押領使)	上宣型	『群載』巻22 (㉚文書)
ii	天暦9(955)・10・17 (国解)	天暦10(956)・6・13 (官符)	近江国司	甲可是茂 (追捕使)	上宣型	『群載』巻22 (㉙文書)
iii	正暦2(991)・11・28 (国解)	正暦3(992)・10・28 (官符)	紀伊国司	御春聡高 (追捕使)	上宣型	『符宣抄』 巻7
iv	長保5(1003)・3・10 (国解)	寛弘3(1006)・3・9 (官符)	陸奥国司	平八生 (押領使)	上宣型	『符宣抄』 巻7
v	寛弘3(1006)・4・11 (国解)	—	淡路国司	高安為正 (押領使)	(上宣型？)	『群載』巻22 (㉘文書)
vi	天暦4(950)・2・20 (申文)	天暦4(950)・5・5 (宣旨)	下総守 藤原有行	受領兼任 (押領使)	奉勅型	『群載』巻22 (㉗文書)
vii	—	応和2(962)・12・26 (宣旨？)	大和国司	巨勢忠明 (追捕使)	奉勅型	『西宮記』 巻14裏書
viii	—	寛弘2(1005)・4・14 (陣定)	上野介 橘忠範	受領兼任 (押領使)	奉勅型	『平松文書』 (平—439)
ix	—	大治5(1130)・9・4 (陣定)	遠江国司	受領兼任 (押領使)	奉勅型	『長秋記』 大治5・9・4条
x	—	長承2(1133)・2・28 (陣定)	安房国司	受領兼任 (押領使)	奉勅型	『中右記』 長承2・2・28条

＊下向井龍彦「諸国押領使・追捕使史料集成」(『広島大学文学部紀要』45、1986)より作成

て押領使・追捕使の任命申請の国解は奏上されることなく、公卿聴政の際に大・中納言によってその場で処理されたことになる。故に最終的に本文書のような上宣官符が発給されるのである。

しかし上掲の「押領使・追捕使任命申請／処分形式一覧」を見ると、vi・viiのように奉勅宣旨によって任命される事例も確認できる(viiは畿内国の事例)。またviii〜xは陣定にかけられた事例であるが、陣定が天皇によって提示された案件に対し公卿らが意見具申する場であること、さらにその案件に対する最終決定は天皇に委ねられることを考えれば、これらの任命申請は天皇に奏上された上で陣定にかけられているのであり、最終処分も天皇によって示されるはずである。したがって陣定にかけられた押領使・追捕使の任命申請は最終的に奉勅型で処分されたはずである。こ

れらの事例は畿内国の事例であるⅶを除くと、国司（受領）の押領使・追捕使兼任申請という点で一致しており、受領による押領使・追捕使の兼任申請は特別な事例として奏上され、陣定で審議されることになっていたようである。

十世紀後半頃から受領が国内統治上必要な事項を国司申請雑事として中央に申請し、陣定（諸国条事定）において審議されるようになるが、ⅷ～ⅹの事例はまさに諸国条事定の記録であり、受領による押領使・追捕使の兼任申請は国司申請雑事の一つとして扱われるようになったと考えられる。国司申請雑事は十一世紀末頃になると国司任初の慣例的な申請として形式化するが、江戸時代の承応四年（一六五五）四月十日の日付をもつ出羽守源久治の申請三箇条（勧修寺家文書）に「一、請任先例兼補押領使事」が見えているように、受領による押領使兼任申請は国司申請雑事の一項目として慣例化していったようである。

『群載』巻二十二では㉗～㉚文書によって、上宣型（国解による受領以外の人物の任命申請、㉘・㉙・㉚文書）と奉勅型（受領による兼任申請、㉗文書）の双方を例示することで、押領使・追捕使の任命手続きを示したものと思われる。

【関連史料】

『西宮記』巻十三・諸宣旨、同巻十五・諸国追捕使事（巻次は故実叢書本）、『北山抄』巻六・備忘略記・下宣旨事、同巻七・都省雑例・申大中納言雑事、『符宣抄』巻七・検非違使事（押領使）

【参考文献】

谷口昭「諸国申請雑事」（『中世の権力と民衆』創元社、一九七〇）、曾我良成「諸国条事定と国解慣行」（『王朝国家政務の研究』吉川弘文館、二〇一二、初出一九七九）、下向井龍彦「諸国押領使・追捕使史料集成」（『広島大学文学部紀要』四五、一九八六）

（磐下　徹）

㉛捕進官符

太政官符　左右京職
應慥捕(1)進伊豫守佐伯朝臣公行(2)妾従者藤原吉道・出納不知姓春正等事
右内大臣宣、奉　(3)(4)勅、件(5)吉道等為勘(6)糺奉咒咀中宮之事、宜仰彼職、慥尋在處。令捕進之輩、随其品(7)秩(8)将加勸賞者。職宜(9)承知、依宣行之。所犯(10)已(11)重、不得(12)疎略。符到奉行。
正四位上(13)右中弁　(14)左少史
寛弘六年十一月廿日

【校訂註】

(1)進…「追」〔「進歟」と傍書〕（葉・東）　(2)妾…「三女」（葉・史・豊・紅・東・伴・大）　(3)勅…闕字せず（紅・東・伴）　(4)勅…「勑」〔「勅」と傍書〕（伴）　(5)吉…「昔」（紅）　(6)糺…「紀」（葉）　(7)秩…「袟」〔「秩」と傍書〕（伴）　(8)将…「暫」〔「将イ」と傍書〕（史）、「暫」（豊）　(9)承…「不」（紅・伴）　(10)已…「之」（紅）、「之」〔「已」と傍書〕（伴）　(11)重…「座」（紅）、「座」〔「重」と傍書〕（伴）　(12)疎…「路」〔「疎」と傍書〕（伴）　(13)右…「右」〔「左」と傍書〕（伴）　(14)「左」以下三文字脱（紅・伴）

【書き下し】

太政官符す　左右京職
応に慥かに伊予守(1)佐伯朝臣公行妾の従者藤(2)原吉道・出(3)納(4)不知姓春正等を捕へ進むべき事
右内(5)大臣宣すらく、勅を奉るに、件の吉道等(6)中宮を呪咀し奉るの事を勘糺せむがため、(7)宜しく彼の職に仰せて、慥かに在処を尋ぬべし。捕へ進めしむるの輩は、其の品秩(8)に随ひて将に勧賞を加へむとす、てへり。職宜しく承知し、宣に依りて之を行ふべし。犯す所已に重く、疎略にすることを得ざれ。符到らば奉行せよ。

正四位上右〔左カ〕中弁(9)　　左少史(10)

寛弘六年（一〇〇九）十(11)一月廿日

【註】

(1) **佐伯朝臣公行妾**　『百錬抄』寛弘六年（一〇〇九）二月四日条をはじめとした中宮彰子呪詛事件の関係記事より、高階光子であることがわかる（但し諸史料には「妻」とある）。本文書とほぼ同内容を示す文書が『要略』巻七十・糾弾雑事に収載されており（同年二月二十日官符）、大系本は「佐伯朝臣公行妻」と翻刻するが、鼇頭によれば大阪市立大学所蔵福田文庫本は「妾」であり、「妾」字が正しいと結論できる。よって底本を除く本文書の写本すべてが「三女」とするのは、「妾」の崩し字を誤読したためであると考えられよう。三条西古本系・後陽成院所持本系ともにかような誤りが見受けられることから、おそらく祖本である金沢文庫本において、誤読を誘発する字形であったことが推測される。以下、高階光子の略歴を記す。生没年未詳。従二位成忠女（『権記』寛弘六年二月五日条）。永祚二年（九九〇）、藤原定子が入内したおりに叙爵（『小右記』同年十月二十二日条）。『要略』巻七十・寛弘六年二月八日付勘文によれば光子は中関白家宣旨であったことが知られ、おそらく定子の入内に際して宣旨に転じたと考えられる。なお、佐伯公行の略歴は以下の通りである。貞元元年（九七六）大外記に任ぜられ、永延元年（九八七）に遠江守となり（『外記補任』）、その後信濃守などを経て（『略記』長徳四年〈九九八〉是年条）、寛弘三年二月、伊予守に着任（『御堂』二月二十日条）。同六年二月に妻の高階光子が本事件によって罪科に処され、翌年三月十一日に出家した（『御堂』三月十二日条）。

(2) **藤原吉道**　本事件の関連史料を除き、ほかにみえず。高階光子に侍った従者であった。

(3) **出納**　文書・書籍をはじめとした様々な財物の出し入れや、算用などを担当する下級事務職員。特に蔵人所の出納が著名であり、学生、明法生、諸国の目などが多くこの任に当たった。また、『群載』巻七・補関白家出納長者宣〈嘉承二年〈一一〇七〉四月日〉より、公卿の家政機関である政所にも出納が置かれたことが知られる。

(4) **不知姓春正**　本事件の関連史料を除き、ほかにみえず。高階光子家の出納であった。

(5) **内大臣**　藤原公季。右大臣師輔男。康保四年（九六七）叙爵。侍従、左中将、備前守を歴任し、永観元年（九八三）参議。正暦二年（九九一）中納言、長徳元年（九九五）大納言、同三年内大臣となる。本文書の時点では、内大臣兼左大将（以上『補任』）。

(6) **中宮**　藤原彰子。前年に敦成親王（のちの後一条天皇）が産まれている。

(7) **宜しく…むとす**　註(1)で触れた『要略』巻七十収載官符には、「宜仰彼職慥尋在所令捕進。但捕獲之輩、随其品秩将加勧賞」とある。『要略』収載官符の方が意味が通るため、本文書は転写段階で誤脱が生じたとみるべきだろう。

(8) **品秩**　位階と俸禄のこと。

(9) **右中弁**　『弁官補任』によれば、本年の右中弁は当初従四位下藤原経通であったが、三月四日に転任、替わって従四位下藤原重尹が着任している。しかし本文書に記す位階は正四位上であり、合致しない。一方、註(1)で触れた『要略』巻七十収載官符には「正四位上行宮内卿兼左中弁備中権守源朝臣道方」とあり、本文書の「右」が「左」の誤りであれば、矛盾は生じない。全ての写本が「右」とするものの、これは「左」が正しく、転写段階における誤りとみなすべきだろう。以下、源道方の略歴を記す。左大臣源重信男。寛和二年（九八六）叙爵。侍従、右兵衛権佐、少納言、宮内卿を経て寛弘二年（一〇〇五）に左中弁。その後同四年に蔵人頭となり、正四位上。同六年三月、右大弁に転任した（以上『補任』）。

(10) **左少史** 註(1)で触れた『要略』巻七十収載官符には、「正六位上左少史竹田宿禰宣理」とある。以下、竹田宣理の略歴を記す。生没年不詳。寛弘六年（一〇〇九）正月二十一日、結政に奉仕したことがみえ、同年三月十四日、陣申文で馬料文を上っている（「一枚左少史宣理馬料文」）。同八年九月五日には右大史としてみえ、同年九月十五日、装束司判官に補任された（以上『権記』）。

(11) **十一月廿日** 註(1)で触れた『要略』巻七十収載官符には「二月廿日」とあり、相違する。事件の顛末については**【文書の位置づけ・機能】**を参照されたいが、追捕にあたっては左右京職に官符が下されただけでなく、検非違使にも宣旨が出されていた点が重要である。この宣旨も『要略』巻七十に収録されているが、日付は同じく「二月廿日」である。また、二月二十日に陣定で首謀者等の罪刑が決定されており（『紀略』）、十一月になって捕進を命ずるというのも解せない。さらに問題となるのは、註(9)で述べたように源道方は三月に右大弁に転任しているため、「十一月廿日」という日付では全く整合性がとれなくなる点である。以上の諸点から、本文書が「十一月」とするのは先の「右中弁」のケースと同じく転写段階での誤りであり、正しくは「二月」とするべきだろう。

（補註）

本文書の参考に供するため、『要略』巻七十収載官符を次に掲げる。

太政官符左右京職

応慥尋在所、捕進伊予守佐伯朝臣公行妾従者藤原吉道・出納不知姓春正等事

右内大臣宣、奉　勅、件吉道等、為勘糺奉呪詛皇后之事、宜仰彼職慥尋在所令捕進。但捕獲之輩、随其品秩将加

勧賞者。職宜承知依宣行之。所犯已重、不得疎略。符到奉行。

正四位上行宮内卿兼左中弁備中権守源朝臣道方　　正六位上左少史竹田宿禰宣理

寛弘六年二月廿日

【文書の位置づけ・機能】

本文書は、寛弘六年（一〇〇九）に中宮彰子と敦成親王に対する呪詛事件が発生し、その関係者の捕進を左右京職に命じた太政官符である。以下、事件の経過をまとめると、次のようになる。

寛弘六年正月三十日、中宮彰子と敦成親王を呪詛する厭符が発見された（『紀略』同日条および『権記』二月一日条）。その後迅速に調査が進められ、二月四日に中宮と敦成親王および左大臣藤原道長を呪詛した疑いで法師円能を捕らえて勘問し、造意者を供述させた。このとき判明した関係者は、伊予守佐伯公行の妾高階光子、民部大輔源方理、妻源氏、その父（前越後守）散位源為文であった（『百錬抄』）。五日、呪詛を行った陰陽法師円能を左近馬場で勘問し、造意者の罪名を明法博士に勘申させた（『紀略』）。そして高階光子を召すためその宅を包囲したものの、既に逃亡した後であった（『権記』）。八日、首謀者の高階光子と源方理の二名は除名のうえ絞罪、僧円能は還俗のうえ絞罪、源為文は処分保留との勘申がなされた（『要略』巻七十・寛弘六年二月八日勘文）。この勘文から、藤原吉道は厭符の件を知っていたため（「但宣旨宅〈尓〉侍藤原吉道〈奈牟〉案内〈者〉知〈テ〉侍〈良牟〉」）、また春正は円能のもとに使者として赴いたことがあり（「彼宅出納春正〈者〉為使雖来円能許、案内〈者〉不知〈也〉侍〈良牟〉」、（円能は否定するが）内実を知る疑いを否定し去れないため、同様に追捕されたことがわかる。二十日、「寄事前太宰権帥藤原朝臣伊周也。事之根元在藤原朝臣」として、藤原伊周の朝参を停止した（『要略』巻七十・寛弘六年二月二十日宣旨）。しかし、同日陣定で決定された処分は、勘申よりはるかに軽く、源方理と高階光子は除名のみ、円能も絞罪を免ぜられて還俗のみ、というものであった（『紀略』）。また、逃亡中の藤原吉道・不知姓春正の追捕命令が左右京職および検非違使に下達された（『要略』巻七十・二月二十日付宣旨および官符）。註⑾で述べたように、本文書の年月日は二月二十日が正しいと考えられ、まさしく逃亡中の二者の追捕を命じたものと理解できる。

呪詛計画の中心人物である源方理は伊周の腹心であり、高階光子は高二位（高階成忠）の娘で、伊周の父道隆の中関白家に仕えた宣旨であった。したがって本事件は吉川美春氏が述べるように、伊周の復権を願う貴族達が画策した道長流に対する呪詛であったと考えられる。

本文書発給の背景は以上のごとく考えられるが、次に問題となるのは、『要略』巻七十所収の寛弘六年二月二十日官符との関係である。そもそも、『群載』はなぜ『要略』に比して種々の誤りを含んで当該官符を収載しているのだろうか。二書の成立年代をみると、先行する『要略』は長保四年（一〇〇二）頃成立し、『群載』は長承二年（一一三三）頃に成っている。かように比較すると、三善為康は『要略』を実見して本文書を収録したかのごとく覚えるが、実は『要略』自体も大きな問題をはらんでいる。と言うのも、これまで引用してきた『要略』の諸文書は、後世の追記であると考えられるからである。『要略』巻七十の本事件に関係する文書群は寛弘六年二月八日勘文より始まるが、これには「爰奉呪詛皇后之事、寛弘六年二月発覚。拷訊陰陽師、断定罪名等、遠祖先公之行。当時相府不欽歟。但呪詛之起、事依皇后。結断之文、可謂難義。為示後学、載注于左」という前文が存在する。つまり、虎尾俊哉氏が述べるように、『要略』の注記は基本的に全て惟宗允亮が為したものであるが、この部分のみ、本事件を担当した惟宗允正（『要略』の著者である允亮の弟）を「遠祖先公」と呼ぶ子孫の手によっているのである。したがって、本部分は允正を「遠祖」と呼ぶほど時代が下った頃に注記されたのであり、両書の成立年代はこの場合問題解決の決め手にはならないのである。

よって次に問題となるのは、『要略』の典拠となった惟宗氏所蔵文書を為康が実見して『群載』に収録したのかどうか、という点である。『要略』所収官符は、惟宗氏相伝の記録から補筆されたものと考えられるが、そもそも『群載』が『要略』を参考にした可能性が低いことは、彌永貞三氏が既に指摘している。よって、為康は別ルートで情報を入手したものと考えられよう。そこで、署判部分に注目したい。巻二十二において、署判部分を省略しているものとそうでないものが混在していること（ほぼ半々）から、為康が文書の実物を臨写した際に、本文書のかかる部分を意図的に省略したとは考えにくい。つまり、為康が実見した時点で、当該部分の詳細は既に省略されており、『群載』所収官符の祖本は既に写本の状態であったと推測されよう。以上から、『群載』所収官符の誤字・脱文は、その祖本の時点で既に為されており、為康はそれをそのまま収録した、とも考えられるのである。『群載』自体の転写過程における誤りである可能性は依然として捨てきれないが、一案として提示しておきたい。

最後に、『群載』への収録の意義について附言する。そもそも官符の対象は左右京職であるが、これは京職が国司に比肩するため、「諸国雑事」の一事例たり得るとの判断のもと、収められたとみてよいだろう。本文書は「追討官符三通」の最後の一つとして収載されているが、前二者は国司に対する押領使任命の官符である一方、本文書はあくまで呪詛事件というイレギュラーな案件であり、一事件発覚の際の個別追捕の一例として添えられたものと位置づけられる。

【関連史料】
『要略』巻七十・糾弾雑事、『百錬抄』寛弘六年二月四日条、『紀略』寛弘六年二月五日・二十日条、『権記』寛弘六年二月五日条
【参考文献】

虎尾俊哉「政事要略について」（『古代典籍文書論考』、吉川弘文館、一九八二、初出一九七一）、前田禎彦「平安時代の法と秩序」（『日本史研究』四五二、二〇〇〇）、吉川美春「古代の呪詛に関する一考察」（『日本学研究』三、二〇〇〇）

（吉永　匡史）

㉜越前国司停追捕使押領使申文

中停追捕使・押領使

越前國司解　申請　官裁事

請被停止追捕使・押領使等状

右在[(1)]京雜掌申、云云[(2)]。今件随兵・士卒非必其人。或借威使[(3)]勢横行所部、或寄[(4)]事有犯脇略人民。所部不静還致愁歎[(5)]。望

請　官裁。被停止件[(6)]使。若[(7)]猶郡司之力不及、國宰之勤難堪、須随事状申請件使。仍録事状謹解。

天暦六年三月二日

同年十一月八日左[(8)]大臣宣、奉　勅、依請[(9)]。

【校訂註】

(1)在…「左」（大）　(2)云云…「云云云」（葉・史・豊・東）　(3)使…脱〔「使」を補〕（伴）　(4)寄…「宰」〔「寄」と傍書〕（伴）　(5)歎…「欲」〔「歎」と傍書〕（伴）　(6)件…脱〔「件」を補〕（史）　(7)若…「者」（紅）、「者」〔「若」と傍訂〕（伴）　(8)左…「右」（紅・伴・大）　(9)請…「待」（紅）、「侍」〔「請」と傍書〕（伴）

【書き下し】

追捕使・押領使を停むるを申す[1]

越前国司解し　申し請ふ　官裁の事[2]

追捕使・押領使等を停止せられむことを請ふ状

右在京雑掌申す、[3]云云と。[4]今件の随兵・士卒必ずしも其の人に非ず。[5]或は威を使の勢に借りて所部を横行し、或は事を犯有るに寄せて人民を脅略す。[6]所部静かならずして還りて愁歎を致す。望み請ふらくは　官裁を。件の使を停止せられむことを。若し猶郡司の力及ばず、[7]国宰の勤堪へ難くは、須く事状に随ひて件の使を申請すべし。仍て事状を録し謹みて解す。

天暦六年（九五二）三月二日

同年十一月八日左大臣宣すらく、[8]勅を奉るに、請ひに依れ。

【註】

(1)　追捕使・押領使　越前国の追捕使・押領使には、魚名流藤原氏の藤原時長の子孫が多く補任されている。『分脈』（中宮亮高房男時長孫）には、越前国押領使として伊傅（冷泉院蔵人）・為延（伊傅の子、小一条院帯刀長、北陸道七ヵ国押領使とも）、北陸道七ヵ国押領使・越前国惣追捕使として為頼（為延の子）、さらに越前国追捕使として国章（伊傅の兄弟の系譜）、越前惣追捕使として国貞（国章の子）が見えている。この一族は鎮守府将軍藤原利仁の後裔とされ、後に越前斎藤党を形成する一族である。本文書が作成された十世紀半ばの越前国追捕使・押領使は明確には特定されないが、『分脈』で小一条院帯刀長・越前国押領使とされる為延は、『小右記』永祚元年（九八九）七月二十一日条にみえる「帯刀藤原為延」と同一人物であると考えられ、そうであれば為延の父である越前国押領使伊傅が十世紀半ば頃の押領使であったと想定できる。後掲の系図参照。

(2) **越前国司** 『補任』天禄三年(九七二)条の藤原守義尻付によれば、天暦二年(九四八)正月十一日に守義が越前守に任官していることが分かる。通常であれば守義の任期は天暦五年十二月までとなるから、本文書は守義の後任者によって作成されたと考えられるだろう。なお本文書の天暦六年当時には権守として平兼盛(『文粋』巻六・平兼盛申勘解由次官図書頭状)、介として橘恒平(『補任』天元六年〈九八三〉条)、掾として坂上望城(『外記補任』康保四年〈九六七〉条)が確認できる。

(3) **在京雑掌** 雑掌は四度使(国司)の随員として天平期から史料上に散見する(初出は天平六年度〈七三四〉尾張国正税帳)。四度公文に関係し、四度使の文書業務を補佐する役目を負っていた。雑掌本来の業務は飽くまで四度使の補佐であったが、承和十年(八四三)三月十五日官符(『三代格』巻八)には、国司ではなく雑掌が主計寮官人とともに抄帳の勘会を行っていることがみえ、九世紀半ば以降には本来四度使が行うべき業務が雑掌に代行されるようになっていく。この変化は、国司官長の受領化に伴い任用国司が国務から疎外されていくという地方行政の在り方に対応するものであると考えられる(原田重「国雑掌について」『九州史学』七、一九五八)。

十世紀の雑掌もこの延長線上にあり、受領の指示のもと公文勘会などの業務に従事していたようである。「清胤王書状」(九条家本延喜式紙背文書)は、康保年間(九六四～九六八)に周防国から上京した清胤王が、周防に在国する前司に宛てた書状であるが、そこには都において清胤王を中心に「雑掌晴延」、「雑掌連並」らが前司の指示のもと抄帳の勘会などに従事している様子が具体的に記されている。また公文の処理だけではなく、書状の遣り取りを通じて、周防と都との間での情報交換がさかんに行われていたことも確認できる。本文書に見える在京雑掌も、清胤王らのように都で受領の出先機関としての役割を担った者たちであると考えられる。

十二世紀になると新任受領が雑事申請に先立って在京雑掌を召し、任国の様子を問うていたことが確認できるようになり（『群載』巻十一・廷尉・大治三年〈一一二八〉八月二十八日藤原親賢移遣配流人申文、天養元年〈一一四四〉三月二十九日太政官符案〈平―二五二五〉、応保二年〈一一六二〉五月二十二日官宣旨〈平―三二二一〉、治承四年〈一一八〇〉九月十二日太政官符案〈平―三九二四〉など）、在京雑掌からの情報が国務運営上大きな役割を果たしていたことが分かる。本文書は十世紀の例であるが、追捕使・押領使の停止申請が在京雑掌の報告にもとづいて行われていることや、「清胤王書状」からうかがえるさかんな情報交換の様子を勘案すれば、十世紀段階でも在京雑掌を通じて受領のもとにもたらされた任国の情報が国務運営上大きな役割を果たしていたと考えることができるだろう。

(4) **云云と**　この部分には本来在京雑掌からの報告内容が記されていたはずであるが省略されている。『群載』は書様を示す文例集であり、文書様式に直接かかわらない部分は省略されることが多い。本文書も追捕使や押領使の停止申請の書様を示すために収録されているのであり、在京雑掌の報告内容は文書様式には直接かかわらないものと判断され、編者の三善為康によって省略されたのであろう。

(5) **随兵・士卒**　随兵は供につれる兵士や随行の兵士、士卒は兵士の意味である。本文書ではともに追捕使や押領使の軍事力を構成する者たちである。㉗文書では下総守藤原有行が押領使の兼任とともに随兵三十人を給わることを願い出ている。

(6) **脅略**　脅かして掠めとること。

(7) **郡司の…難くは**　この表現からは、追捕使・押領使停止後の国内治安維持について、郡司が担うよう期待されていたことが分かる。養老職員令74大郡条の大領の職掌に「撫養所部。検察郡事」と見えるように、八世紀以来郡内の治安維持は郡司の職掌とみなされてきた。天暦十年（九五六）六月二十一日に出された㉖文書で、駿河国司が「坂東暴戻之類」、「隣国奸猾之徒」への対応として「国司并郡司雑任」への帯剣許可を求めていることから分かるように、十世紀段階においても国司が郡司とともに治安維持に当たるケースが確認できる。

(8) **左大臣** 藤原実頼（九〇〇〜九七〇）。この時、左大将・皇太子傅、従二位。忠平男、小野宮流の祖。なおこの時の右大臣は実頼の弟である師輔である。

【文書の位置づけ・機能】

本文書は、追捕使・押領使の随兵・士卒が越前国内で横暴を働くことを理由に、追捕使・押領使自体を停止することを求めた国解である。ここで糾弾されているのは飽くまで随兵・士卒であるが、当然その背後には追捕使・押領使の存在を想定すべきだろう。

当国解では追捕使・押領使の停止後の国内の治安維持は、国内各郡の郡司の働きをもとに国司によって実現されることを前提としている。したがってその背景に、国司―郡司という八世紀以来の国内統治方式と対立する、追捕使・押領使とその随兵・士卒、という構図を読み取ることができるだろう。九世紀後半以降、地方の有勢者たちが院宮王臣家や官司と結託し、王臣家人・衛府舎人を称して国郡司に対捍するようになるが、本文書もこのような対立関係の延長線上に位置づけることができるようである。

註(1)でも触れたように越前国の追捕使・押領使には魚名流に属する時長流藤原氏が多く補任されている。時長の父である高房は美濃介・備後守・肥後守・越前守を歴任し、仁寿二年（八五二）二月二十五日に卒している。卒伝によると「膂力過人。甚有意気」と称され、美濃介時代には盗賊を取り締まり、神の祟りを恐れることなく堤防の修築を行うなど、武勇に優れた剛毅な良吏として知られていた（『文実』）。『分脈』によると時長の子である利仁の母は「越

前国人秦豊国女」とされることから、高房が越前守の時に、息子の時長も同行して下向し、現地の秦氏の女性と通婚したものと思われる。また利仁についても『今昔』二十六—十七に「越前国ニ□ノ有仁ト云ケル勢徳ノ者ノ聟ニテナン有ケレバ、常ニ彼国ニゾ住ケル」とあり、越前国との結びつきがうかがえ、さらにその子の叙用は斎藤党の祖とされている（『分脈』）。『三代格』巻七・貞観十年（八六八）六月二十八日官符が、天平十六年（七四四）十月十四日格を引用しつつ国司の赴任先での通婚を禁じているように、国司が任国やその近隣の女性と通婚し、地域の勢力と結託するということは八世紀以降一貫してみられた現象のようである。したがって時長流藤原氏も高房の越前守任官を契機に、通婚によって地域の有力勢力と結びつくようになったと考えられる。

『小右記』永祚元年（九八七）七月二十一日条には、「滝口藤原貞正」が随兵を率いて「敵越前国三国行正」を射殺し、「帯刀藤原為延」も貞正と「同意」していたという記事が見えている。『分脈』には叙用の曾孫に滝口の「貞正」がみえており、おそらく同一人物であろう。また為延も註⑴で触れたように『分脈』にみえる小一条院帯刀長・越前国押領使の為延であると考えられる。そして彼らが「敵」として射殺した三国行正については、天平二年度の越前国正税帳に坂井郡大領として「三国真人」が（『大日古』一—四三五）、宝亀十一年（七八〇）四月三日越前国坂井郡司解には大領として「三国真人浄乗」が（『大日古』六—六〇三）みえていることから分かるように、八世紀以来の越前国坂井郡の郡領氏族と考えられる。このように時長流藤原氏は都で中央勢力と結びつき滝口や帯刀といった武官的ポストを得て活動する一方で、越前の伝統的な地方豪族と対立するなど、九世紀以来一貫して越前国に影響力を持ち続けていたのである。

以上のことを勘案すれば、本文書の作成背景にも永祚元年の事件と同様に、越前の伝統的な郡司層と、追捕使・押領使となった時長流藤原氏を中心とした勢力との対立を想定することができるのではないだろうか。すると、天暦二年（九四八）に越前守に任官した藤原守義の存在は興味深い。守義は藤原山蔭の孫にあたり、山蔭と時長は同母兄弟である（系図参照）。註⑵で述べたように守義の任期は天暦五年末までと考えられるため、本文書は守義在任時に補任された追捕使・押領使の解任申請である可能性が生じる。同族の守義の時期には良好であった受領と時長流藤原氏及びそれに連なる勢力との関係が、受領の交替に伴って変化し、新しい受領は時長流藤原氏の勢力ではなく、伝統的な郡司層と手を結んで国務の遂行を目指したのではないだろうか。

【関連史料】

『分脈』（中宮亮高房男時長孫）、『小右記』永祚元年七月二十一日条、『三代格』巻八・承和十年三月十五日官符、清胤王書状（『山口県史』史料編・古代）、『群載』巻十一・大治三年八月二十八日藤原親賢移遣配流人申文、天養元年三月二十九日太政官符案（平―二五二五）、応保二年五月二十二日官宣旨（平―三二二一）、治承四年九月十二日太政

◎時長流藤原氏系図（『分脈』をもとに改変）

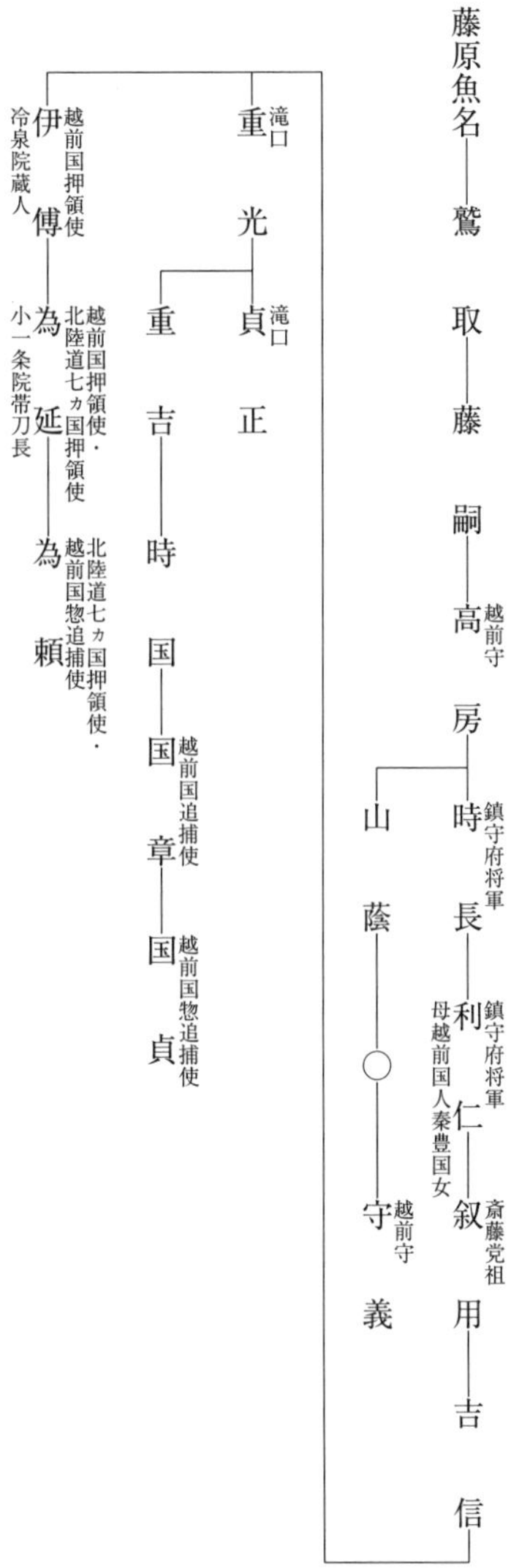

㉜越前国司停追捕使押領使申文

官符案（平―三九二四）

【参考文献】

原田重「国雑掌について」（『九州史学』七、一九五八）、松崎英一「国雑掌の研究」（林陸朗編『論集日本歴史3　平安王朝』有精堂出版、一九七六、初出一九六七）、赤松俊秀「雑掌について」（『古代中世社会経済史研究』平楽寺書店、一九七二、初出一九六八）、高橋昌明「北国武士団の形成と領主制」（『福井県史』通史編一　原始・古代、一九九三）、寺内浩・北條秀樹「「清胤王書状」の研究」（『山口県史研究』六、一九九八）、寺内浩「押領使・追捕使関係史料の一考察」（『愛媛大学法文学部論集　人文科学編』三〇、二〇一一）

（磐下　徹）

㉝任鎮守府傔仗

任鎮守府[(1)]傔仗

太[(2)]政官符　陸奥國司并鎮[(3)]守府

正六位上文屋真人季延

正六位上道公方行

右去四月十九日、任鎮守府[(4)]將軍従五位下源朝臣信孝傔仗畢。國・府宜承[(5)]知。符[(6)]到奉行。

右中弁源朝臣保光　　　左少史吉志[(7)]宿[(8)]祢

康保二年五月廿五日

【校訂註】

⑴府…「符」（紅）、「符」〔「府」と傍書〕（伴）　⑵太…「大」（東）　⑶鎮…「領」（葉）、「頓」（紅）、「頓」〔「鎮」と傍書〕（伴）　⑷府…「符」（伴）　⑸承…「弟」（紅）、「弟」〔「承」と傍書〕（伴）　⑹符…「府」（底・紅・東・伴）　⑺志…「忠」（底・葉・史・豊・紅・東）、「忠」〔「志」と傍書〕（伴）　⑻宿祢…「在数」（紅）、「庄數」〔「宿祢」と傍書〕（伴）

【書き下し】

鎮[1][2]守府傔仗[3]を任ず

太政官符す　陸奥国司并せて鎮守府

正六位上文[4]屋真人季延

正六位上道[5]公方行

右去る四月十九日、鎮守府将軍従五位下源[6]朝臣信孝の傔仗に任じ畢ぬ。国[7]・府宜しく承知すべし。符到らば奉行せよ。

右中弁源[8]朝臣保光　　左少史吉志[9]宿禰

康保二年（九六五）五月廿五日

【註】

⑴　鎮守府傔仗を任ず　巻二十二目録では「補鎮守府傔仗」とある。註⑶および【文書の位置づけ・機能】参照。

⑵　鎮守府　東北辺境の防衛のための兵力である鎮兵の制が始まる養老～神亀年間以降、天平宝字元年（七五七）までに成立した令外の官司（工藤雅樹「多賀城の起源とその性格」伊東信雄・高橋富雄編『古代の日本8　東北』角川書店、一九七〇）。陸奥国司が鎮守府官人を兼任することにより、鎮兵の統轄などのより大きな軍事権を国司に付与したが、「征夷」の終焉とともに九世紀初頭に胆沢城鎮守府が成立し、国府の支援の下に胆沢・志波地域の支配を担当する機関に変質していく（鈴木拓也「古代陸奥国の官制」『古代東北の支配構造』吉川弘文館、

一九九八、初出一九九四）。十世紀以降の鎮守府将軍は国守から相対的に独立して租税の徴収や蝦夷との交易などの面で独自の権限を持った「受領官」的な存在とされるが（熊谷公男「「受領官」鎮守府将軍の成立」羽下徳彦編『中世の地域社会と交流』吉川弘文館、一九九四）、それに対して十世紀以降も鎮守府は国府の被官であって辺境地域での交易や防備を担当するだけであったという反論も提出されている（渕原智幸「平安前期東北史研究の再検討」『平安期東北支配の研究』塙書房、二〇一三、初出二〇〇二）。

(3)

傔仗　傔仗の設置はほぼ全て武力的な要請に基づいてなされており、武装して付き従って護衛を行うことがその基本的な性格とみられる。和銅元年（七〇八）に大宰府の帥・大弐と三関国守及び尾張守に対して初めて設置され（『続紀』三月乙卯条）、その後近江守や畿内惣管、陸奥守に対しても設けられ、『三代格』巻五・弘仁三年（八一二）四月七日官符により陸奥出羽按察使と鎮守将軍への傔仗の設置が知られる。同官符によって鎮守将軍の傔仗は二名と定められ、本文書でのあり方に一致する。三関国などの傔仗は延暦年間に廃止されたとみられるが、その後出羽守に傔仗二員が置かれ（『三代格』巻五・天長五年〈八二八〉四月十四日官符）、出羽介の傔仗二人を任じた例もある（『紀略』天暦元年〈九四七〉八月五日条）。傔仗の考選や事力・公廨田の支給といった待遇は史生に準ぜられたことから、史生と同様の一分の官として公廨の配分にあずかり、国司の一員として護衛以外の国衙業務にも関わったらしいが（早川庄八「天平六年出雲国計会帳の研究」『日本古代の文書と典籍』吉川弘文館、一九九七、初出一九六二。東野治之「平安前期制度史小考二題」虎尾俊哉編『日本古代の法と社会』吉川弘文館、一九九五）、国守への権限集中の流れの中でそうした性格は失われていったであろう。按察使や大宰帥などのうち遙任の者には、傔仗の任命を認めないことが定められている（『三代格』巻五・寛平七年〈八九五〉十一月七日官符）。『延喜式』においては式部式上138傔仗条や兵部式57将軍傔仗条に規定があり、入色人を補し、願いに応じて子一人の採用が許されていた。『符宣抄』第七・大宰帥傔仗随身によれば、十一世紀前半において大宰府の傔仗は給主の奏上に沿って任じられており、陸奥国司等による同様の申請があったことも『北山抄』第六・下宣旨事により認められる。したがって武力を伴って給主に近侍する傔仗は給主個人に付与される性格が強く、文書名には「鎮守府傔仗」とあるが、他の史料がそうであるようにむしろ「鎮守（府）将軍傔仗」といった方がよりその実態に近いだろう。

(4) **文屋真人季延** ほかにみえず。文屋は文室に同じ。文室真人は天平勝宝四年（七五二）に天武天皇の皇子長親王の子である智努王らが賜姓されたことに始まり（『続紀』九月乙丑条）、弘仁年間の征夷に活躍する文室朝臣綿麻呂を輩出するに至るが、智努王の系統以外への文室真人賜姓も九世紀には行われている。

(5) **道公方行** ほかにみえず。道氏は、北陸・加賀地域を本拠とした在地有力氏族で、北陸道から出羽にかけて分布している。九世紀の出羽で得度を許されている俘囚にも、道公の姓がみえている（『類史』巻百九十・天長七年〈八三〇〉十月乙卯条、『三実』貞観元年〈八五九〉三月二十六日条）。一方で、大宝律令の選定にも加わった道君首名など、中央官僚化した系統もあった（浅香年木「道氏に関する一試考」『古代地域史の研究』法政大学出版局、一九七八、初出一九七二）。

(6) **源朝臣信孝** 光孝天皇の孫公忠の男。父公忠と兄の信明はともに三十六歌仙の一人に挙げられる上、子の加賀守正五位下兼澄も歌人で、『源兼澄集』を残す。官歴の詳細は不明だが、『分脈』によると鎮守府将軍・但馬介を歴任し、小松将軍と号した。『源兼澄集』によれば兼澄が十一歳の時、父と共に陸奥国に下向し玉造郡（現宮城県北部）を通過しているので、実際に赴任したことが知られる。そして前任者とみられる鎮守府将軍仲舒（源仲舒か）が天徳三年（九五九）九月二十三日に藤原実頼から赴任の餞を受けており（『清慎公集』）、当時の鎮守府官人の任期が陸奥国司同様五年であったことを考えると（『延喜交替式』）、康保元年（九六四）頃に交替の時期を想定できる。なお、兄の信明も応和元年（九六一）十月に陸奥守となり、安和元年（九六八）に治国功によって叙位されている（『三十六人歌仙伝』）。当時は兄弟で陸奥国の支配を担当したことになり、これを北方支配の整備を目的としたものとする見解がある（渕原智幸「古代末期の東北支配と軍事力編成」『平安期東北支配の研究』塙書房、二〇一三、初出二〇〇八）。

(7) 国・府　陸奥国と鎮守府。鎮守府将軍の任符も陸奥国司と鎮守府の双方宛てに発行されていて（『符宣抄』第八・任符・永延二年〈九八八〉十月五日官符）、そこには任用国司の任符にみえる「至即任用」の文言がある。これは官制上鎮守府将軍が陸奥国の管轄下にありながらも、相対的な独立性を有していたことを示している。

(8) 源朝臣保光　醍醐天皇の孫で、中務卿代明親王の男。母は右大臣藤原定方女。天暦五年（九五一）文章生より出身し、同八年民部大輔。左右中弁、右大弁、勘解由長官などを歴任し、安和二年（九六九）に蔵人頭、翌天禄元年（九七〇）に参議となり、同三年に左大弁。長徳元年（九九五）に従二位中納言で薨去、七十二歳（以上『補任』）。『補任』天禄元年条は「康和三年」（一一〇一）正月に右中弁、「同三年」九月に左中弁と記すが、本文書も踏まえると康保二年（九六五）正月に右中弁、同三年九月左中弁とすべきであろう。

(9) 吉志宿禰　諸本はみな「吉忠」とするが、伴本の傍書の通り「吉志」の誤りであろう。『符宣抄』第七～九において、康保四年（九六七）十二月に右大史、安和二年（九六九）二月に左少史（左大史か）、同六月に左大史である吉志宿禰公胤という人物が見えており、同一人物の可能性が高い。

【文書の位置づけ・機能】

本文書は陸奥国司と鎮守府とに宛てられた、傔仗を任じる太政官符であり、傔仗の任符としては唯一の事例となる。

傔仗は史生に準ずる側面をもち（註(3)）、養老選叙令3任官条の如く式部判補であった（『続紀』天平元年〈七二九〉五月庚戌条）。恐らくは鎮守将軍と陸奥守とが兼任されていた八世紀の慣行から、鎮守将軍の傔仗も式部省が判補していた。しかしながら鎮守府の人事は基本的には兵部省の管轄であるため、承和十四年（八四七）に至って鎮守将軍の傔仗は兵部省の補任と改められた（『三代格』巻五・同年閏三月二十五日官符）。『延喜式』の関連規定によると、家令等のほか陸奥出羽按察使や守の傔仗の補任については弁官を経ずに式部省が直接太政官に申上することとされている（太政官式2庶務申官条・式部式上45与他省申政条・同138傔仗条）が、承和十四年以降の鎮守将軍の傔仗の補任に際しては、兵部省が申上の主体となったと思われる。ただし、この段階において傔仗の任符がどのような形態であったのかは定かではない。

本文書は、史生の任符（『符宣抄』第八・任符・永延二年〈九八八〉二月二十五日官符）などと同様に太政官符の形態をとる。その発給手続きについて参考となるのが、『符宣抄』第七・大宰帥傔仗随身・長和四年（一〇一五）四月七日官符である。この官符は、大宰権帥による傔仗の申請を受けて勅許および宣がなされ、式部省に下されたものである。その割注には「先以官符給式部之後、以彼省符任、令作任符、請内印」とあり、式部省に下された官符によって出される式部省符によって傔仗が任じられるとともに、任符も作成して内印を請印するという手続きがあったことが分かる。給主からの申請→上卿の奉勅宣→式部・兵部への官符発給という流れは、『北山抄』第六・下宣旨事からもうかがえる。なお、傔仗の補任にあたっては『延喜式』においては式部省（兵部省）から太政官へ申上される規定となっているが、長保三年（一〇〇一）五月二十九日の式部省宛ての官符（『符宣抄』第七）や先述の長和四年四月七日官符、および長元二年（一〇二九）六月十九日の大宰権帥源道方の事例などによれば、十一世紀初頭までには直接給主により奏上が行われる方式が定着していたとみられる。

本文書では、給主である鎮守府将軍源信孝の官位・姓名が本文中に明記されている。これは、傔仗と任官者との密接な結びつき（註(3)）を反映したものといえる。先述の長保三年五月二十九日官符の例によれば、大宰権帥となった平惟仲は、二月二十九日に傔仗の申請を行い、同官符が出された約一月後の六月二十二日に罷申を行なって下向している（『権記』）。これを参考にすると、鎮守府将軍の場合も任命から下向までに傔仗の申請を行い、傔仗とともに下向できるようにしていたものと考えられる。本文書で二人の傔仗の名が一枚の任符に載せられていることや、当時の東北北部の情勢が必ずしも安穏なものではなかったことなどを考え合わせると、傔仗二名は個別に赴任したのではなく、信孝と同時に任地に向かった可能性が高いだろう。

【関連史料】

『源兼澄集』、『符宣抄』第七・大宰帥傔仗随身、同第八・任符、延喜式部式上138傔仗条、同兵部式57将軍傔仗条、同太政官式2庶務申官条、『北山抄』第六・下宣旨事

【参考文献】

永田英明「傔仗について」（『川内古代史論集』六、一九九二）、春名宏昭「傔仗小考」（『律令国家官制の研究』吉川弘文館、一九九七）、市大樹「国司任符の発給について」（『延喜式研究』一四、一九九八）、渡辺滋『日本古代文書研究』（思文閣出版、二〇一四）

（大高　広和）

㉞上野国送武蔵国移

移文

上野國移　武蔵國〈衙[1]〉

来牒壹紙〈被載可糺定穀[2]倉院藤[3]崎庄[4]所領田畠四至[5]子細事〉

右去二月十九日移、今月二日到来偁、〈云々〉者。依来移[6]旨検舊例、件田畠為管邑[7]楽郡所領経数代矣。而今号[8]彼[9]庄[10]所領内可糺定之由、其理難決。仍移送[11]如件。國也[12]察[13]状、移到准状。以移。

長和四年三月四日

【校訂註】

(1)〈衙〉…「〈衛〉」（紅）、細字とせず（史・豊）、「〈衛〉」〔「衙」と傍書〕（伴）　(2)穀…「殼」〔「穀」と傍書〕（伴）　(3)藤…下に「原」あり（紅・大）、下に「原」（抹消）あり（伴）　(4)庄…「亱」〔「庄」と傍書〕（伴）　(5)至…「重」（紅）、「重」〔「至」と傍書〕（伴）　(6)移…「別」（紅）、「別」〔「移〈牒〉」と傍書〕（伴）　(7)邑…「色」（底・葉・史・紅・東）、「色」〔「邑」と傍訂〕（豊）、「色」〔「邑」と傍書〕（伴）　(8)号…脱〔「号」を補〕（伴）　(9)彼…「被」（東）　(10)庄…「店」（紅）、「店」〔「庄」と傍書〕（伴）　(11)送…「道」（紅・東）、「道」〔「送」と傍書〕（伴）　(12)也…「色」〔「邑」と傍書〕（伴）、「邑」（大）　(13)察…「寮」（底・葉）、「寮」〔「察」と傍書〕（伴）

【書き下し】

移[1]文

上野国移す　武蔵国〈衙〉

来[2]牒壱紙〈穀[3]倉院藤[4]崎庄所領田畠四至子細を糺し定むべき事を載せらる〉

右去る二[5]月十九日の移、今月二日到来するに偁へらく、〈云[6]々〉てへり。来たる移の旨に依り旧例を検ずるに、件の田畠管邑[7]楽郡の所領として数代を経たり。而るに今彼の庄の所領内と号し糺し定むべきの由、其の理決し難し。仍て移送すること件のごとし。国や状を察し、移到らば状に准へよ。以て移す。

長和四年三月四日（一〇一五）

【註】

(1) **移**　移は直接の統属関係のない官司相互で伝達される文書であり、養老公式令12移式条にその様式を規定する。また、官司の間だけでなく官司から寺院へ伝達する場合にも用いられた。通常の移の書き留め文言は「故移」であるが、直接の統属関係になくとも政務の種類によって指揮下に入る場合には「以移」とした。

(2) **来牒**　武蔵国移に付随して送られてきた牒。内容は穀倉院藤崎庄の四至を糺し定めることで、穀倉院から武蔵国へ送られてきた牒（もしくはその写し）と考えられる。

(3) **穀倉院**　令外官の一つ。平安京内で大学寮の西、二条の南に位置した。初見は『後紀』大同三年（八〇八）九月乙未条。米穀の収納を行う貯蔵庫として成立し、九世紀半ば以降は畿内調銭や無主位田・職田・没官田の地子などを収納した。また、飢饉の際に収納物を廉価で放出したり、文章生に対する学問料の支給、年中行事の饗饌を弁備したりした。公卿別当のほか、四位別当・五位別当の二重別当制を取った（『西宮記』巻八）。

(4) **藤崎庄**　ほかにみえず。武蔵国だけでなく、上野国にまたがる所領だったと考えられる。

(5) **二月十九日の移**　武蔵国から上野国へ出された移。二月十九日付ではあるが上野国に到来したのは三月二日であり、伝達にやや時間がかかっている。

(6) **云々**　武蔵国からの移の内容が省略されている。おそらく『群載』への収載段階で省略されたのであろう。

(7) **邑楽郡**　上野国所管の郡。『和名抄』では、「於波良岐」。現在の群馬県の南東端に位置し、北は下野国、南は利根川を挟んで武蔵国に接している。なお、諸本は一致して「色楽郡」とするが、『和名抄』、『延喜式』等にみえる郡名にしたがい本文では「邑楽郡」とした。

【文書の位置づけ・機能】

本文書は、藤崎庄の四至確定を求めた穀倉院の牒を受けた武蔵国からの問い合わせに対して、上野国が返答したものである。

穀倉院からの牒は、上野国に直接出されたものではなく、武蔵国に宛てて出され、武蔵国から上野国に回覧されたと考えられる。藤崎庄は本文書以外に見えず、その所在は判然としないが、穀倉院からの牒が直接的には武蔵国宛てに出されたと考えられることから、所領の大部分は武蔵国に所在していたと推測される。おそらくは、元来の境界であった利根川の流路変動などによって所領の一部が上野国に混在していたのであろう。しかし、上野国は武蔵国に対して、問題の土地は既に邑楽郡の所領として数代を経ているために、荘園の四至確定は困難である、と返答している。

荘園の四至を記す文書には、免除領田申請・認定の文書、売券、資財帳などがある。この場合は、領主から所在国に対して四至紀定が求められていることから、本文書も免除領田申請もしくはその認定に関わる文書であると考えられる。同じ穀倉院領の播磨国小犬丸保では、立保から二百年を経て、改めて雑徭免除のための四至紀定が行われている（『続左丞抄』第一・建久八年〈一一九七〉四月三十日左弁官下文）。本文書も、小犬丸保と同様に四至不確定のものを確定するという類似の状況を示すものとして考えられる。

本文書と年代の近い長和二年（一〇一三）十一月九日の弘福寺牒（平―四七三）にみえる免除領田の四至確定は以下のようにして行われる。まず、大和国高市郡の所領について、①弘福寺で「件庄々田、為天智天皇　御施入、経数代也、未有収公之妨、而従前々司、任背旧例、始以収公、因之、注具由牒送於国衙之日、皆以免除已了、而当時御任、今年国検田使臨田頭之日、悉以収公、付負段米并田率米色々雑物勘責、寺家愁為職此由也、仍奉牒如件、乞衙察之状、任前例、勘合図帳、欲被早免除件庄庄収公之妨（以下略）」と弘福寺牒を作成する。②大和守が弘福寺牒を受け取り、その袖に大和国府田所へ下す文言を書き入れる。③大和国府の田所が弘福寺牒を受け取り、寺田の勘注（丹勘）を加え、袖に田所判を加える。④大和守が田所より弘福寺牒を受け取り、それに官物賦課免除の例外文言を坪付首部に付し、さらに紙継目及び免除文言に大和倉印を捺す。⑤大和守より弘福寺寺家へ弘福寺牒が回送され、弘福寺寺家で保管される。弘福寺の例は大和国一国内での四至確定の事例であるが、遠国に所在する所領の四至確定を求める場合の手続きも同じと考えるならば、本文書は①段階に当たる四至糺定を求める穀倉院牒が武蔵国に届き、それが上野国に回覧され、そして上野国での勘注結果が武蔵国にもたらされたと考えることができよう。

また、大和国の栄山寺・弘福寺の荘園では、国司が新任になるたびに免除申請が行われていたことが知られる。本文書において、長和四年の時点での上野介は平維叙であり、見任が確認される（八月二十七日に辞任〈『御堂』同日条〉）。一方の武蔵国は不明であるが、翌寛仁元年（一〇一七）には源頼貞が見任として見える（『小右記』九月十日条）。よって武蔵国守が新任である可能性もあるが、前述の長和二年の弘福寺の場合には国司の交替に伴わない免除の再認定が行われており、本文書がいずれの場合にあたるかは決めがたい。

本文書は、国から国への伝達文書である移式の様式として収載された。『群載』には、このほかにも穀倉院関係の文書が多く収められている（巻二十八・長保三年〈一〇〇一〉五月二十三日太政官符、応徳三年〈一〇八六〉穀倉院納畢勘文）。穀倉院の官人は、公卿別当のほか、四位別当（弁・蔵人頭別当）・五位別当（左右大史・大外記・主計主税頭など）・預・蔵人で構成されている。編者である三善為康と穀倉院の関係は定かではないが、別当として主計寮官人や左大史、外記が見えることから、本文書は地方関係文書ではあるものの、牒の返答として武蔵国から穀倉院に返却されてきた関連文書の一つであって、それを穀倉院官人との交友関係から為康が入手し採録したと推測することも可能であろう。

【関連史料】

長和二年十一月九日弘福寺牒（平―四七三）、寛弘六年十月二十日大和国栄山寺牒（平―四四九）、『続左丞抄』第一・建久八年四月三十日左弁官下文

【参考文献】

坂本賞三「免除領田制」（『日本王朝国家体制論』東京大学出版会、一九七二）、山本信吉「穀倉院の機能と職員」（『摂関政治史論考』吉川弘文館、二〇〇三、初出一九七三）、石上英一「弘福寺文書の基礎的考察」（『古代荘園史料の基礎的研究』上、塙書房、一九九七、初出一九八七）、佐藤泰弘「国の検田」（『日本中世の黎明』京都大学学術出版会、二〇〇一、初出一九九二）、『館林市史』資料編一　原始古代（二〇一一）

（武井　紀子）

㉟過所牒

過所牒

某(1)國牒　〈某〉(2)國路次(3)關々(4)

可勘過〈某〉随身雜物事

右差〈某〉國發向。仍可勘過之状、牒送如件。故牒。

年　月　日　目

守　掾(5)

介

【校訂註】

(1)某…「甚」(底)、「其」(伴)　(2)〈某〉…脱(紅)、細字とせず〔右寄せを指示〕(伴)　(3)關…「開」〔「関」と傍書〕(伴)　(4)々…脱(底)　(5)掾…「介」の下方にあり(伴)

【書き下し】

過所牒[1]

某国牒す　〈某〉国路次の関々

勘過[2]すべき〈某〉随身せる雑物の事

右〈某〉国に差して発向す。仍て勘過すべきの状、牒し送ること件のごとし。故に牒す。

年　月　日　目

守　　　　　　掾

介

【註】

(1)　過所牒　過所とは関を通過するために必要な通行証であり、牒とは本来内外の主典以上の官人が諸司に対して上申する際の文書様式である(後には上下関係の明瞭でない官司間でも用いられた)。いずれも別個に公式令に規定されるいわゆる公式様文書であり、「過所牒」とは、この両者を合体させた新しい文書形式であると考えられる。そもそも過所については、養老公式令22過所式条に次のごとく規定される。

過所式

其事云云。度某関往其国

某官位姓。〈三位以上、称卿。〉資人。位姓名。〈年若干。若庶人称本属。〉従人。某国某郡某里人姓名年。〈奴名年。婢名年。〉其物若干。其毛牡牝馬牛若干疋頭。

年　月　日　　　　　　主　典　位　姓　名

次　官　位　姓　名

右過所式、並令依式具録二通、申送所司。々々勘同、即依式署。一通留為案、一通判給。

ここから窺い知れる特徴としては、（A）文書中に通過するべき関名を明記すること、（B）あくまでヒトの通過を検察することが主眼となっていること、（C）署判を加えるのは次官と主典二名のみであること、（D）『令集解』同条穴記によれば、申請者が過所式に従い二通文書を作成し、このうち一通に署判を加え正本として支給されたこと、以上の四点であろう。これをふまえて「過所牒」と比較すると、その相違点はそれぞれ、（a）個別関名が「路次関々」として略されている、（b）ヒトではなくモノを主眼とした形式になっている、（c）守以下国司の四等官全てが署判する、（d）国司が新規に作成した文書である、ということになる。

【文書の位置づけ・機能】で述べるが、律令関制度は延暦八年（七八九）に三関が停廃されることによって終焉を迎え、令制の過所も一応その役目を終えたと推測される。（a）や（b）は、こうした変化を反映したものと推測される。

（c）については、過所式のみならず牒式とも合致しない（養老公式令14牒式条）。僧綱と三綱は移式準用の牒を発給し得たが（養老公式令12移式条）、これも長官と主典のみである。ただ、『令集解』公式令89遠方殊俗条古記に「過所式条、大夫以下少進以上署名、准移式条」とみえ、早川庄八氏の推測に従いこれが八十一例に編入されたとすれば、養老令以降も効力を有した可能性がある（「奈良時代前期の大学と律令学」『日本古代官僚制の研究』岩波書店、一九八六、初出一九七八）。よって石田実洋氏が指摘するように、あるいはこの規定が本文書にも影響を及ぼしているのかも知れない（「正倉院文書続修第二十八巻の「過所」についての基礎的考察」『古文書研究』五一、二〇〇〇）。ただ、延長四年（九二六）三月十日付大和国司牒は四等官全てが署判するよう作成されており（平―二二四）、牒の署判員数自体が厳格なものではなかったとみられる点も留意すべきであろう。

最後に（d）であるが、注意を喚起したいのは、本文に「右差〈某〉国発向。」とあるごとく、「過所牒」は国司が某人を何らかの使者として派遣する体裁を取っていることである。よって「過所」という語を冠してはいるものの、行人自らの申請ではなく国司が作成することになるのは、自然な在り様であるといえよう。

以上より「過所牒」は、関を通過するための通行証という点では令制の過所と趣旨を同じくするが、両者は全く別個の文書様式としてとらえる必要があるだろう。

(2) **勘過**　関を管理する関司が行人の過所を勘検し、記載内容と実際の旅行者一行に相違が無いことを確認して、関を通過させること。

（補註）

本文書の参考に供するため、養老公式令12移式条および同14牒式条を以下に掲げる。

○移式条

移式

刑部省移式部省

其事云云。故移。

年　月　日　　録　位　姓　名

卿　位　姓

右八省相移式。内外諸司、非相管隷者、皆為移。若因事管隷者、以以代故。其長官署准卿。〈長官無、則次官判官署。〉国司亦准此。其僧綱与諸司相報答、亦准此式。以移代牒。署名准省。〈三綱亦同。〉

○牒式条

牒式

牒云云。謹牒。

年　月　日　其　官　位　姓　名　牒

右内外官人主典以上、縁事申牒諸司式。〈三位以上、去名。〉若有人物名数者、件人物於前。

【文書の位置づけ・機能】

本文書は、国司が、国務を帯びて関を度える人に対して発給した通行証である。行人一般を対象とした令制の過所とは異なり、国の業務を担った人（但し官人とは限らない）に限定して作成された文書の書様であることが特徴といえよう。

八世紀に入り、大宝律令の施行によって《三関―摂津・長門―余関》という構造をもつ律令関制のシステムが構築された（養老衛禁律25私度関条ほか）。『万葉集』にも詠まれたごとく関の出入は厳格に行われたが、延暦八年（七八九）に至り、最重要視されていた三関が停廃されることとなった（『続紀』七月甲寅条）。『三代格』には弘仁兵部格として『続紀』の当該勅を載せるが（『三代格』巻十八・延暦八年七月十四日勅）、そこでは停廃対象を三関に限定しないことから、ここを以て律令関制度のシステムは一応の終焉を迎えたと言えるだろう。

しかしその後、長門関の復置（時期不明）や白河・菊多剗の勘検強化（『三代格』巻十八・承和二年〈八三五〉十二月三日官符）、足柄・碓氷関の設置（同上・昌泰二年〈八九九〉九月十九日官符）から見て取れるように、関は各地域の治安情勢などに応じて再び随時置かれていった。律令関制が三関を頂点とした、中央に指向性を持つ構造であったのに対し、九世紀以降はより地方支配に即した形での関の在り方に変化したと考えられるのである。そして関は時代が降るにつれ、これを度《こ》えようとする行人や船舶から通行料（関銭）を徴収するようになり、中世の経済的関所へと変貌を遂げていく（相田二郎『中世の関所』畝傍書房、一九四三）。

以上のごとく関の変遷が確認できる一方で、過所はどうであろうか。九世紀以降は言を俟たず、令制の過所ですら紙に書された実物は現存しないため、具体的に変遷を跡付けるのは難しい。しかし、『三代格』巻十八・昌泰三年八月五日官符「応以過所度足柄碓氷等関事」には「而勘過往還之人物、已無本司之過所。因斯無文勘拠、更致稽擁。望請、下知諸司諸国、令請過所、将以勘過。其当国以東諸国過所、先令進国。国司判署、下関令勘。然則奸濫永遏、人心自粛」とあり、この時点における様相を推測することができる。すなわち、当時においても関の通過に過所を必要とする認識が存在し、令制の過所と同じく行人の本司が発給したようである（「本司之過所」）。そして本官符によって相模国以東においては、行人は所持する過所を直接関に持参するのではなく、関を管する国司にまず過所を提出する→問題がなければ国司はこれに確認の署判を加え、正過所を行人に返却→関司は国司の判署が為された過所をもとに行人を勘検、という手続きを踏むこととなった。

そもそも令制において、関司は国司の管理下にあった（永田英明「通行証」『文字と古代日本3　流通と文字』吉川弘文館、二〇〇五）。これが先の昌泰三年官符によって、相模国以東では国司の関与がより一層強められ、まず国府で関の通過の認可を出すという形式に変化したと考えられる。本官符の在り方が、その後東国に限らず一般化したのかどうかは、史料がなく確認できない。しかし、最初の勘検主体が関所在国の国司に変化したことは、「本司」における発給段階において、養老公式令22過所式条に拠らない「過所」の発生を可能にしたと言えよう。したがって、過所式条にとらわれない「過所牒」のような文書が作成される素地が、東山道・東海道において十世紀初頭には既に作られていた可能性を、充分推測できるのである。

では、「過所牒」はどのように理解できるのだろうか。まず、先の註(1)で保留した過所式条との相違点（a）（b）について検討を行いたい。

（a）については、三善為康が『群載』に本書様を収載した十二世紀前半の段階において昌泰三年官符の方式が一般化していたとすれば、必ずしも関名を明記する必要はない。最初に通行の許可を行人に与えるのは関所在国の国司であり、具体的な関名は当該国司が把握していればよいからである。次に（b）は、関銭などの通行料徴収にかかわると推測される。『醍醐雑事記』収載の康治元年（一一四二）六月三十日付大府宣は、門司関の勘過料（通行料）の免除を命じた文書であるが、「任先例早可免除之状、所宣如件」とあることから、これ以前より門司関は勘過料を徴収していたことがわかり（森哲也「下関の成立」『下関市史』原始—中世、下関市、二〇〇八）、『群載』成立時には関における通行料徴収が一般化していた可能性がある。かような状況を受けて、当時は関を通過する場合に、物資を明示することが強く要求されたのではないかと推測されよう。

最後に問題となるのは、牒という体裁をとる点である。そもそも周知のごとく、牒は公式令の規定があまり厳格に守られず、時代が降るにつれ上下関係が明確でない官司間で頻繁に使用されるようになった。関司は国司の下部機構であるため、例えば相模国の関司に対し、武蔵国司が符を下してよいかは判然としない。そのために牒の形式がとられたと推測されるが、さらに注目したいのは、『本朝無題詩』の釈蓮禅「過門司関述四韻」に「社牒有威不憚行。〈香椎宮行牒、威権満日域。抱関者不能拘留。故云。〉」とある点である。森哲也氏によれば、ここにみえる「行牒」は

「旅行者の身分・目的などを保証した一種の過所的機能をもつ文書」と考えられ、「通行税免除の内容を含んでいた可能性」があるとする。この場合は、官司ではない香椎宮であるが故に、関司に対して牒を発給することになったのだろう。よって官司一般に敷衍することには慎重であらねばならないものの、通行証としての牒の発給が、決して特異な現象ではないことは確認できるのである。

かつて石田実洋氏は「過所牒」について、三善為康が官宣旨などを参考に机上で作成した文書様式である可能性を指摘した。しかし、同時に氏も留意するように『群載』は正確な様式を収載することに意が払われているとみられ、ここでは「過所牒」のような牒が『本朝無題詩』の「香椎宮行牒」のごとく実際に行用されており、為康はそこから書様を抽出し『群載』に収録したものと考えておきたい。

【関連史料】

養老公式令12移式条・14牒式条・22過所式条、養老衛禁律25私度関条、『令集解』公式令89遠方殊俗条古記、『続紀』延暦八年七月甲寅条、『三代格』巻十八・延暦八年七月十四日勅、昌泰三年八月五日官符、『醍醐雑事記』康治元年六月三十日付大府宣、『本朝無題詩』釈蓮禅「過門司関述四韻」

【参考文献】

相田二郎『中世の関所』(畝傍書房、一九四三)、瀧川政次郎「過所考」(『日本歴史』一一八〜一二〇、一九五八)、石田実洋「正倉院文書続修第二十八巻の「過所」についての基礎的考察」(『古文書研究』五一、二〇〇〇)、永田英明「通行証」(平川南ほか編『文字と古代日本3　流通と文字』吉川弘文館、二〇〇五)、森哲也「下関の成立」(『下関市史』原始―中世、二〇〇八)

（吉永　匡史）

㊱遠江国送伊勢太神宮司牒

牒状

遠江國牒　伊勢太神宮司[1]〈衙[2]〉

来牒壹紙〈被載[3]蒱[4]御厨壹處子細状〉

牒。去五月十八日衙[5]牒、今日到来偁、〈云々[6]〉者。抑件御厨、不知往古之子細。依新制之旨、前司已以停癈[7]畢。今[8]被牒送[9]之旨如何。就中、上奏[10]之由見牒状。裁[11]下之時、可言上左[12]右之状如件。乞[13]也[14]、衙[15]察[16]之[17]状[18]。以[19]牒。

永保元年（一〇八一）六月十二日

【校訂註】

(1)太…「大」（大）　(2)〈衙〉…細字とせず（史・豊）、「〈衛〉」〔「衙」と傍書〕（伴）　(3)載…「戴」〔「載」と傍訂〕（伴）　(4)蒱…「少補」（紅）、「少捕」〔「蒱」と傍訂〕（伴）　(5)衙…「衛」〔「衙」と傍書〕（伴）　(6)〈云々〉…「次」（紅）、「次」〔「云々」と傍訂〕（伴）　(7)癈…「廢」（史・豊・大）　(8)今…「令」〔「今」と傍書〕（伴）　(9)送…「逑」（紅）、「過」（東）、「逑」〔「送」と傍書〕（伴）　(10)奏…「秦」（紅・東・伴）　(11)裁…「載」（東）、「載」〔「裁」と傍書〕（伴）　(12)左…「尤」〔「左」と傍書〕（伴）　(13)乞…「是」（紅）、「是」〔「衙」と傍書〕（伴）、脱（大）　(14)也…「也」〔「察」と傍書〕（伴）、脱（大）　(15)衙…「衛」〔「之」と傍書〕（伴）　(16)察…「寮」（底・葉・紅）、脱（伴）　(17)之…「之」〔「以」と傍書〕（伴）　(18)状…「状」〔「牒」と傍書〕（伴）、脱（大）　(19)以牒…「如件」（紅）、「如件」〔抹消〕（伴）

【書き下し】

牒[1]状

遠[2]江国牒す　伊[3]勢太神宮司〈衙[4]〉

来牒壱紙〈蒱[5]御厨壱処子細を載せらるるの状〉

牒す。去る五月十八日衙牒、今日到来するに偁へらく、〈云々[6]〉てへり。そもそも件の御厨、往古の子細を知らず。

新制[7]の旨に依り、前司[8]已に以て停廃し畢ぬ。今牒し送らるるの旨如何。就中、上奏の由牒状に見ゆ。裁下の時、左右を言上すべきの状件のごとし。乞[9]ふ、衙この状を察せむことを。以て牒す。

永保元年（一〇八一）六月十二日

【註】

(1) **牒状**　養老公式令14牒式条に、主典以上の官人が諸司に対して上申する際の書式として規定される。また、同12移式条にも、僧綱・三綱と諸司間のやりとりの際に、移式に準じつつ牒の字を用いることがみえる（移式準用の牒。なお、この規定は大宝令には存しなかった可能性が高い〈日本思想大系『律令』岩波書店、一九七六、補注〉）。一方で、牒は奈良時代の早い時期から個人の文書・官司内文書・下達文書など多様な用途に用いられ、公式令の文書体系から逸脱した部分を補足する機能を果たした（三上喜孝「文書様式「牒」の受容をめぐる一考察」『山形大学歴史・地理・人類学論集』七、二〇〇六）。九世紀以降になると、こうした牒の多様な用法を背景としつつ、宛所に「衙」字を副える形式を備えた牒が現れ、十世紀以降になると一般化した。また、書止もこれに対応した特徴的な形（「乞【也】衙察之【状】、以牒」）が定型となっていった。このような特徴を有する牒は、国・院宮王臣家・寺院などの間に交わされる互通文書であり、国司制度の変化に対応した国を中心とした文書授受の盛行の中で定着していったと考えられている（川端新「荘園制的文書体系の成立まで」『荘園制成立史の研究』思文閣出版、二〇〇〇、初出一九九八）。本文書も、宛所の「衙」字や特徴的な書止を有し、互通文書としての牒の一つとして位置づけられる。

(2) **遠江国**　永保元年の守は源基清。基清は醍醐源氏。父は定成。母は平理義の女。応徳三年（一〇八六）十月十一日卒。子に惟兼・友兼らがいる。女は藤原為隆（前司藤原為房の男）に嫁し、為国の母となっている（『分脈』）。

(3)
遠江守としての事績については、【文書の位置づけ・機能】参照。

伊勢太神宮司　伊勢神宮の内外宮の祭祀を主導するとともに、神郡・神戸などの管理を行った。なお、永保元年（一〇八一）前後の伊勢神宮に関係する人物は以下の通り。

〔祭主〕

大中臣輔経　父は大蔵丞輔隆。祖父の祭主輔親の養子。大蔵丞・造外宮使・神祇大副を歴任（『中臣氏系図』）。延久三年（一〇七一）任祭主。永保元年三月二十三日卒（『二所太神宮例文』）。

大中臣頼宣　父は神祇大副守孝。母は祭主輔親女。民部丞・出雲守・神祇少副などを歴任する。永保元年任祭主。この後、神祇大副となる。寛治五年（一〇九一）七月二十七日、九十四歳で卒（『中臣氏系図』）。

〔大宮司〕

大中臣範祐　父は斎宮助・主神司の輔元。叔父の祭主元範の養子となった。承暦年間（四年〈一〇八〇〉カ）任大宮司。在任六年（『二所太神宮例文』）。

〔内宮正禰宜〕（『二所太神宮例文』、『二所太神宮正員禰宜転補次第記』『（皇太神宮禰宜）補任次第〈延喜以後〉』による）

荒木田宮常・荒木田満経・荒木田定平・荒木田延平・荒木田忠元・荒木田氏範

〔外宮正禰宜〕（『豊受太神宮禰宜補任次第』による）

度会頼房・度会広雅・度会雅行・度会頼元・度会常季・度会康政

(4)
〈衙〉　互通文書としての牒に特徴的な表現で、宛先に附された脇付的表現。天平勝宝二年（七五〇）八月十七日造東大寺司牒（『大日古』三―四一四）に「造東大寺司牒　北大臣家衙頭」とあるのが、このような「衙」の用法の初見となる。註(1)も参照。

(5) 蒲御厨　遠江国長上郡に所在。確実な初見は本文書。建久三年（一一九二）八月日伊勢太神宮神領注文（『神宮雑書』、鎌―六一四）によれば、嘉承三年（一一〇八）七月二十九日神宮領注文・永久三年（一一一五）六月十七日宣旨に記載された「往古神領」であった。同地は「開発本領主」淡海静並によって開発され、永保元年（一〇八一）の「奉免宣旨」によって、内宮禰宜荒木田延平を給主、静並の五世孫源清宗を検校職とする御厨が正式にたてられたという（『蒲御厨惣検校職相承系図』）。永保年間前後の遠江国の伊勢神宮領をめぐる相論の経緯については、【文書の位置づけ・機能】参照。

(6) 云々　伊勢太神宮司牒の具体的内容が省略されている。遠江国が蒲御厨を停廃したことに対し、蒲御厨の来歴や正当性を主張して説明を求めるとともに、蒲御厨の存続を上奏したことを告げる内容であったと思われる。

(7) 新制　いわゆる延久の荘園整理令。延久元年（一〇六九）に実施され、寛徳二年（一〇四五）以降の新立荘園や、券契不分明ないし国務の妨げとなる荘園が停止された（『百錬抄』延久元年二月二十三日条、同年閏十月十一日伊賀国司庁宣〈東南院―四八五〉）。寛徳二年の荘園整理令を再確認する性格を有する。

(8) 前司　藤原為房。勧修寺流。但馬守隆方の男。母は右衛門権佐平行親の女。延久五年（一〇七三）叙爵。遠江守・周防守・加賀守・尾張守などを歴任する一方で、蔵人として後三条・白河・堀河に仕え、藤原師実・師通・忠実らの家司、白河院別当などとして活躍した。鳥羽天皇のもとでは蔵人頭・内蔵頭となり、天永二年（一一一一）に参議に昇る。永久三年（一一一五）薨去。時に六十七歳。子に為隆・顕隆らがいる。②文書の註(4)も参照。遠江守には、承保二年（一〇七五）正月二十八日任。承暦二年（一〇七八）十二月十一日に服解した（『補任』）。『為房卿記』同三年五月九日条には、復任の延引に対する為房の不満がみえる。同四年正月五日に治国の功によって従五位上に加階された（『補任』）。

(9) 乞ふ、…て牒す　互通文書としての牒に特徴的な書止文言。註(1)参照。なお底本などは「乞衙寮之状」とするが、他の牒の例から「乞衙察之状」が正しい。

【文書の位置づけ・機能】

本文書は、蒲御厨の停止に抗議する伊勢太神宮司の牒に対し、遠江国が神宮司に送付した牒である。蒲御厨は前司藤原為房が延久の荘園整理令に従って停廃していること、詳細な説明は中央での銓議の際に行うこと、などが述べられている。

本文書の背景には、遠江国の伊勢神宮領をめぐる国司と神宮司の対立があった。その基本的な争点は、浜名郡などに設定されていた神戸の再編にあったと思われる。浜名郡の神戸は本神戸（平将門の乱平定の報賽として「新神戸」が寄進される天暦三年〈九四九〉以前から存在したとされる神戸）であったが、十一世紀に入ると封物の納入が途絶してその実質は喪失してしまった。そこで、元来本神戸の設定されていた贄代郷や隣接する英多郷を中心として、浜名神戸・尾奈御厨などの領域的荘園への転換が図られていた。本文書にみえる相論は、こうした神宮領の再編と、延久の荘園整理令以降の国司による荘園整理の推進が相まって生じた抗争の一環として位置づけられる。したがって、本文書を理解するためには、蒲御厨だけではなく、浜名神戸や尾奈御厨で進行していた事態にも目を配る必要がある。

本文書に述べられている事態を含む一連の抗争の発端は、遠江守藤原為房の在任中（承保二年〈一〇七五〉～承暦二年〈一〇七八〉）に尾奈御厨と蒲御厨を停止したことにあった（本文書・『師記』承暦四年五月八日条）。為房による尾奈御厨の停廃の理由は「起請（寛徳二年〈一〇四五〉の荘園整理令）以降建立」（『師記』）、すなわち延久の荘園整理令において荘園停止の基準とされた寛徳二年以降の成立と認定されたことにあった。尾奈御厨は、本神戸が領域的荘園へと転換していく過程で成立した新立の荘園であり、それ故に荘園整理の対象とされたのである。蒲御厨が停止された理由は直接には知りえないが、本文書では延久の荘園整理令にもとづくと認識されており、おそらくは尾奈御厨と同様に新立であったことが問題とされたのであろう。この後、承暦二年に尾奈御厨に免判が与えられる（『帥記』）。一方、蒲御厨は開発領主源清宗が承暦年中に国司（為房か）によって「郡司」に任命される（『蒲御厨惣検校職相承系図』）ことによって公領に編入され、事態はいったん収束したようである。

状況は新司源基清によって再び動いた。伊勢神宮司の訴えによれば、基清は尾奈御厨を再び停止する一方で尾奈御厨・浜名神戸の稲を刈取り略奪・放火に及んだというのである。基清は尾奈御厨の検田は事実であるが略奪・放火は無根であり、神戸の稲も返却したなどと釈明する陳状を承暦四年五月八日の陣定に提出して一定の理解を得ることに成功したが、神戸の稲の刈取については大きな失策として問題視された（『水左記』同月七・八日条、『帥記』）。結局、基清は浜名神戸の稲の刈取によって罪に問われることになり、その罪名をめぐって議論が続き（『水左記』永保元年〈一〇八一〉八月二十八日・九月八日・十一月二十五日条、『百錬抄』同年八月二十八日・同二年七月十五日条）、永保二年十一月二十二日に遠江守を停任されてしまった（『百錬抄』）。

このように尾奈御厨・本神戸をめぐる神宮司と守源基清の対立は神宮司側の優勢のもとで推移していたが、本文書にみえる蒲御厨をめぐる相論もその渦中で起きている。蒲御厨にあたる領域は前司藤原為房によって公領とされて、一応の安定をみていたと思われる。神宮司が蒲御厨の問題をここで蒸し返してきたのは、本神戸の稲の刈取という国司側の過失を好機として失地を奪還しようという意図によるものだった可能性が高い。この後、蒲御厨は淡海清宗を検校職とする内宮の所領として支配体制を確立し、尾奈御厨とともに「往古神領」として相伝されていった（註(3)も参照）。本文書は、遠江国における伊勢神宮領が確立していく過程を示す史料として位置づけられるのである。

なお、『群載』の諸国関係文書は藤原為房・為隆父子と関連するものが多い。本文書についても、為房と密接に関連する事件を扱っている上に、源基清も為房の姻族である点が注目される。

【関連史料】

建久三年八月日伊勢太神宮神領注文（『神宮雑書』、鎌―六一四）、『蒲御厨惣検校職相承系図』（蒲神明宮文書）

【参考文献】

棚橋光男「中世伊勢神宮領の形成」（『中世成立期の法と国家』塙書房、一九八三、初出一九七五）、石上英一「神戸と御厨」（『古代荘園史料の基礎的研究』下、塙書房、一九九七、初出一九九四）

（北村　安裕）

㊲国符

國符

國符　赤[1]穂郡司

應免除太皇大[2]后宮大夫家御領有年庄司・寄[3]人等臨時雜[4]役事

司摠人

惣[5]検校掾[6]播磨傳野　検校内舎人播磨音[7]名

別[8]當播磨興昌[9]　預三人〈孫[10]主良光　同[11]春遠[12]／同重[13]春〉

専当安曇安信

寄人肆拾壹人

秦得吉[14]　同安成　同用成　同用則[15]　茢[16]田忠[17]正
佐伯[18]直則　秦時正　山邊重則　孫主利種　小[19]邊市正
秦本[20]弘　同吉[21]連　春日直安　同弘安　同成時
山邊重正　安曇貞信　同豊信　佐伯守忠　紀行成
秦清本　同種正　安曇貞道[22]　佐伯有安[23]　秦元時
百済[24]述[25]高[26]　安曇述友　同述平[27]　同久頼　刑部甥[28]成
刑部利成　縣[29]主依種[30]　同有任[31]　佐伯[32]安遠　同貞遠[33]
秦豊近　春日[34]得成　若湯[35]秋[36]継　同貞光　秦種讀[37]
早[38]部宮正

右彼家去十[39]月十五日牒、今月十三日到来偁、件庄代々相傳之処[40]也。而本公験等、去四月十三日左[41]衛門督三条家焼亡[42]之次、紛失已了。仍如本立券、免除司・寄[43]人等臨時雑役者、所仰[44]如件[45]。郡宜承知、依件免除。不可違[46]失。符[47]到奉行。

大介藤原朝臣説孝　権大掾大和宿祢
大掾播磨[48]宿祢
佐伯[49]朝臣
権[50]大掾播磨
大目刑部
小目刑部

長和四年十一月十六日

【校訂註】

(1)赤穂郡司…細字とす（紅・伴）(2)大…「太」（史・豊）、「太」〔第四画を抹消して「大」と訂正〕（伴）(3)寄…「宰」（豊・紅・東・伴）(4)雜…脱（紅）、脱〔「雜」を補〕（伴）(5)惣…「摠」（紅・伴）、「總」（大）(6)掾…「椽」（伴）(7)音…「香」（紅・大）、「沓」（東）、「香」〔「音」と傍書〕（伴）(8)別…「列」（葉）(9)昌…「冨」（史・豊）(10)孫…「孫」〔「村敷」と傍書〕（史・豊）(11)同…「自」（紅）、「自」〔「同」と傍訂〕（伴）(12)遠…「逸」〔「逸」と傍書〕（伴）、「逸」（大）(13)重…「貞」（史・豊）、「重」〔「重」と傍書〕（伴）(14)吉…「吾」（史・豊）(15)則…「別」（紅・東・伴）(16)苅…「茢」（葉・東）、「茢」〔「苅」と傍書〕（伴）(17)忠…「忠」〔「安」と傍書〕（伴）、「安」（大）(18)直…「真」〔「直」と傍書〕（伴）(19)小…「山」（紅・伴・大）(20)本…「木」〔「本」「大」と傍書〕（伴）(21)吉…脱（紅）、脱〔「吉」を補〕（伴）(22)道…「通」（史・豊）(23)安…「女」（史・豊）(24)済…「清」（東）(25)述…「迷」〔「述イ」と傍書〕（史）、「迷」（豊）(26)高…「鬲」（紅）、「鬲」〔「高」と傍訂〕（伴）(27)平…「手」（史・豊）、「年」〔「平」と傍書〕（伴）(28)甥…「堺」（史・豊）、「甥」〔「堺」「勢イ」と傍書〕（伴）(29)縣…「孫」（紅・伴・大）(30)種…「経」（紅）、「経」〔「種」と傍書〕（伴）(31)任…「化」（史・豊）(32)伯…「佰」（史）(33)遠…「延」（紅）、「延」〔「遠」と傍書〕（伴）(34)得…「得」〔「待」と傍書〕（伴）(35)湯…「陽」〔「湯」と傍書〕（伴）(36)秋…「祐」（紅・東・伴・大）(37)讀…「謙」（紅・伴・大）、「諫」（東）(38)早…「早」〔「日下」と傍書〕（伴）、「日下」（大）(39)十…脱〔「十」を補〕（伴）(40)処…「義」（史・豊）(41)左…「左」〔「右」と傍書〕（伴）、「右」（大）(42)亡…「已」（東）(43)寄…「宰」（伴）(44)仰…「介」（紅）、「介」〔「仰」と傍訂〕（伴）(45)件…「亻（残画）」（底）、「仰」（葉）(46)違…「遺」（底・葉）(47)符…「府」（紅・東・伴）(48)磨…脱（底・葉）(49)伯…「佰」〔「伯」と傍書〕（伴）(50)権大掾播磨…「権大掾大和宿祢」と「大掾播磨宿祢」の間の行にあり（大）

【書き下し】

国符[1]

国符す　赤穂郡司

応に太[2]皇大后宮大夫家御領有[3]年庄の司[4]・寄人等の臨[5]時雑役を免除すべき事

司[6]捌人

㊲国符

惣検校掾播磨伝野　検校内舎人播磨音名
別当播磨興昌　預三人〈孫主良光　同春遠／同重春〉[7]
専当安曇安信
寄人肆拾壱人[8]
秦得吉　同安成　同用成　同用則　茢田忠正
佐伯直則　秦時正　山辺重則　孫主利種　小辺市正[9]
秦本弘　同吉連　春日直安　同弘安　同成時
山辺重正　安曇貞信　同豊信　佐伯守忠　紀行成
秦清本　同種正　安曇貞道　佐伯有安　秦元時
百済述高　安曇述友　同述平　同久頼　刑部甥成
刑部利成　県主依種　同有任　佐伯安遠　同貞遠
秦豊近　春日得成　若湯秋継　同貞光　秦種読
早部宮正[10]
右彼の家去る十月十五日牒[11]、今月十三日到来するに偁へらく、件の庄は代々相伝の処なり。而るに本公験等[12]、去る四月十三日左衛門督[13]三条家焼亡[14]の次、紛失すること已に了ぬ。仍て本の如く立券し、司・寄人等の臨時雑役を免除せむてへれば、仰する所件のごとし。郡宜しく承知し、件に依り免除すべし。違失すべからず。符到らば奉行せよ。
大介藤原朝臣説孝[15]　権大掾大和宿禰
大掾播磨宿禰

佐伯朝臣
権大掾播磨
大目刑部
小[16]目刑部

長和四年十一月十六日（一〇一五）

【註】

(1) 国符　律令制下、国司が所管の郡司らに対し発給した、符の形式の命令下達文書である。平安中期以降は、遙任国司の増加に伴い、基本的な国司から郡司へのルートで下されるだけではなく、在京の国司から当事者が受け取り、現地の荘園・公領などにもたらす事例が増加した。

(2) 太皇大后宮大夫　正二位権大納言藤原公任。太政大臣頼忠長男、母は醍醐天皇皇子中務卿代明親王三女。同母の姉妹に円融天皇皇后遵子（本文書の「太皇大后」）、花山天皇女御諟子がいる。康保三年（九六六）に生まれ、天元三年（九八〇）に元服し正五位下に叙せられ、昇進して権大納言按察使となったので、その邸宅（四条宮）にちなみ四条大納言と呼ばれた（『補任』）。学芸・有職故実に通じ、『北山抄』や『拾遺和歌集』、『和漢朗詠集』などの編著が知られる。長徳元年（九九五）に姉である皇后遵子の皇后宮大夫となり、以後遵子が長保二年（一〇〇〇）に皇太后、長和元年（一〇一二）に太皇太后となるのに従い皇太后宮大夫、太皇太后宮大夫を勤めた。なお、本文の用字は底本などに従い「太皇大后」とした。

(3) 有年庄《うねのしょう》　播磨国赤穂郡に所在した荘園であり、現在の赤穂市西有年・東有年の千種川西岸に比定される。成立時期については未詳であるが、本文書の時期には、公任家に「代々相伝」していたとされるため、十世紀を下らない時期には、成立していたものと推定される（福島好和「荘園の展開」『赤穂市史』一、一九八一）。その後の伝領過程は不明ながら、藤原忠実の家政機構を記した『執政所抄』に有年庄がみえ、また、建長五年（一二五三）の近衛家所領目録（鎌―七六三一）にも「京極殿堂領」として有年庄がみえ、麗子（忠実祖母）―忠実―忠通―基実―平盛子（基実室）―基通―静忠（基通の子）―静基（兼基の子）へと伝領されたことが確認できるため、一二世紀以降は摂関家近衛流の京極殿領として伝領されたものと考えられる（義江彰夫「摂関家領相続の研究序説」『史学雑誌』七六―四、一九六七）。

(4) **司・寄人**　有年庄の荘官である荘司と、諸役を奉仕した荘民である寄人。荘民のうち、とくに臨時雑役の免除を受ける者を、ほかの荘民（公民）に対比して寄人と称する。

(5) **臨時雑役**　十世紀から官物とならんで公領で賦課された税目の一つ。朝廷の行事経費や国の経費調達のため、国司が公領に随時賦課するものである。個々の具体的な経費名で賦課され、それらの雑多な課役を総称して臨時雑役と呼ぶ。雑徭の系統を引くもののほか、調および交易雑物の系譜を引くものもあり、物納・実役の両面で奉仕される。十一世紀以降、造内裏役や伊勢神宮役夫工米など重要な国家的経費については、荘園にも賦課される一国平均役となっていった。

(6) **司掤人**　惣検校から別当までの上級三役は一員であり、すべて播磨氏が占める。播磨氏は播磨地方西部の豪族であり、早くからこの地方に勢力を持った播磨直・佐伯直ら播磨国造の後裔と考えられる。惣検校の播磨伝野は国司の掾であり、また国判の国司にも播磨氏あるいは播磨宿禰氏がみえ、この地域や国衙に播磨氏が強く関わっていたことが伺える。また預には孫主（県主か、次註参照）氏の同族三人、専当には安曇氏の名が見えるが、これらの氏族は寄人にも多くみえるため、赤穂郡において一定の勢力を持っていたと見てよいであろう。

(7) **孫主**　預三人（孫主良光・春遠・重春）や寄人の孫主利種は、諸本一致して「孫主」とするためそれに従ったが、寄人のなかに「縣主依種」という人物が見えること、「孫」と「県（縣）」の字形が似通っていることから、あるいは「県主」の誤りか。国史大系頭注にも「孫恐誤、或當作縣」とある。

(8) **寄人肆拾壱人**　寄人は荘園における荘民であり、諸役を荘園領主に奉仕するとともに、郡家などに対して諸役・官物の奉仕や公田の請作を行った。寄人四十一人のなかで最も多いのが秦氏の十二人である。平城宮木簡のなかに赤穂郡大原郷（有年周辺）に居住する秦氏を記すものがあり（『平城宮木簡』二―二二六一）、また赤穂郡の郡司に「擬大領外従八位上秦造」（延暦十二年〈七九三〉五月十四日国郡判解状案残闕〈『赤穂市史』四〉「大領外正七位下秦造内麻呂」（『三実』貞観六年〈八六四〉八月十七日条）がみえるなど、秦氏は赤穂郡に奈良時代より盤踞していた有力氏族だったことが確認できる。また寄人としてみえる安曇氏は専当と共通し、「孫主」が「県主」の誤だとすれば、寄人の県主氏も預と共通することになる。すなわち、寄人として名を連ねている人々も、伝統的な有力氏族や「司」となった人々の同族といった出自をもっており、彼らが有力農民であったことを推測させる。

(9) **小辺**　紅本・伴本では「山辺」としていることや、同じ寄人の山辺重則や山辺重正の存在を考慮すると、あるいは「山辺」の誤とみるべきか。

(10) **早部**　伴本および大系本を除き諸本が一致して早部とするため、ここではそれに従ったが、日下部の誤か。

(11) **彼の家去る十月十五日牒**　公任家から発給された牒。有年庄の「本公験」が火事で紛失したため、再びの立券と司・寄人の臨時雑役の免除を求める。この牒もまた『群載』巻七・太皇太后宮大夫家牒に収録されており、「田地坪付并司・寄人交名」とともに播磨国衙に届けられている。

(12) **本公験**　朝廷・国司が発給する、権利を保障する効力を有する文書。

(13) **左衛門督**　権中納言藤原教通。父は藤原道長、母は源雅信の女倫子。長徳二年（九九六）に生まれ、寛弘三年（一〇〇六）に元服し正五位下に叙せられる。以後同母兄の頼通に続いて権中納言・権大納言・内大臣・右大臣を歴任、康平元年（一〇五八）従一位、同三年左大臣。頼通から同七年に氏長者を譲られ、治暦四年（一〇六八）関白となる。延久二年（一〇七〇）太政大臣（以上『補任』）。妻に藤原公任女がおり、信家・通基・信長、生子・真子・歓子などの子がある。公任との同居はこうした縁による。

(14) **三条家焼亡**　三条家は左京三条三坊十四町に所在する教通の邸宅で、教通が父である道長から伝領したものである。教通は舅である公任とともに居住していた。『小右記』長和四年（一〇一五）四月十三日条および『御堂』同日条にこの焼亡のことが記され、公任自らが「一物不取出」と述べるなど、三条邸は公任所持の文書類とともに完全に焼亡したようである。

(15) **藤原朝臣説孝**　藤原為輔の二男、母は藤原守義女。天暦元年（九四七）に生まれ、弁官などを歴任し左大弁にいたり、長和元年（一〇一二）八月十一日に左大弁労八年によって播磨守に任官される（『御堂』）。同五年正月には、後任の藤原広成が播磨守に任官されている（『補任』）。『小右記』長和二年正月二十五日条には、公任の消息を受けた実資が、播磨国に赴任する説孝に餞として馬を送り届けたことがみえる。なお、説孝は守でありながら、本文書では「大介」としている。守が「大介」を称する類例としては、寛弘元年（一〇〇四）十月十四日の大江匡衡願文（「於尾張国熱田神社供養大般若経願文」『本朝文粋』巻十三、当時尾張守だったと思われる匡衡が「大介」を称す）や散位藤原為賢公験紛失状（寛弘二年七月二十九日）の国判（平―四四〇、山城守藤原孝忠が「大介」を称す）などがあげられる。

(16) 小目　本来の用字は「少目」。底本以下に従った。

【文書の位置づけ・機能】

本文書は、赤穂郡司に下された、有年庄の臨時雑役免除にかかわる播磨国符である。藤原公任家から播磨国に、焼亡した有年庄の「本公験」の再発行と司・寄人の臨時雑役の免除が申請されたことに対し、臨時雑役の免除を決定して通達したものである。荘園領主が寄人などの臨時雑役免除を申請する事例は他にもある（東寺伝法供家牒〈平―二四五〉など）が、本文書は火災による権利関係文書の焼失を契機とした免除の申請に基づく文書である点を特徴とする。

当該期の古記録や『群載』所収の文書によって、経緯を確認すると以下のようになる。契機となったのは、長和四年（一〇一五）四月十三日に藤原教通の三条邸が焼亡したことである（『御堂』、『小右記』）。この火災に際して、教通と同居していた藤原公任の所持品が多く失われ、その中には有年庄の公験も含まれていた。そこで十月十五日に公任は家牒（『群載』巻七・太皇太后宮大夫家牒）に田地の坪付や荘官・荘民の交名を添えて播磨国に送り、「代々相伝之処」として有年庄の土地支配権と雑役免除の確認・保障を求めた。十一月十三日に家牒が国衙に到来し、その三日後の十六日には国衙から赤穂郡に対し、このうちの臨時雑役免除を保障する国符が発給された（本文書）。

【関連史料】

『群載』巻七・太皇太后宮大夫家牒、同巻二十一・権中納言家家領右京七条三坊四坊家地券紛失状、『御堂』長和四年四月十三日条、『小右記』長和四年四月十三日条

【参考文献】

長山泰孝「臨時雑役の成立」（『律令負担体系の研究』塙書房、一九七六、初出一九六五）、阿部猛『律令国家解体過

程の研究』(新生社、一九六六)、義江彰夫「摂関家領相続の研究序説」(『史学雑誌』七六―四、一九六七)、坂本賞三『日本王朝国家体制論』(東京大学出版会、一九七二)、中野栄夫「王朝国家期における収取体系」(『律令制社会解体過程の研究』塙書房、一九七九、初出一九七五)、木村茂光「臨時雑役に関する一考察」(『日本初期中世社会の研究』校倉書房、二〇〇六、初出一九七六)、福島好和「荘園の展開」(『赤穂市史』一、一九八一)、森田悌「臨時雑役について」(『日本古代の耕地と農民』第一書房、一九八六、初出一九八五)、大津透「雑徭から臨時雑役へ」「雇役から臨時雑役へ」「院政期における臨時雑役の拡大」(『律令国家支配構造の研究』岩波書店、一九九三、初出一九九〇・九一・九一)

(井上　翔)

㊳国務条事

國務條[1]事

◇第一条

一、随身不与状并勘畢税帳事

不与状者、語勘解由主典、清書之。勘畢税帳者、就主[2]税寮得意判官・属、書写之。是皆蜜[3]々所[4]寫取也。但以件帳等、為後任勘済[5]公文也。

【校訂註】

(1)條…下に「々」を補(伴)、下に「々」あり(大)　(2)主税寮…「之税寮」(紅)、「之褪寮」〔「主税寮」と傍訂〕(伴)　(3)蜜…「密」(史・豊・大)、「蜜」〔「密」と傍書〕(伴)　(4)所…脱(紅・伴)　(5)済…「涺」(紅)、「泹」〔「済」と傍書〕(伴)

【書き下し】

国務条事[1]

一、不与状[2]并せて勘畢税帳[3]を随身する事

不与状は、勘解由主典に語り、之を清書す。勘畢税帳は、主税寮[4]の意を得たる判官・属に就きて、之を書写す。是皆蜜々に写し取る所なり。但だ件の帳等を以て、後任の勘済公文と為すなり。

【註】

(1) **国務条事** 新任国司の心得や、任地で行うべき政務・行事などを本条以下計四十二条にわたって書きあげている。この項目名について、巻二十二目録では諸本すべて「國務條々事」となっている。また本条でも伴本は「国務條事」に「々」を補っており、国史大系本も、おそらくそれをうけて「國務條々事」としている。ただし、目録と本文中の項目名が異なる例は他にも散見するところであり、また本条の写本においては、底本以下諸本で「國務條事」となっている。本書の成立した十二世紀前半において「条事」という表現が一般的に使用された語句である(「条事定」など)ことも勘案し、項目名は底本以下諸本にあるように「国務条事」とする。

(2) **不与状** 不与解由状のこと。官人の交替に際して、本来は不備なく交替事務が完了したことを証明する解由状が新任者から前任者に発給されるが、特に国司の交替に際して、九世紀以降官物や国内施設の欠負・無実の進行によって解由状が発給できない事態が生じた。そのため欠負・無実の状況と、解由状を発行できない旨を記した不与解由状が作成され、平安時代中期以降、次第に解由状に代わって交替書類として重要視されるようになった。

(3) **勘畢税帳** 本来は主税寮で勘会の終わった正税帳のこと。ただし、平安時代中期以降諸国正税の欠負未納の恒常化につれて税帳勘会も形骸化していくに伴い、主税寮は税帳勘会の結果、過去の欠負未納など問題となった部分

を指摘した正税返却帳を作成するようになった。しかし、補塡すべき過去の未納などを示す役割を持っていた正税返却帳は、やがて当任分の勘済を示すものとして扱われるようになり、受領の公文勘会に必要な文書として重視されるようになった。本条でいう「勘畢税帳」とはこの正税返却帳のことである（佐々木恵介「受領と日記」山中裕編『古記録と日記』下、思文閣出版、一九九三）。正税返却帳は主税寮から民部省への解の形式で作成され、民部省がそれに押署し国に送られた。現存する正税返却帳として承暦二年（一〇七八）の出雲国のものがある（平―一一六一）。

(4) **主税寮…書写す**　この部分は、「就主税寮」、「得意判官」、「属書写之」の四字句による構文を想定し、「主税寮に就き、意を判官に得、属之を書写す」と読み下すこともできる。ただしその場合、この前後の文章で必ずしも四字句による構文が意識されていないことが問題となる。また、前出の不与状は、勘解由主典が清書するとは読めないことを踏まえれば、勘畢税帳を主税属が書写するというのも不自然である。「不与状者」と「勘畢税帳者」、「清書之」と「書写之」が対応すると考えれば、「語勘解由主典」と「就主税寮得意判官属」は対になるため、「主税寮の意を得たる判官・属に就きて、之を書写す」と訓読した。

【内容と解釈】

本条は、勘解由主典や主税允・属に頼んで不与状と勘畢税帳を写させてもらい、それを任国に携行すべきことを述べている。

不与状と勘畢税帳はいずれも前司の不正を防止するとともに、新司が任期を終え任を離れる際に、自身の後任の国司との交替手続きを円滑に進めるためにも必要な文書であった。註(2)で述べたように、不与状は交替に際して作成されるものであった。よって「清書」する不与状とは、以前の国司同士の間で作成され勘解由使に提出された不与状ということになる。第二十条には現地での交替政において新司が前司から受け取るべき公文が記されているが、そこに「代々不与状」が含まれている。不与状を在京のうちに書写し携行していくのは、現地で「代々不与状」と照合するためであったと考えられる。

一方、税帳に関しては十世紀後半以降、毎年行われるべき税帳勘会が任終年もしくは得替後にまとめて行われるようになっていた。本条も、おそらくこのような実態を踏まえて、交替手続に備えて勘畢税帳、つまり一年ごとではなく任期全体を対象とした正税返却帳を書写するとしている。

さらに注目されるのが、受領功過定の審査項目の変化である。寺内浩氏によると、十世紀後半以降、受領功過定において実態に即した新しい審査項目が設定され、従来からの審査項目が形骸化するのに対し、勘解由勘文（不与状の審査に関する文書）だけは審査され続けた。しかし、それすらも十一世紀に入ると意味を失っていったと考えられており、これらの変遷を踏まえると、不与状と勘畢税帳を写して現地まで携行するという本条の心得は十一世紀以前の様子を反映したものかもしれない。

【関連史料】

上野国交替実録帳（『群馬県史』資料編四・原始古代四、平―四六〇九）、出雲国正税返却帳（平―一一六一）

【参考文献】

佐々木恵介「受領と日記」（山中裕編『古記録と日記』下、思文閣出版、一九九三）、寺内浩「大帳・正税帳制度の解体」（『受領制の研究』塙書房、二〇〇四、初出一九九四）、同「受領考課制度の変容」（同上書、初出一九九七）、鈴木一見「勘出の申請と出雲国正税返却帳」（羽下徳彦編『中世の社会と史料』吉川弘文館、二〇〇五）、『「出雲国正税返却帳」を中心とした平安時代中期財政と公文勘会の研究』（平成十七年度〜平成十九年度科学研究費補助金（基盤

研究（C)）研究成果報告書、研究代表者：大日方克己、二〇〇八）

（吉松　大志）

◇第二条

一、[1]赴任國吉日時事

新任之吏赴任國之[2]時、必擇吉日時可下向。但雖[3]云吉日、世俗之説、降雨之日尤忌之。出行亦改吉日、更出行耳。是任人情非有必定。

【校訂註】

(1)↓補註　(2)之…「定」（「之」に重書）（紅）、「定」（伴）　(3)雖…「雖」（「雖」と傍書）（葉）、「難」（紅・東・伴・大）

（補註）

紅本は書き出しが「一、赴任之吏赴任國…」となっており、事書がない。おそらく紅本の書写をおこなった人物が、親本の「一、赴任」までを写したところで次行の「任」に目移りをし、続けて「之吏赴任國…」と書いてしまったためにこのような状態となっているのであろう。一方伴本はまず紅本と同じ文を書き、そのうえで一行目の右に「一、赴任國吉日時事」を補っている。そして「一、赴任之吏赴任國…」の「一」を抹消し、「赴」に「新」と傍書して、他本の本文と同じ文章に訂正している。

【書き下し】

一、任国に赴く吉日時の事

新任の吏任国に赴くの時、必ず吉日時を択び下向すべし。但し吉日と云ふと雖も、世俗の説、降雨の日尤も之を忌む。出行も亦[1]吉日を改め、更に出行するのみ。是人情に任せ必定有るに非ず。

【註】

(1)　吉日を改め　別の吉日を選び直すこと。

【内容と解釈】

本条によると、任国への出発にはよい日時を選ぶが、出発が雨になった場合には吉日を選び直して出発するべきだという。ただし、最終的には赴任する者の判断によって定式はないことも述べられている。

吉日時については第七・九・十一条など国務条事の多くの条文にあり、第九条では在京中に陰陽師に選定させておくものとされている。古記録には受領がどの時刻に出発したかが記されている記事が散見する。例えば『小右記』寛仁三年（一〇一九）二月二十七日条には遠江守藤原兼成が「明日辰剋赴任」とあり、翌二十八日には「遠江守兼成朝臣辰時赴任、暁更令申無陰陽師禄袴之由、付使遣之」とある。実資は赴任前日に兼成の出発時刻を知り、当日に必要な物資を送っており、こういった情報は広く当時の貴族層の知るところとなっていた。

また『群載』巻十五には、陰陽寮官人が国司赴任やその後の諸務の吉日時を勘申した文書が見える。これによると、「出門日時」と「進発日時」に別々の吉日時が記載されている。国司が任国へ出発するに際しては、出門の儀と実際の進発が別々の日に行われたようである。

出門の儀と進発の様子については『時範記』に詳しい。時範はまず山城介頼季の家に向かい、吉方とされた門において陰陽師らとともに出門の儀を行った。続いて神宝を先頭に武士をしんがりにして京内を進み、任国である因幡国へ進発した。実際には出門の儀の数日後に出発する場合も多かったようであるが、時範は出門の儀のあとそのまま進発し、任地に向かったようである。

【『時範記』との対応】

○承徳三年（一〇九九）二月九日条

辰剋向山城介頼季宅。自此家可出門之故也〈申方門〉。巳剋前少将・信濃権守・相模守・参河権守・進蔵人被来。聊羞小饌。同剋丹後守進発。頃之大炊頭光平来臨。依可反閇也〈丹州相兼〉。次出門。陰陽師在前。次下官。宿袍〈薄色指貫〉、取笏着深沓、在前〔衍カ〕、乗馬〈黒毛〉在傍。弁侍在予後。閇反〔反閇〕。了参河権守取禄〈女装束一具〉与光平。次出自申方門。神宝在前〈小櫃二合、有柄〉。荷丁一人着退紅色狩衣・褌等持之。行事時兼前行。共〔供〕人并送人々、進蔵人被相送。次弁侍、次下官、次引馬武士。自大宮南行、自六条西折、自朱雀南行、自七条西行、於西七条辺撤衣冠着布衣。今日出門直以進発也。

（吉松　大志）

【関連史料】

『群載』巻十五・賀茂家栄下向任国雑事日時勘文、『小右記』寛仁三年二月二十七日・二十八日条

【参考文献】

坂本太郎「上代駅制の研究」（『坂本太郎著作集』第八巻、吉川弘文館、一九八九、初出一九二八）、土田直鎮「国司の任国下向と総社」（『古代の武蔵を読む』吉川弘文館、一九九四、初出一九六四）、村井康彦『平安貴族の世界』（徳間書店、一九六八）

◇第三条

一、出行初日、不可宿寺社事

世俗説云、不食素[1]餅、不聴[2]凶事、不宿[3]寺中、不寄社[4]頭云々。但今世之人、只[5]随氣色耳。

【校訂註】

(1)素…「素」〔「索」と傍書〕(伴)、「索」(大)　(2)聴…「愁」(紅)、「愁」〔「聴」と傍書〕(伴)　(3)宿…脱(紅)、脱〔「宿」を補〕(伴)
(4)社…「初」〔「社」と傍書〕(伴)　(5)只…「亦」(紅・東・伴・大)

【書き下し】

一、出行の初日、寺社に宿すべからざる事
世俗の説に云はく、素餅[(1)]を食さず、凶事を聴かず、寺中に宿さず、社頭に寄らずと云々。但し今世の人、只気色に随ふのみ。

【註】

(1)　素餅　伴本の傍書と国史大系本のみ「索餅」とし、他の諸本はみな「素餅」とするが、「素餅」なる食物は他の史料には見えない。索餅《さくべい》は古代の史料にもよく見られる食物であるので、おそらく祖本には「索」とあったものが書写の過程で誤って「素」となってしまったのであろう。以下、索餅について述べる。
索餅とは小麦粉などを練り合わせて、なわの形にねじったもので、茹でて食したとされる(油で揚げたとする説もある)。『和名抄』には「無木奈波」とある(巻十六・飲食部〈二十巻本〉)。古代では祝い事の食品として用いられ、朝廷でも正月の節会や内宴などで食され、また七月七日に瘧病除けのために索餅を食す民間行事が朝廷でも採用されたとされる。
このように索餅は晴れの場で食されるものであるにもかかわらず、本条では国司の赴任初日に食するのを避けるべきものとして挙げられている。『玉葉』にも「嫁娶之後三年、不取入索餅於家中云々」と、嫁を娶ってから三年の間は索餅を家の中に入れないとする説が見られ(治承四年〈一一八〇〉七月七日条)、本条と同様に索餅を忌避すべき対象として扱っている。平安後期~鎌倉初期において、このような認識があったことは確かであるが、なぜこのような認識に至ったのか、詳細は不明である。後考に俟ちたい。

　また足立勇氏は、索餅は索麺《さくめん》のことで、それが音便によって素麺《そうめん》となったとしており、また諸々の史料においても江戸時代頃から索餅と素麺は混同されたようである。本条における「素」と「索」の混乱もそのような状況を反映したものかもしれない。


【内容と解釈】

　任国への出発初日には寺社に宿泊してはならないと一つ書きにはあるが、本文では素（索）餅を食べること、凶事を聞くこと、寺に宿泊すること、神社に寄ることを忌避すべき行為とする「世俗の説」があげられている。ただし、今の世の人はその時の個人の意向に随うとあって世俗の説は厳守すべきものとまではされておらず、第二条と同様、実際には臨機応変な対応がなされたと思われる。

　『時範記』によると、時範は出発初日の晩に山崎に宿し、八幡宮の別当から饌を受けているが、八幡宮の境内に立ち寄った様子はない。あるいはこれも本条にみえるのと同様の意識にもとづき、社頭に近づくことを避けたためかもしれない。


【『時範記』との対応】
○承徳三年（一〇九九）二月九日条
　今日出門直以進発也。未剋宿山埼。八幡別当設饌。


【参考文献】

須田昭義「索餅というもの」（『人類学雑誌』六〇―一、一九四八）、土田直鎮「国司の任国下向と総社」（『古代の武蔵を読む』吉川弘文館、一九九四、初出一九六四）、関根真隆『奈良朝食生活の研究』（吉川弘文館、一九六九）、山中裕『平安朝の年中行事』（塙書房、一九七二）、櫻井秀・足立勇共著『日本食物史』上（雄山閣出版、一九七三）、木村茂光「日本古代の索餅について」（木村編『粉食文化論の可能性（ものから見る日本史　雑穀Ⅱ）』青木書店、二〇〇六）

（吉松　大志）

◇第四条

一、出京・關[1]間、奉[2]幣[3]道[4]神事

出京之後、所宿之處、蜜[5]々奉幣[6]道[7]神。即令[8]行[9]願途中平安之由。

【校訂註】

(1)關…「開」〔「關」「開」と傍書〕（伴）　(2)奉…脱〔「奉」を補〕（伴）　(3)幣…「弊」（紅）　(4)道…下に「祖」を補（伴）、下に「祖」あり（大）　(5)蜜…「密」（史・豊・伴・大）　(6)幣…「弊」（紅）　(7)道…下に「祖」を補（伴）、下に「祖」あり（大）　(8)令…「今」〔「令」と傍訂〕（伴）　(9)行…「行」〔「祈」と傍書〕（伴）、「祈」（大）

【書き下し】

一、京[1]・関を出づる間、道[2]神に奉幣する事

京を出づるの後、宿る所の処、蜜々に道神に奉幣す。即ち途中平安の由を行願せしむ。

【註】

(1)　京・関　事書きは「出京・関間」、事実書きは「出京之後」とするが、いずれにしても京の境界や、任国に至るまでに通過する境界のことを指すと考えられる。なお、京周辺の境界について、十世紀に和迩・会坂・大枝・山

崎で行う四堺祭が成立し、平安京を中心とする新たな境界認識が形成されたことも指摘されている（仁藤智子「古代における王権の空間認識」『平安初期の王権と官僚制』吉川弘文館、二〇〇〇）。その中でも、相坂山は古くから手向けの山とされ、境界における道神への奉幣の好例と考えられる。

(2)

道神　『和名抄』はタムケノカミと訓じ、道祖（サヘノカミ）・岐神（フナトノカミ）とともに挙げる（巻二・鬼神部〈二十巻本〉）。さえぎりとめる神である。『万葉集』四〇〇九番では「美知能可味多知（道の神たち）」とあり、この頃には特定一神でないことがうかがえるが、平安末から中世にかけて道祖神として統合されていく。また、道祖神信仰の原点は、七世紀後半に百済から輸入した都城祭祀の道饗祭ともされている（平川南「道祖神信仰の源流」『国立歴史民俗博物館研究報告』一三三、二〇〇六）。

【内容と解釈】

京を出た後、境界や宿泊する所々で密々に道神へ奉幣し、道中の平安を祈るべきことが記されている。

当時の旅には病気・怪我・事故や強盗、闘乱等がつきものであり、道中の安全祈願は広く行われていた。このことは旅路を詠んだ和歌からも分かり、菅原道真の歌に「このたびは　幣もとりあえず　たむけ山　紅葉の錦　神のまにまに」（『古今集』四二〇番）、『土佐日記』承平五年（九三五）正月二十六日に「わたつみの　道触りの神に　手向する　幣の追風　止まず吹かなむ」とあり、道神への奉幣は旅と深く結びついた風習であったといえよう。

【関連史料】

『和名抄』巻二・鬼神部（二十巻本）、『万葉集』四〇〇九番、『古今集』四二〇番、『土佐日記』承平五年正月二十六日

【参考文献】

大久間喜一郎「道陸神の影」(『国学院雑誌』七〇―一〇、一九六九)、倉石忠彦「古代の境界認識」(『道祖神信仰の形成と展開』大河書房、二〇〇五、初出一九九七)

(宮川　麻紀)

◇第五条

一、制止途中闘乱事

新任之吏、赴向任[1]國之間、郎等・従類之中、或奪取[2]人・物、或闘[3]乱同僚[4]。仍郎[5]等之中[6]、撰定清[7]廉勇士、令制止件事。

【校訂註】

(1)任…「他」(「任〈一本〉」と傍書)(史)、「他」(豊)　(2)取…「所」(伴)　(3)闘…「國」(紅)、「国」(「闘」と傍書)(伴)　(4)僚…「僚」(「僚」と傍書)(伴)　(5)郎…「即」(伴)　(6)中…「旨」(紅)、「旨」(「中」と傍訂)(伴)　(7)清…「請」(紅・東)、「請」(「清」と傍書)(伴)

【書き下し】

一、途中の闘乱を制止する事

新任の吏、任国へ赴き向かふの間、郎等[1]・従類[2]の中、或は人・物を奪取し、或は同僚と闘乱す。仍て郎等の中、清廉なる勇士を撰定し、件の事を制止せしむ。

【註】

(1) 郎等　早くは寛平元年(八八九)宇佐八幡宮行事例定文(平―四五四九)に見えるが、その存在が確実になるのは十世紀以降で、『土佐日記』承平四年(九三四)十二月二十六日などに登場する。その性格については、国司の私的な従者とする説や、国司に配された半官人的存在とする説など、意見が分かれる。
十世紀頃には受領の郎等が所目代や国使に配され、国司の私的権力機構の担い手となった。永延二年（九八八）尾張国郡司百姓等解の第十六・二十七条には、彼らの武力を伴う徴税行為が描かれている。こうした郎等には、十一世紀初頭まで諸国の介・掾クラスが多く任じられ、畿内では刀禰など在地有力者も多かった。十一世紀中・末期になると、中央官の肩書きを持つ者が増え、やがて在庁官人により排除されていった。

(2) 従類　『将門記』や尾張国郡司百姓等解の第七・三十条にも見える。従類には、指揮者に農業経営を通じて従属する農奴的なものと、都市へ流入して「不善之輩」と称された傭兵的なものとがあった。このうち、国衙の官吏として雇用されたのは後者である。尾張国郡司百姓等解の従類はその好例であり、伴類と総称される有官散位の官人等に指揮された。本条の従類も郎等に率いられ、同様の役割を担ったであろう。

【内容と解釈】

赴任の道中に人や物を強奪したり、同僚と闘乱を起こしたりする郎等・従類も多かった。そのため、郎等の中から品行方正な勇者を選び、その制止に当たらせるべきことを記している。

第四十一条も武芸に秀でた者を随身すべきことを記しており、郎等には国司の私的武力としての役目もあった（石井進「中世成立期の軍制」『石井進著作集』第五巻、岩波書店、二〇〇五、初出一九六九・七二）。しかし、その武力のために郎等同士の闘争も生じ、本来それを制止すべき郎等まで闘争の中心となる事態がしばしば起きた（『今昔』二十五―四）。古記録には、肥後守為愷が郎等に殺害された事件も見える（『小右記』寛弘二年〈一〇〇五〉八月五日条）。

【関連史料】

『今昔』二十五―四、『小右記』寛弘二年八月五日条

【参考文献】

松本彦次郎「郎等について」（『日本文化史論』河出書房、一九四二、初出一九〇九）、林屋辰三郎「院政と武士」（『古代国家の解体』東京大学出版会、一九五五、初出一九五一）、吉田晶「平安中期の武力について」（『ヒストリア』四七、一九六七）、石井進「中世成立期の軍制」（『石井進著作集』第五巻、岩波書店、二〇〇五、初出一九六九・一九七二）、飯沼賢司「王朝国家期の地方支配に関する一考察」（『早稲田大学大学院文学研究科紀要』別冊七、一九八一）、久保田和彦「国司の私的権力機構の成立と構造」（『学習院史学』一七、一九八一）、中原俊章「在庁官人制の成立と展開」（『中世王権と支配構造』吉川弘文館、二〇〇五、初出一九八三）、日露野好章「「従類」考」（『湘南史学』一二、一九九一）、森公章「国務運営の諸相と受領郎等の成立」（『在庁官人と武士の生成』吉川弘文館、二〇一三、初出二〇〇六）、

（宮川　麻紀）

◇第六条

一、前使立[1]吏幹[2]勇堪郎等一両人、令點定夕宿所事

追[3]前途之間、自経日月、若無支度[4]到晩景[5]、則自有不合事。仍前立件[6]郎等一両[7]、可令點[8]定夕宿。若有不合事者、一人還来可申事由。即[9]為[10]途中用意也。但點[11]所々[12]間、不可致[13]隣里之愁。又随[14]形[15]進[16]止耳[17]。

【校訂註】

(1)立…「直」〔「立」と傍書〕（伴）(2)幹…「誇」（紅）、「誇」〔「幹」と傍訂〕（伴）(3)追…「追」〔「進」と傍書〕（伴）、「進」（大）(4)

支…脱（東）、「支」（「支」と傍書）（伴）⑸到…「至」（伴・大）⑹前…「若」（「前」と傍訂）（東）⑺両…下に「人」あり（伴・大）⑻點…「黙」（伴）⑼即…「郎」（史）⑽為…「有」（紅・伴・大）⑾點…「黙」（「點」と傍書）（伴）⑿々…「々」（「之」と傍書）（伴）、「之」（大）⒀致…「然」（底・葉・史・豊）、「既」（紅）、「既」（「致」と傍書）（伴）⒁又…「文」（「又」と傍書）（伴）⒂形…「乱」（紅・大）、「乱」（「形」と傍書）（伴）⒃進…「近」（紅・東）、「近」（「進」と傍書）（伴）⒄耳…「畢」（史・豊）

【書き下し】

一、前に吏幹[1]にして勇堪なる郎等一両人を立てしめ、夕の宿所を点定せしむ事

前途を追ふの間、自ら日月を経るに、若し支度無くして晩景に到れば、則ち自ら合はざる事有り。仍て前に件の郎等一両を立て、夕の宿を点定せしむべし。若し合はざる事有らば、一人還り来たりて事由を申すべし。即ち途中の用意を為すなり。但し所々を点ずる間、隣里の愁を致すべからず。又形に随ひ進止するのみ。

【註】

⑴　吏幹　官吏たるに十分な才幹。官吏としての優れた才幹。

【内容と解釈】

郎等一～二人を先行させ、宿泊場所を定めさせるべきことを記す。その際、宿が見つからないなど不都合が生じても、先行者の一人が帰って報告すれば、受領等は他に宿を探すなり食事の用意をするなり、備えることができるとしている。また、宿を探す際には、隣里を煩わせてはならないこと、形式に随って行うことも述べている。

『時範記』には、路次の国司が鋪設した駅家や仮屋などに宿泊した事例が見える。もともと八世紀には、国司館が宴の場や宿所として使用されており、『万葉集』三九五六番に大目の館の「客屋」が見える。また、上野国交替実録帳によれば、郡司館にも「宿屋」「向屋」など宿泊・饗宴の空間があり、国司館と同様の役割を担っていたと考えら

れる。
また、本条は第五条とともに、郎等の性格を物語る史料でもある。第四十・四十一条では、受領が能書の者や武芸堪能な者を従者とすべきことを記しており、郎等も各自の能力により任用されたと考えられる。そうした郎等の中には、『新猿楽記』の四郎君のように交通・運輸部門に能力をもつ者もおり、彼らは赴任・帰京時の交通や宿泊場所の手配に大きな役割を果したであろう。

【『時範記』との対応】

○承徳三年（一〇九九）二月九日条
未剋宿山埼。八幡別当設饌。
○二月十日条
申剋宿摂州武庫郡河面御牧司宅。摂津守送馬・酒肴等、兵衛大夫行季送酒。
○二月十一日条
申斜着播磨明石駅家。国司被儲饗饌・菓子・蒭秣等。
○二月十二日条
未剋着高草駅家。国司鋪設、被送粮米・蒭秣等。今日寒風懍烈、軽砂坐飛。入夜国司被送馬一疋。
○二月十三日条
申剋宿佐余〔用〕。国司被送粮米・蒭秣等。
○二月十四日条
未剋着美作国境根仮屋。国司被儲之。亦有饗饌・蒭秣等。以使者令〔問カ〕而故実於官人等。官人在宮人原云々。入夜使還来。

【関連史料】

『万葉集』三九五六番、上野国交替実録帳（『群馬県史』資料編四・原始古代四、平―四六〇九）、『新猿楽記』

【参考文献】

石井進「中世成立期の軍制」（『石井進著作集』第五巻、岩波書店、二〇〇五、初出一九六九・七二）、飯沼賢司「王朝国家期の地方支配に関する一考察」（『早稲田大学大学院文学研究科紀要』別冊七、一九八一）、久保田和彦「国司の私的権力機構の成立と構造」（『学習院史学』一七、一九八一）、鬼頭清明「国司の館について」（『国立歴史民俗博物館研究報告』一〇、一九八六）

（宮川　麻紀）

◇第七条

一、撰吉日時入境事

在京之間、未及吉日時者、逗留邊下。其間[1]、官人・雑[2]任[3]等慮外来着、令申事由者、随形[4]召上、可問[5]國風。但可随形[6]、専不可云無益事。外國之者、境迎[7]之日、必推量[8]官長之賢愚。

【校訂註】

(1)間…「國」（史・豊）　(2)雑…「難」（紅・東）、「難」〔「雑」と傍書〕（伴）　(3)任…「任」〔「仕」と傍書〕（伴）、「仕」（大）　(4)形…「乱」（紅・伴・大）　(5)問…「間」（底・葉・東）、「聞」（史）　(6)形…「乱」（紅・大）、「乱」〔「形」と傍書〕（伴）　(7)迎…「遷」〔「迎〈一本〉」と傍書〕（史）、「遷」（豊）　(8)推量…「権景」（東）

【書き下し】

一、吉日時を択びて境に入る事

在京の間[1]、未だ吉日時に及ばざれば、辺下[2]に逗留す。其の間、官人[3]・雑任等慮外に来着し、事由を申さしめば、形に随ひ召し上げ、国風を問ふべし。但し形に随ふべくして、専ら無益の事を云ふべからず。外国の者は、境迎[4]の日、必ず官長[5]の賢愚を推量す。

【註】

(1) **在京の…逗留す** やや意味がとりにくく、脱文が存するか。【内容と解釈】参照。

(2) **辺下** ここでは国境の辺りの意味。『時範記』によると、平時範は境迎の前日に美作国の境根の仮屋で饗応を受けているが、この境根の地が本条の辺下にあたる。

(3) **官人・雑任等** いわゆる在庁官人や、その下で働く書生など、在国の官人ら全般を指す。

(4) **境迎**《さかむかえ》 「坂迎」とも書く。新司の任国への到着に際し在庁官人たちが国境で出迎え、両者が対面する儀式。その後に饗宴も行われる（『今昔』二十八―三十九）。

(5) **官長** 官司の長官。ここでは受領のこと。

【内容と解釈】

本条は、任国の国境に臨むに際しては吉日・吉時を選ぶべきことを指示するものである。また、吉日を待つ間に在庁官人たちが不意に到来してしまった場合はその国の風土・風習を尋ねること、その際には作法に則って応対し、余計なことは口にせず、彼らに悪印象を与えないことが重要であることも述べる。

冒頭の「在京之間、未及吉日時者、逗留辺下」の部分は、このままでは文意が通じにくい。あくまで推測ではあるが、脱文が存し、本来は「在京中に吉日・吉時を選定しておき、国境に到着してもその日時に達しないときは付近で待機する」といった意味だった可能性を指摘したい。在京中にあらかじめ吉日・吉時を選定しておいたことは、『群載』巻十五・賀茂家栄下向任国雑事日時勘文から知られる（第二・九条なども参照）。『師記』にも「仍殊選吉日可入境着府并神拝」と見え、当時の受領たちの認識がうかがわれる（寛治二年〈一〇八八〉八月一日条）。

『時範記』を参照すると、平時範は境迎の前日に美作国の境根の仮屋に至り、そこで饗応を受けつつ使者を派遣して、「宮人原」に参集してきた在庁官人たちに「故実」を尋ねさせている。使者を介してではあるが、境迎に先立ち任国の慣例を確認していることは、本条の内容に対応する。

また『今昔』二十五―五の冒頭には、陸奥国の武士たちは前々の国守たちのことは軽んじていたのに、新司藤原実方中将は高貴な公達であったため厚く饗応し、昼夜の宮仕えも怠らなかったとある。これは在国者が受領の資質に応じて態度を変化させた実態を反映したものであり、だからこそ受領は在庁官人たちへの対応に気を配る必要があったのである。

【『時範記』との対応】

○承徳三年（一〇九九）二月十四日条

未剋着美作国境根仮屋。国司被儲之。亦有饗饌・蒭秣等。以使者令〔問カ〕而故実於官人等。官人在宮人原云々。入夜使還来。

【関連史料】

『群載』巻十五・賀茂家栄下向任国雑事日時勘文、『師記』寛治二年八月一日条、『今昔』二十五―五

【参考文献】

土田直鎮「国司の任国下向と総社」（『古代の武蔵を読む』吉川弘文館、一九九四、初出一九六四）、村井康彦『平安

貴族の世界』（徳間書店、一九六八）

（山本　祥隆）

◇第八条

一、境迎[1]事

官人・雑[2]任[3]等、任[4]例来向。或[5]國随身印鎰参向、或國引率[6]官人・雑任[7]等参會。其儀式随土[8]風而已。参着[9]之間、若當悪日者、暫返國廳、吉日領之。

【校訂註】

(1)迎…「遷」〔「迎〈一本〉」と傍書〕（史）、「遷」（豊）　(2)雑…「難」（紅・東）、「難」〔「雑」と傍書〕（伴）　(3)任…「任」〔「仕」と傍書〕（伴）、「仕」（大）　(4)任…脱（東）　(5)或…「戚」〔「或」と傍訂〕（豊）　(6)率…「卒」（伴・大）　(7)任…脱（葉）、「仕」（大）　(8)土…「出」（紅）、「出」〔「土」と傍書〕（伴）　(9)着…「差」（葉）

【書き下し】

一、境迎[1]の事

官人[2]・雑任等、例[3]に任せて来向す。或る国は印鎰[4]を随身して参向し、或る国は官人・雑任等を引率して参会す。其の儀式は土風に随ふのみ。参着の間、若し悪日に当たらば、暫く国庁[5]に返し、吉日之を領す。

【註】

(1)　境迎《さかむかえ》　第七条註(4)参照。

(2)　官人・雑任等　第七条註(3)参照。

(3)例　各国で古くより行われている慣例。下文の「土風」に同じ。

(4)印鎰《いんやく》　本来的に、国印および正倉のカギを指す。天延二年（九七四）に尾張国の百姓が国守藤原連貞を排斥し藤原永頼を迎え入れた際、永頼宅に印鎰を随身している（『紀略』五月二十三日条）ことに端的に表れているように、国司の権威・権力の象徴としての意味を有する。印を納める櫃のカギとする見解もあるが（牛山佳幸「印鑰神事と印鑰社の成立」『日本中世の黎明』京都大学学術出版会、二〇〇一、初出一九七八・八三、佐藤泰弘「倉印と受領の執印」『【小さき社】の列島史』平凡社、二〇〇〇、初出一九九六など）、櫃のカギは「匙」と表記されるのが一般的である（宮原武夫「不動倉の成立」『日本古代の国家と農民』法政大学出版局、一九七三、初出一九六一）点にも注意を要する。ただし、正税・正倉の形骸化にともなって、印櫃のカギと見なされることもあったか。第十一・十七条も参照。

(5)国庁　本来的には、国府の中核をなす官舎。正殿の東西に脇殿を持つコの字型配置を基本型とし、国司の政務・儀式の場となった。ただし国務が国司館で執られるようになるのに伴い十世紀以降は廃絶に向かったと考えられているため、実態としては国司館を中心として再編成された国務執行機関を指すとみられる。『今昔』二十六―五では「庁」と「館」が同義で用いられており、国司館そのものを指す場合もあったと考えられる。

【内容と解釈】

本条は、在庁官人たちが新たな支配者たる新司を出迎える儀式である境迎に関するものである。その次第は国により異なり、その国の慣例にしたがうとする。

「参着之間」以下はやや難解であるが、「領」を印鎰の受領と解せば、境迎の際に印鎰授受を行うことが慣例となっている国でも、もし悪日に当たった場合は行わずに吉日に改めて受領する、という意味で解釈できる。ただし、国務条事では第十一条に印鎰受領のことが記されており、また『時範記』でも惣社西舎に着いたのちに行われていることから、境迎の時点では印鎰受領を行わない方が一般的だったか。

『時範記』には、境迎について以下の描写がある。受領の平時範が束帯・帯剣姿で「鹿跡御坂」に臨み、下馬し峰の上で西を向く。在庁官人たちは峰の下で南を向き整列する。まず神宝がもたらされ、そののち官人たちが一人ずつ名乗りをあげる。それに応じて時範も官人たちに揖（笏を取り会釈すること）を返した。

なお、境迎には饗宴も付属した。『時範記』においても智頭郡の駅家に移動したのちに行われているが、そこで時範は先例にならい、饌の「退」（おろしもの、おさがりの意味か）を智頭郡司に与えている。また『今昔』二十八―三十九では境迎の饗宴において、信濃国の風習として国内で多くとれる胡桃をつくした饌が設けられており、さらには万事に通じた古老たる介が「この国では胡桃をすり入れた古酒を新司に進めるのが古くからの習わしである」と語り、守に盃を強要している。諸事に国ごとの慣習が存在したこと、受領はそれに従わねばならなかったことがうかがわれる。

【『時範記』との対応】

○承徳三年（一〇九九）二月十五日条

卯剋着束帯々劔〔剣〕、騎黒毛馬越鹿跡御坂。未出峯下馬、立峯上、西面。官人以下立峯下、南面。先是神宝前行、〔々脱カ〕事相従。弁侍在下官後。称前官人以下称籍。次下官揖官人。次騎馬。官人騎馬先行、弁侍在下官後、僕従等在其後。巳剋至于智頭郡駅家、簾中居饌。先食餅、〔次カ〕先啜粥、以其退給智頭郡司、依先例也。

【関連史料】

『今昔』二十八―三十九、『紀略』天延二年五月二十三日条

【参考文献】

土田直鎮「国司の任国下向と総社」(『古代の武蔵を読む』吉川弘文館、一九九四、初出一九六四)、村井康彦『平安貴族の世界』(徳間書店、一九六八)、佐藤宗諄「古代末期の国府」(「シンポジウム「古代の国府」」『国立歴史民俗博物館研究報告』二〇、一九八九)、佐藤信「宮都・国府・郡家」(『日本古代の宮都と木簡』吉川弘文館、一九九七、初出一九九四)、同『古代の地方官衙と社会(日本史リブレット　八)』(山川出版社、二〇〇七)

(山本　祥隆)

◇**第九条**

一、擇吉日時入舘事

着[1]舘日時[2]、在京之間、於[3]陰陽家令撰定。若卒[4]去[5]吏[6]替之時、或改居所可々[7]。

【校訂註】

(1)着…「箸」(伴)　(2)時…「特」(東)　(3)於…「出」(「於」と傍書)(伴)　(4)卒去…脱(東)　(5)去…「市」(紅)、「市」(「去」と傍書)(伴)　(6)吏…「交」(史・豊・大)　(7)々…脱(紅・伴)、「也」(大)

【書き下し】

一、吉日時を択びて館[1]に入る事

着館の日時は、在京の間、陰陽家に於て撰定せしむ。若し卒[2]去の吏替はるの時、或は居[3]所を改むるは可とすべし。

【註】

(1)　館　国司館。本来は国司の居館であったが、早く八世紀段階で種々の饗宴が行われていた様子がうかがわれ

（『万葉集』四二五〇番など）、九世紀以降は官舎帳に載せられるようになるなど（『三代格』巻七・弘仁五年〈八一四〉六月二十三日官符）、徐々に国庁に替わり国務執行の場となっていった。

(2) 卒去の吏替はるの時　前司の死去により国司が交替する時の意。このような場合、新司が死穢を嫌って国司館を建て替えることがあった。【内容と解釈】参照。

(3) 居所　ここでは国司館のこと。

【内容と解釈】

本条は、国司館への入館には吉日・吉時を選ぶべきことを述べる。その日時を在京中にあらかじめ選定しておくことは、第二・七条などと同様である。

『時範記』によると、平時範は境迎の饗宴ののち一旦「惣社西仮屋」で饗応を受け、それから「惣社西舎」に入っている。この「惣社西舎」において請印の儀や印鎰授受が行われており、「惣社西舎」が国司館に該当する可能性がある。ただし青木和夫氏は、この後に時範が着した「府」を国司館とみなしている（第十条の【内容と解釈】参照。）

また本条後半では、前司の死去に伴う交替の際には居館を改めることが可能であるとの見解が示されている。一方『三代格』巻七・弘仁五年（八一四）六月二十三日官符では、「百姓労擾莫不由此」との理由でみだりに国司館を増改築することを禁じている。特に同官符の引く天平十年（七三八）五月二十八日格（『続紀』は天平十五年にかける）は、国司たちが増改築の理由を死穢の忌避に求めることを直接指弾しており、本条とは正反対の内容を持つ。たびたび禁令が発せられながらもそれが必ずしも遵守されず、実際にはしばしば国司館の増改築が行われ、またそのような傾向は時代を下るにつれて強まっていったものと推察される。

【『時範記』との対応】
○承徳三年（一〇九九）二月十五日条
入夜着惣社西仮屋、依例儲酒肴。于時戌剋、着束帯着惣社西舎〈騎馬〉。（中略）次着府。

【関連史料】
『群載』巻十五・賀茂家栄下向任国雑事日時勘文、『三代格』巻七・弘仁五年六月二十三日官符、『万葉集』三九四三～五六番・四二五〇番

【参考文献】
鬼頭清明「国司の館について」（『国立歴史民俗博物館研究報告』一〇、一九八六）、佐藤信「宮都・国府・郡家」（『日本古代の宮都と木簡』吉川弘文館、一九九七、初出一九九四）、同『古代の地方官衙と社会（日本史リブレット八）』（山川出版社、二〇〇七）

（山本　祥隆）

◇**第十条**

一、着舘日、先令奉行任[1]符事
着國之日、先有此事。其儀、或[2]先[3]新[4]司以任符授目[5]、目召史生令廳覧、々畢長官以下登時奉行。

【校訂註】
(1)任…脱〔「任」を補〕（東）(2)或…「式」（史・豊・大）(3)先…「光」〔「先歟」と傍書〕（底・葉）、「光」（東）(4)新…「雑」〔「新」と傍書〕（葉）(5)目…「因」〔「国」と傍訂し、それを「目」と傍訂〕（伴）

【書き下し】

一、館(1)に着する日、先づ任符(2)を奉行せしむる事

国に着するの日、先づ此の事有り。其(3)の儀、或は先づ新司任符を以て目に授け、目史生を召し庁覧(4)せしめ、覧じ畢りて長官(5)以下登時《すなはち》奉行す。

【註】

(1) 館　国司の館。本来は国司の居館であったが、徐々に国務執行の場ともなっていった。第九条註(1)参照。

(2) 任符を…しむる　任符は国司など外官の任官に際して出された太政官符で、給与支給などの点で任符の到着が国司交替の基準とされた。赴任時の路次の国々での供給や本条のような着任の儀式で必要なため、新任の国司はこれを携えて任地まで赴いた（㉑文書註(2)参照）。任符を奉行するとは、赴任先の国司が新司の持参した任符の文面を確認し、それを受け入れること、その官符に従うことをいい、任符の奥に赴任先の国司がそれぞれ署名を加え、次いで国印を捺すことがその具体的行為であると考えられる。郡司の任符ではあるが、永保三年（一〇八三）六月七日太政官符（平―一二〇〇）には大介と介の花押および安芸国印が残っており、そうした「奉行」の実例とみなされる（市大樹「国司任符に関する基礎的考察」『古文書研究』四七、一九九八）。

(3) 其の儀、或は　大系本などは「或」を「式」とするが、底本以下の主要な写本は「或」に作る。ここでは底本に従って「或」とする。第十一条でも「儀」の下の字で「或」と「式」とに写本間で異同があるが、同様の理由で「或」を採る。

(4) 庁覧　中央では、内印を捺印すべき文書を上卿が太政官庁において閲覧することが「庁覧」と呼ばれている（『江家次第』巻十八・庁覧内文）。このことを念頭に置けば、この場合も国衙の政庁（本来は国庁）で長官以下

が任符を確認することであろう。【内容と解釈】参照。

(5)　長官以下　前司以下の国司。この部分は、任国に前司や任用国司が存在することを前提とした記述である。

【内容と解釈】

本条では、国司館への着館にあたっては、まず携えてきた任符を在国の国司たちに奉行してもらうことを述べる。具体的には、到着次第、新司が任符を目に渡し、それを目は史生に渡して各国司に閲覧させ、その後に署名や国印が加えられる。任符の奉行は新司を受け入れる手続きの中でも重要なもので、そこで国印が用いられるため、基本的には任符の奉行の後に印鎰の受領がなされることになる（第十一条）。

『時範記』承徳三年（一〇九九）二月十五日条をみてみると、時範は惣社西仮屋での酒肴の後、束帯を着した上で惣社西舎において任符を税所に給い、「官人」がそれを奉行し請印を行っている。その後印鎰を受領して「府」に移動し、そこで饗饌の停止や神拝、勧農のことなどを指図している。青木和夫氏の指摘するように『時範記』の「府」は国司館を示すと考えると、時範は館ではなくその近くの惣社西舎で任符の奉行と印鎰の受領を済ませた上で館に入っていることになるだろう。

任符の奉行は、本来的には国庁ないしその周辺でなされたものと思われる。本条にみえる「庁覧」も、国庁における行為に由来する表現である可能性が高い。しかし、国庁は十世紀以降漸次廃絶していったことから、『時範記』にみえるように、その場は国司館の近辺に移行していったのだろう。そうした実態をふまえると、「国に着する」と「館に着する」という表現は、同一の事象を指しているものと考えられる。

【『時範記』との対応】

○承徳三年（一〇九九）二月十五日条

于時戌剋、着束帯着惣社西舎〈騎馬〉。先以官符令給税所、官人先以奉行、次行請印。

【関連史料】

永保三年六月七日太政官符（『広島県史』古代中世資料編Ⅲ、平―一二〇〇）、『小右記』寛弘二年七月十日条

【参考文献】

土田直鎮「国司の任国下向と総社」（『古代の武蔵を読む』吉川弘文館、一九九四、初出一九六四）、市大樹「国司任符に関する基礎的考察」（『古文書研究』四七、一九九八）

（大高　広和）

◇第十一条

一、受領印[1]鎰事

擇定吉日、可領印[2]鎰[3]。但[4]領印[5]鎰[6]之日、即令前司奉行任符、乃後領之。又着舘日儀、或[7]前司差[8]官人、分付[9]印[10]鎰。其儀、前司差[11]次官以下目以上一両人、令齎[12]印[13]鎰、令参新司舘。即官人就座之後、鎰取書[14]生以御鎰置新司前。〈其[15]詞云、御鎰[16]進[17]留[18]。〉新司無答[19]。〈或云[20]、答[21]云、与之。〉

【校訂註】

(1)印…「官」（紅・東・伴）　(2)印…「官」（紅・東・伴）　(3)鎰…「㑊」（紅）、「㑊」〔「鎰」と傍書〕（伴）　(4)但…「仕」（紅）、「仕」〔「但」と傍書〕（伴）　(5)印…「官」（紅・東・伴）　(6)鎰…「鎰」〔「印」と傍訂〕（伴）　(7)或…「式」（史・豊・伴・大）　(8)差…「着」（底・葉・史・豊・紅）、「著」〔「差」と傍書〕（伴）　(9)付…「時」〔「付」と傍訂〕（東）　(10)印…「官」（紅・東）、「官」〔「印」と傍書〕（伴）　(11)差…「着」（底・史・豊）　(12)齎…「賚」（大）　(13)印…「官」（紅・東）、「官」〔「印」と傍訂〕（伴）　(14)書…「畫」（紅）　(15)其詞

云…「其詞之」（紅）、「某初之」〔「其詞云」と傍書〕（伴）⒃鎰…「僉」（東）⒄進…「近」（底）⒅↓補註　⒆答…「益」（紅）、「益」〔「答」と傍書〕（伴）⒇云…「之」（紅）、「之」〔「云」と傍書〕（伴）㉑答云…「益之」（紅）、二文字を塗り潰して抹消し「答云」と傍訂（東）、「益之」〔「答云」と傍書〕（伴）

（補註）

紅本は行末の「留」を脱したと思われ、同本を祖本とする伴本にも「留」はない。そのかわりに直前の「進」に対して送り仮名として「ル」を補っており、これが大系本にも継承されている。

【書き下し】

一、印鎰[1]を受領する事

吉日を択び定め、印鎰を領すべし。但だ印鎰を領するの日、即ち前司[2]をして任符を奉行せしめ、乃ち後に之を領す。又館に着する日の儀、或は[3]前司官人[4]を差《つかは》し、印鎰を分付す。其の儀、前司次官以下目以上の一両人を差し、印鎰を齎さしめ、新司の館に参らしむ。即ち官人座に就くの後、鎰取[5]の書生御鎰を以て新司の前に置く。〈其の詞に云はく、御鎰進る、と。〉新司答ふること無し。〈或は云はく、答へて云はく、よし、と。〉

【註】

(1) **印鎰**　「印鑰」とも書き、本来は国印と正倉のカギを指す。第八・十七条も参照。

(2) **前司**　第十条では「長官以下」が任符を奉行すると記されており、その「長官」が前司にあたる。第十条註(5)参照。

(3) **或は**　第十条註(3)参照。

(4) **官人**　ここでは下文における「次官以下目以上の一両人」にあたる。

(5) **鎰取《かぎとり》の書生**　鎰取の役目を果たした国書生のこと。鎰取は本条や第十七条および『時範記』に、「御鎰」の進上・開封を行うほか、国印の捺印を行うなど、印鎰を管理する存在としてみえている。一方、書生とは国衙に勤務する国書生のことであり、彼らは十世紀以降の国務に中心的な役割を果たした国衙雑色人や在庁官人を構成していた（森公章「国書生に関する基礎的考察」『在庁官人と武士の生成』吉川弘文館、二〇一三、初出一九九三）。

【内容と解釈】

印鎰を受け取るにあたっては吉日を選び、受領の前に前司に任符を奉行してもらうことを述べ（任符の奉行については第十条参照）、着館の日に前司が官人を遣わして印鎰を差し出す儀について説明する。「其儀」以下はその詳しい説明であり、次官以下目以上の任用国司が印鎰を持って新司の館に向かい、鎰取の書生が新司に「御鎰」を進上するとしている。

一方、第八条からは「土風」の違いによっては境迎の際に印鎰の受領が行われることがうかがわれる。大宰府の例ではあるが、『小右記』寛弘二年（一〇〇五）七月十日条には、大宰大弐藤原高遠が六月十四日の巳の刻に水城に着して印鎰を受け取ったのち、午の刻に「府庁宿所」で任符奉行を行ったことが記されている。また『時範記』では、惣社西舎にて任符奉行と印鎰の授受とを行った後に「府」（第十条の【内容と解釈】参照）に着している。時期差も考慮しなければならないが、印鎰の受領に関しては地域ごとに異なった慣例があり、本条にみられる次第が必ずしも定式であったわけではないことに注意が必要である。

日時については、第二・七・九条と同様に吉日を選択すべきことが述べられている。実例としては、天仁三年（一一一〇）の賀茂家栄下向任国雑事日時勘文（『群載』巻十五）があり、着館と同じ日時に印鎰を受領すべきことが記載されている。

【『時範記』との対応】
○承徳三年（一〇九九）二月十五日条
于時戌剋、着束帯着惣社西舎〈騎馬〉。先以官符令給税所、官人先以奉行、次行請印。次以鎰置下官傍、亦給封令付印櫃。次着府。鎰取在前如例。

【関連史料】

『群載』巻十五・賀茂家栄下向任国雑事日時勘文、『小右記』寛弘二年七月十日条
【参考文献】

土田直鎮「国司の任国下向と総社」（『古代の武蔵を読む』吉川弘文館、一九九四、初出一九六四）、佐藤泰弘「倉印と受領の執印」（『日本中世の黎明』京都大学学術出版会、二〇〇一、初出一九九六）

（大高　広和）

◇第十二条
一、停止調備供給事
新任之吏、著國之日以後三箇日之間、必有調備供給。如[1]此之間、非無所部之煩。若可停止者、未[2]着國以前、通消息進止之。但随國有例。若無[3]指煩者、依例令行之。

【校訂註】
(1)如…「必」〔「如歟」と傍書〕（史・豊）　(2)未…脱（紅・伴・大）　(3)指…「損」（葉）
【書き下し】

一、供給[(1)]を調備するを停止する事

新任の吏、国に着するの日以後三箇日の間、必ず供給を調備すること有り。此くのごときの間、所部の煩無きに非ず。若し停止すべくは、未だ国に着せざる以前、消息を通はして之を進止す。但し国に随ひ例有り。若し指したる煩無くは、例に依り之を行はしむ。

【註】

(1) 供給 『名義抄』に「タテマツリモノ」の訓がある。ここでは、任国に到着した新司に対して宴席を設けること。本条などにみえるように、宴席は三日間続く慣例だったようである。【内容と解釈】参照。

【内容と解釈】

本条は、新司が着国してから三日間続くことになっていた饗宴(「三日厨」)を主題とし、これが任国の負担となっている場合もあるので、停止する場合には到着以前に停止の連絡をすること、また大きな負担がない場合には国例に随って開催すべきことを述べている。

新司の饗応については、『奥州後三年記』上に記述がある。それによると、陸奥守として下向した源義家に対して、兄弟との対立の最中にあった清原真衡が、「三日厨」と称する饗応を奉仕した。その際に、真衡は日ごとに莫大な特産品(馬・金・鷲羽・アザラシ皮・絹布など)を義家に贈ったという。こうした饗応が本条にみえるような「所部の煩」を惹起したことは想像に難くない。

本条にみえるような饗応の制限については、養老戸令34国郡司条(「凡国郡司、須向所部検校者、不得受百姓迎送、妨廃産業、及受供給、致令煩擾」)に見えている。養老職制律54監臨官強取猪鹿条(「凡監臨之官、強取猪鹿之類者、依強取監臨財物法。乞取者、坐贓論。受供饋者勿論」)が対応する唐律とは異なり、「供饋」(=供給)を禁じていな

いことなども踏まえると、日本固有の慣習として古くまでさかのぼるもののようである。十一世紀後半以降にも実態として存在したことが確認できる（上記『奥州後三年記』、延久四年〈一〇七二〉讃岐国曼荼羅寺僧善範解〈平―一〇七七〉、大治二年〈一一二七〉筑前国山北封所当結解状〈平―二一〇八〉など）。

『時範記』によると、「府」に着した平時範は、「饗餞」の供給を受ける。ところが、「残二个日兼日下知停之」として、事前通知の上で以降の二日間の「饗餞」を制止している。ここからは、三日間の饗応が慣行として定着していたこと、そして場合によっては奉仕期間の縮小がありえたことを読み取ることができる。その理由としては、本条にみえるような「所部の煩」を厭う部分も大きかったとみられるが、一方で赴任当初に在庁官人らと親しく交わることを避ける慣例も影響を与えた可能性もある。また第十四条にみえるような、着座後三日間の禁忌とも関連を有するかもしれない。

新司に対する饗宴は、実際には、新司の歓心を買おうとする在庁官人の思惑や、国ごとの慣行、そして新司自身の嗜好など、さまざまな要因によって饗宴の規模や期間が決定されていたとみるべきだろう。

【『時範記』との対応】

○承徳三年（一〇九九）二月十五日条

次着府、鎰取在前如例。入自西門於南応〔庭カ〕下馬昇入、簾中弁備饗饌如恒、残二个日兼日下知停之。

○同月十六日条

今日留供給。

○同月十七日条

今日停供給。

【関連史料】

延久四年讃岐国曼荼羅寺僧善範解（平―一〇七七）、大治二年筑前国山北封所当結解状（平―二一〇八）

【参考文献】

土田直鎮「国司の任国下向と総社」（『古代の武蔵を読む』吉川弘文館、一九九四、初出一九六四）、早川庄八「「供給」をタテマツリモノと読むこと」（『中世に生きる律令』平凡社、一九八六、初出一九八〇）、古川順大「養老律における田猟容認の背景」（『日本歴史』七四七、二〇一〇）

（西本　哲也）

◇第十三条

一、着舘日、所々雑人等申見参事

此日所々雑色人等[1]者[2]、進見参、然後[3]一々申之。〈所謂税所[4]・大帳所・朝集所・健[5]児[6]所・國掌[7]所等也。〉其儀、政所兄[8]部率[9]書[10]生等列立庭中、一々申其職・其位・姓名。申訖[11]、皆再拜之[12]。訖[13]長官命[14]云、与[15]之。是古説也。今不有此事〈云[16]々〉。

【校訂註】

⑴等…「末」（伴）　⑵者…脱（史・豊）　⑶後…脱〔「後」を補〕（伴）　⑷所…脱〔「所イ」と補〕（史）、脱（豊）　⑸健…「縫」〔「健」と傍訂〕（伴）　⑹児…「児」〔「皃」と傍書〕（伴）　⑺掌…「宰」（史・豊）　⑻兄…「元」（紅）、「元」〔「兄」と傍訂〕（伴）、「之」（大）　⑼率…「卒」（伴・大）　⑽書…欠（紅）、脱〔「書」を補〕（伴）　⑾訖…「誤」（底・葉・紅）、脱（東）、「諸」〔「訖」と傍書〕（伴）　⑿之…「之」〔「々」と傍訂〕（伴）、「々」（大）　⒀訖…「説」（底・葉・紅・東）、「説」〔「訖」と傍書〕（伴）　⒁命…「令」（東）　⒂与之

…細字とす（紅・東・伴）⒃〈云々〉…脱（葉）

【書き下し】

一、館に着する日、所々の雑人等見参を申す事

此の日所々の雑色人等は、見参を進らせ、然る後に一々之を申す。〈所謂税所・大帳所・朝集所・健児所・国掌所等なり。〉其の儀、政所の兄部書生等を率ゐて庭中に列立し、一々其の職・其の位・姓名を申す。申し訖りて、皆再拝す。訖りて長官命じて云はく、よし、と。是古説なり。今此の事有らずと〈云々〉。

【註】

(1)　**所々の雑人**　ここでの「所」は、在地において国務を分掌する機構のこと。所の種類は多岐にわたるが、それぞれの職掌などについては註(3)~(8)参照。十一世紀成立の『新猿楽記』にも、済所（=税所）・健児所・政所といった本条と共通する所のほか、検非違所・田所・出納所・調所・細工所・小舎人所・膳所など本条には見えない所の具体名が挙げられている。雑人（雑色人）は各種の所などにて国務に従事した下級職員のこと。

(2)　**見参を申す**　ここでは、新司に対し雑人らが拝謁し、各人の職・位・姓名などを申す儀式を指す。【内容と解釈】参照。

(3)　**税所**　正税や官物の収納などを掌る所で、済所とも書く。初見は長保四年（一〇〇二）伊賀国税所勘申案（平―四二〇・四二九）。鎌倉時代に至るまで国衙行政において中心的な役割を果したことが指摘されており（吉村茂樹『国司制度崩壊に関する研究』東京大学出版会、一九五七）、本条・『新猿楽記』ともに所々の最初にその名を挙げている。

(4)　**大帳所**　名称から、国内の課口を把握・集計し中央に報告する大帳を作製・保管した所と推測される。令制下に

おける四度公文の一つである大帳がいつ頃までその機能を保持していたかは必ずしも明確ではなく、したがって大帳所の成立時期や継続期間も明らかにしがたい。ただし、承徳二年（一〇九八）橘頼時田地売券（平―一三九三）に「大帳所判官代」とあることから、十一世紀末の時点で大帳所が存続していた国があったことが知られる。

(5) **朝集所**　名称から朝集使および朝集帳に関わる所と考えられる。

(6) **健児所**　健児を統括する所。健児は、辺要地を除いて軍団兵士を停止したことに伴い、延暦十一年（七九二）に設置された（『三代格』巻十八・同年六月十四日官符）。

(7) **国掌所**　名称からは、国衙の下級職員である国掌が勤務する、または国掌を統括する所と考えられる。泉谷康夫氏によれば、国掌は令制に見える京官の左右官掌・省掌などと同系統の官職であり、在地土豪層を国務に取り込む過程で発生してきた雑任の一種である。初見は『三実』貞観十年（八六八）十月二十八日条の「国掌秦貞雄」であり、同十一年十二月二十二日条に出羽国に国掌二員を置いたことがみえるように、国掌は九世紀後半に整備されたようである。

(8) **政所**　政務一般を執り行う所。八世紀半ばの時点で大宰府直轄の筑前国政所の存在が確認されるなど（天平宝字四年〈七六〇〉観世音寺早良奴婢例文〈『大日古』十四―二六八〉）、各種の所の中でも比較的古くに成立したものと思われ、その職務の普遍性と重要性が窺われる。本条にも、政所の兄部が書生らを引率し庭中に列立するとあり、いわば所々の代表的な地位にあったものと思われる。

(9) **兄部**《このこうべ》　かしらとなる人の意。ここでは政所を統括する雑色人の称。本条事実書によると、政所の兄部は庭中列立に際して書生以下の雑色人を引率する役を務めており、実質的には雑色人全体の統率者のような地位にあったと考えられる。天永元年（一一一〇）伊勢国の沙弥心覚処分状案（平―一七二九）には「大領外従五位下行兼政所兄部新家宿禰」とあり、在地の伝統的氏族が兼務する場合があった事実も、このような推測を裏づけるものであろう。

【内容と解釈】

本条は、新司の着館に際して所々の雑人たちが見参を申す儀式について述べるものである。その次第は、①政所の兄部が書生以下の雑色人を引率し国司館の庭中に列立する、②各人が自身の職・位階・姓名を申す、③全員で再拝する、④長官（＝新司）が「よし」と言う、というものであった。

ただし「古説」であり現在は行われていない、とも述べられており、ある時点でこの儀式は行われなくなっていたらしい。『時範記』にも本条に対応する記述はみえない。

【関連史料】

『新猿楽記』

【参考文献】

坂本太郎「古代における雑色人の意義について」（『坂本太郎著作集』第七巻、吉川弘文館、一九八九、初出一九五二）、土田直鎮「武蔵の国司」（『古代の武蔵を読む』吉川弘文館、一九九四、初出一九六四）、泉谷康夫「国掌について」（『律令制度崩壊過程の研究』高科書店、一九七二、初出一九六五）、山口英男「十世紀の国郡行政機構」（『史学雑誌』一〇〇—九、一九九一）

（西本　哲也）

◇第十四条

一、撰吉日着座事

到國之後、擇吉日良辰[1]着座[2]。此日、不登高[3]、不臨深、不聞凶言、不語害事[4]、不會衆人。着座之間、尤制諠譁。是尤三箇日之間、可成其慎也[5]。着座之後、非有急速[6]、宜用吉日。諺曰[7]、入境問[8]風云々。非有公損、勿改舊跡[9]。

【校訂註】

(1)吉…「古」(史) (2)着座…脱(葉) (3)登…「参」(紅・東)、「参」(「登」と傍書)(伴) (4)害…「害」(「客」「害」と傍書)(伴) (5)也…脱(葉) (6)急…「兼」(「急」と傍書)(葉)、「兼」(「急イ」と傍書)(史)、「兼」(豊) (7)曰…「四」(葉・紅)、「四」(「曰」と傍書)(伴) (8)問…「間」(「問」と傍書)(伴) (9)跡…「路」(伴)

【書き下し】

一、吉日を撰びて着座[1]する事

国に到るの後、吉日良辰[2]を択びて着座す。此の日、高きに登らず、深きに臨まず、凶言を聞かず、害事を語らず、衆人と会はず。着座の間、尤も諠譁[3]を制す。是尤も三箇日の間、其の慎を成すべきなり。着座の後、急速有るに非ずは、宜しく吉日を用ふべし。諺に曰く、境に入らば風[4]を問へと云々。公損[5]有るに非ずは、旧跡[6]を改むること勿れ。

【註】

(1) 着座　任官した後、威儀を正して官庁の自分の座に着くこと。また、その儀式。本来であれば国庁の座に着くことを指す。【内容と解釈】参照。

(2) 吉日良辰　吉日時に同じ。

(3) 諠譁　やかましいこと。騒がしいこと。

(4) 風　その国の慣習。第十五条の【内容と解釈】参照。

(5) 公損　公の損失。具体的には、国司として管理すべき資財の欠損や、統治上の不備のこと。

(6)　**旧跡**　その国でそれまで行ってきたやり方。

【内容と解釈】

本条では、着座に関して述べている。国に到着した後、吉日時を選んで着座し、この日は高いところに登ったり、深いところに行ったり、不吉な言葉を聞いたり、良くないことを話したり、人々と会ったりしてはならないとする。そして着座の間、とりわけ騒ぎを起こしてはならないとし、特に三日間は慎まなければならないという。諺に、「ある国に入ったならば、その国の慣習を聞きなさい」とあるように、公損がない限りは、それまでのやり方を無闇に変えてはならないとしており、このことからも、日の選定をはじめとする着座のやり方は任国の慣習に基づいて吉日に行うべきである、としている。

なお、「着座の後、急速有るに非ずは、宜しく吉日を用ふべし。」という部分の解釈は難しいが、着座の後に急いで執り行うべき事項がないのであれば、着座には吉日を用いるべきであるとの意か。あるいは、これ以降に着座した場(本来であれば国庁)で政務を行う際に吉日を用いることを述べている可能性もある。

なお、任国での雑事の吉日時を勘申した加茂家栄下向任国雑事日時勘文(『群載』巻十五)には、着座についての記載はみえないが、これは本条のように着座の吉日時は任国に到着してから選定することになっていたためであろう。また『時範記』においては、二月十五日に惣社西舎や府で任符の奉行や印鎰の受領、供給などが行われるなど、着館儀についての記載はあるが、直接「着座」という言葉は出てこない。

【参考文献】

土田直鎮「国司の任国下向と総社」(『古代の武蔵を読む』吉川弘文館、一九九四、初出一九六四)

(柿沼　亮介)

◇第十五条

一、令肅老者[(1)]、申風俗事
外土[(2)]之事、逐[(3)]年[(4)]彫[(5)]殘、代々陵遲[(6)]、毎[(7)]任[(8)]易改。仍可令[(9)]高年者申諸事。遍問[(10)]故実、有善政、就彼不可改舊風。

【校訂註】

(1)者…脱〔「者〈一本〉」を補〕(史)、脱(豊) (2)土…「出」(紅)、「出」〔「土」と傍書〕(伴) (3)逐…「遂」(底・葉・史・豊・紅・東)、「遂」〔「逐」と傍書〕(伴) (4)年…脱(葉) (5)彫…「彫」〔「凋」と傍書〕(伴)、「凋」(大) (6)陵…「綾」(底・葉・紅・東)、「綾」〔「凌」と傍書〕(伴)、「凌」(大) (7)毎…「毋」(紅)、「毋」〔「毎任」と傍訂〕(伴) (8)任…脱(伴) (9)令…「之」(紅)、「之」〔「令」と傍書〕(伴) (10)問…「間」(葉)

【書き下し】

一、粛老の者[(1)]をして、風俗を申さしむ事
外土[(2)]の事、年を逐ひ彫残[(3)]し、代々陵遅[(4)]し、任ごとに易改す。仍て高年の者をして諸事を申さしむべし。遍く故実を問ひ、善政有らば、彼に就きて旧風を改むべからず。

【註】

(1) **粛老の者** 「粛」はここでは「みちびく」の意で、故事に通じた老人を意味している。「高年者」に同じ。
(2) **外土** 都を離れた土地。外国。第三十二条には、「外土之人」とあり、外国の人を意味している。
(3) **彫残** いたみ、損なわれること。
(4) **陵遅** さかんなものが次第に衰えること。

【内容と解釈】

本条では、故事に通じた老人から任国の慣習を聴取することについて述べている。都から離れた外国では政務のあるべき姿は年ごとに損なわれ、代をおって衰えていき、国司が替わるたびに変化していくので、古老に様々なことを話させ、故実を問うてかつて善政があったならば、その先例に従って、元のあり方を改めてはならないとする。

任国の慣習に従うべきであるとするのは、国務条事にしばしば見受けられる態度であり、第八条では境迎に関して「其儀式随土風而已」とし、第十二条では調備供給を停止することに関して「但随国有例」とし、また第十四条でも「非有公損勿改旧跡」としている。さかのぼる事例ではあるが、永延二年（九八八）の尾張国郡司百姓等解では、尾張守藤原元命が旧例や国例を無視した課税・収取を行ったことが指弾されている。このように任国の慣習は国内統治に大きく影響するものであったと考えられる。

また、『菅家文草』二二一・路遇白頭翁では、讃岐国に赴任した菅原道真が路上で「白頭翁」に出会い、翁からかつての国司たちの時代の善政や悪政を聴いている。このことは、古老から任国における理想とすべき政治のあり方について聴取することが、国司が行うべきこととして認識されていたことを表している。

『時範記』に、本条と直接対応する記事は見受けられないが、境迎が行われている承徳三年（一〇九九）二月十四日条において「以使者令而〔問カ〕故実於官人等」とし、また、十五日条において、智頭郡の駅家で食事をし、その残りを「依先例」として智頭郡司に与えているなど、『時範記』においても任国の慣習を尊重する姿勢が貫かれているといえる。

【関連史料】

『菅家文草』二二一・路遇白頭翁

【参考文献】
土田直鎮「国司の任国下向と総社」(『古代の武蔵を読む』吉川弘文館、一九九四、初出一九六四)、有富純也「百姓撫育と律令国家」(『日本古代国家と支配理念』東京大学出版会、二〇〇九、初出二〇〇三)

(柿沼　亮介)

◇第十六条

一、神拝後、擇吉日時[1]、初行政事
右神寺及池溝[2]・堰[3]堤[4]・官舎修理等。

【校訂註】
(1)時…「特」(東)　(2)溝…「滞」〔「溝」と傍書〕(伴)　(3)堰…「揺」(紅)、「揺」〔「堀」「堰」と傍書〕(伴)　(4)堤…「提」〔「堤」と傍書〕(伴)

【書き下し】
一、神拝[1]の後、吉日時を択び、初めて政を行ふ事
右神寺及び池溝・堰堤・官舎[2]の修理等なり。

【註】
(1)　神拝　国司が管内の主要な神社に参拝し幣帛・神宝を納めること。国司が国内統治を行う上でその土地の神々を祀ることは重要事項で、養老職員令70大国条には国司の職掌として祀社の事が挙げられている。本条は政を始める前に神拝せよとするが、国司の任国赴任の際神拝を重視することは様々な史料に現れるところであり、例えば

『中右記』嘉承二年（一一〇七）七月二十四日条は国司が任国へ下向していないことを「本任神拝以前也」と表現している。国司の遙任化につれ行われなくなったようで、目代に行わせた例等も見られるが、それでも『中右記』元永二年（一一一九）七月十四日条で因幡守藤原宗成が国司自身が任中一度も一宮に参らないのは恐れがあるとして下向しているように、神拝は国司の任国赴任を象徴する重要な責務との認識は続いていた。神拝が本来どのように行われていたのかを示す史料は乏しく、国務条事にも詳細は記されていないが、理念としては国内の主要な神社に国司が出向いて参拝するのが本来の姿であろう。しかし平安後期以降、神拝の便宜のため国内の神々を一ヵ所に勧請した総社が国府近くに建てられるようになった。『時範記』では神拝に一日を割いているが、巡ったのは総社・宇倍社（一宮）を含めた国府近くの七社であり、遠い神社については時範は参らず幣帛・神宝（あるいは加えて告文）を携えた使者を発遣している。

(2)　**官舎**　国郡の官衙の建物。

【内容と解釈】

国内の諸神に参拝した後の吉日時に政を始めること、初めて行う政の内容は国内諸施設の修理であることを述べる。「初めて政を行う」ことは政始といわれる、国務の執り始めである。そこで扱われる内容は慣例化されており、新しいことを始める際に行う吉書儀礼の一つである。

神社の修理については、律令制当初から少なくとも貞観期まで国司が中心となって行われており、その財源としては養老神祇令20神戸条に神戸の租税を神社の造営に充てることが規定されていた（有富純也「神祇官の特質」『日本古代国家と支配理念』東京大学出版会、二〇〇九、初出二〇〇三）。用水施設の修理については、養老営繕令16近大水条に国郡司が堤防を修理すべきこと、養老雑令12取水漑田条に国郡司が渠堰の管理をすべきことを規定している。

これが国司の重要な責務とされていたことは、良吏として有名な道君首名の卒伝（『続紀』養老二年〈七一八〉四月乙亥条）に用水施設に関する業績が特記されていることからも分かる。また、⑫・⑬文書にも勧農のため諸郡に下知し池溝を修理させよとの内容がある。両史料には国内の恒例神事を行うべきことも挙げられており、本条と関連が深い。なお、『今昔』十九—三十二に国司が任国で神拝のため国内処々を巡り、その途中失われてしまった社の話を聞き新たに社を造って祀ったという話が収められている。

『延暦交替式』延暦十九年（八〇〇）九月十六日官符で池溝堰堤のことは毎年朝集帳に記載して中央に報告することとなり、解由制の対象とされた。さらに『三代格』巻十二・弘仁四年（八一三）九月二十三日官符では、国司交替の際官舎・正倉・器仗・池堰・国分寺・神社に破損があれば解由状を発行せず、新司が前司の公廨、それがない場合は前司の私物を用いて修理することとされた。この措置は『貞観交替式』天長二年（八二五）五月二十七日官符で変更が加えられ中破以上を対象とすることとなったが、本条に挙げられている諸施設は原則として前司の責任で修理して新司に引き継ぐべきものであった。

修理費用については天長二年十二月二十一日に設置された池溝料（『貞観交替式』天長三年七月十五日官符）のように用途別に確保されるようになり、延喜主税式上5出挙本稲条には各国の池溝料、堤防料、国分寺料、修理官舎料などの額が記されている。十世紀になると池溝料は料田を設定する形で確保されるようになる。本条で述べられている修理というのは、吉書的・儀礼的側面が強いが、本来であれば引継の際の諸施設の状態を確認し修理すべきものがあればこれらの料稲を用いて修理するための手続きであろう。

『時範記』では二月二十六日の神拝の後、三月二日に「始めて国務を行」っており、饗宴ののち本条にある諸施設の修理の文書に加え調所・出納所からの財政関係文書、案主所・税所からの吉書を決裁・請印している。二月十五日条にも「請印」の記述があるが、本条の内容から考えれば神拝以前に政始を行うとは考えづらく、政始は三月二日とみるべきである。二月十五日条に「今夜無宿申、政始之後可在」とあり、実際宿申が三月二日に初めて行われていることも、この解釈を裏づける。

【『時範記』との対応】

○承徳三年（一〇九九）二月二十六日条

今日神拝也。先十烈〔列〕〈以書生為乗尻、着冠褐衣摺袴〉。渡南庭。次出着幣殿、以舘侍十人為使、相分発遣遠社幣帛・神宝〈或有告文〉。次以社司令読告文。次奉幣、返祝了賜社司禄。次参宇倍宮、先着幣殿洗手、次進立中門外、在庁官人以下相従烈〔列〕立〈西上南面〉。社司在門中、次伝奉幣帛・神〈財等、次亦転奉幣帛・神宝、西上北面〉。次復幣殿執白妙幣、社司称再拝。次捧幣両段再拝、次授社司。次社司久経読告文。次返祝、次廻馬十烈〔列〕等。次賜社司禄。次着幣殿東舎儲饗饌、事了退出、便参坂本社奉幣。次乗尻馳御馬。次至于法美川乗船参三嶋社、奉幣之儀如初。次又乗船参賀呂社、奉幣之儀如初。于時申斜也。次又乗船渡川白〔自カ〕浜路参服社。奉幣了次参美歎社。于時秉燭、奉幣了退出〈衣冠〉。亥剋帰府。

○三月二日条

午剋出庁始行国務。其儀予居饗饌、三献之後羹汁物下箸。次令成諸郡神社修理符并池溝修理符令捺印了。次調所并出納所申上済物解文、見了之後令成返抄請印。案主所・税所成上吉書之後請印、了入内印筥随身、諸郡司等出一把半利田請文。今夕始宿申。

【関連史料】

養老営繕令16近大水条、同雑令12取水漑田条、⑫・⑬文書、『今昔』十九―三十二、『延暦交替式』延暦十九年九月十六日官符、『三代格』巻十二・弘仁四年九月二十三日官符、『貞観交替式』天長二年五月二十七日官符、同天長三年七月十五日官符、延喜主税式上5出挙本稲条

【参考文献】
土田直鎮「国司の任国下向と総社」（『古代の武蔵を読む』吉川弘文館、一九九四、初出一九六四）、同「国司の神拝」（『奈良平安時代史研究』吉川弘文館、一九九二、初出一九六八）、水谷類「国司神拝の歴史的意義」（『日本歴史』四二七、一九八三）、亀田隆之「修理池溝料の考察」「国司と治水・灌漑」（『日本古代治水史の研究』吉川弘文館、二〇〇〇、初出一九八八・二〇〇〇）、有富純也「神祇官の特質」（『日本古代国家と支配理念』東京大学出版会、二〇〇九、初出二〇〇三）

（林　友里江）

◇第十七条

一、尋常廳事例儀式事

長官着座之後、庶[1]官着訖[2]。但出入之時、各有例道。鎰取[3]御鎰置案上、申云、御鎰進[4]〈止[5]〉申〈寸[6]〉。長官無答。次又鎰取申開[7]御鎰封[8]由。〈其詞云、御鎰封[9]開[10]。〉長官喚史生、々々動座稱[11]唯。長官命云、令出印[12]〈与〉。稱[13]唯罷出。其後鎰取以印[14]櫃、居印[15]鎰盤之外。〈上下随便。又有國[16]例。〉即申開印[17]封[18]之[19]由。〈其詞云、印[20]乃封[21]開久。〉長官命云、開〈介[22]〉。鎰取出印[23]、置印[24]盤之上退去。其後随判捺[25]印[26]。々々之時、以判書帖、置印[27]盤之上、申捺[28]印[29]之由。〈其詞云、其[30]書若干枚[31]印[32]佐須。〉長官命云捺[33]印[34]。〈云[35]、佐世。〉鎰取稱[36]唯、一々捺[37]之。尋常之儀、大略如此。納[38]印[39]之時、其儀亦[40]同。

【校訂註】

(1)庶…「庶」〔「庶」と傍書〕(伴)　(2)訖…「説」(底・葉)、「説」〔「訖」と傍書〕(伴)　(3)取…「敢」(東)　(4)進…「近」(底・豊)、「近」〔「進イ」と傍書〕(史)　(5)〈止〉…細字とせず(紅)、「上」(伴・大)　(6)〈寸〉…細字とせず〔右寄せを指示〕(伴)　(7)開…「間」〔「開」と傍書〕(伴)　(8)封…「封」〔「對歟」と傍書〕(紅)、「對」(東)、「封」〔「封」と傍書〕(伴)　(9)封…「對」(紅・東)　(10)開…下に「久」あり(伴)　(11)稱…「採」(紅)、「抹」〔「称」と傍書〕(伴)　(12)印…「官」(紅・東・伴)　(13)稱…「構」(紅)、「構」〔「称」と傍訂〕(伴)　(14)印…「官」(紅・東)、「官」〔「印」と傍書〕(伴)　(15)印…「官」(紅・東・伴)　(16)國…「同」(底・葉・豊)、「同」〔「國〈一本〉」と傍書〕(史)　(17)印…「官」(紅・東)、「官」〔「印」と傍書〕(伴)　(18)封…「村」(紅)、「對」(東)、「村」〔「封」と傍書〕(伴)　(19)之由…「々田」(紅)、「々田」〔「之由」と傍書〕(伴)　(20)印…「官」(紅・東・伴)　(21)封…「對」(紅・東)　(22)〈介〉…「々」〔「介」と傍訂〕(伴)　(23)印…「官」(紅・東)、「官」〔「卯」と傍訂〕(伴)　(24)印…「官」(紅・東)、「官」〔「印」と傍書〕(伴)　(25)捺…「榛」(紅・東)、「榛」〔「捺」と傍書〕(伴)　(26)印…「官」(紅・東)、「官」〔「卯」と傍訂〕(伴)　(27)印…「官」(紅・東)、「官」〔「印」と傍書〕(伴)　(28)捺…「榛」〔「捺」と傍書〕(伴)　(29)印…「官」(紅・東)、「官」〔「印」と傍書〕(伴)　(30)其…「某」(大)　(31)枚…「牧」(東)　(32)印…「仰」(底・葉・史・豊・紅・東)、「仰」〔「印」と傍訂〕(伴)　(33)捺…「榛」(紅・東)、「榛」〔「捺」と傍書〕(伴)　(34)印…「官」(紅・東)、「官」〔「印」と傍書〕(伴)　(35)→補註　(36)稱…「構」(紅)、「稱」〔「称」と傍書〕(伴)　(37)捺…「榛」(紅・東)、「榛」〔「捺」と傍書〕(伴)　(38)納…「訥」〔「納イ」と傍書〕(史)、「訥」(豊)　(39)印…「官」(紅・東)、「官」〔「印」と傍書〕(伴)　(40)亦…「夂」〔「亦」と傍書〕(伴)

(補註)

底本・葉本・史本・豊本が「云佐世」とするため本文はそれに従った。ただし底本・葉本は「云」の上に一文字分の空白がある。そのためか「云」の上に紅本は「余」、東本は「爰」、伴本は「余」〔「爰」と傍訂〕、大系本は「其詞」があり、或いは祖本にも何らかの文字が存した可能性がある。

【書き下し】

一、尋常(1)庁事の例の儀式の事

長官(2)着座の後、庶官着し訖る。但し出入の時、各例道有り。(3)鎰取(4)御鎰を案上に置き、申して云はく、御鎰進らむと申す、と。長官答ふること無し。次で又鎰取御鎰の封を開くの由を申す。〈其の詞に云はく、御鎰の封開く、と。〉長官史生を喚び、史生動座[5]称唯[6]す。長官命じて云はく、印出だしめよ、と。称唯し罷り出づ。其の後鎰取印櫃[7]を以て、印[8]鎰盤の外に居う。〈上下便に随ふ。又国例有り。〉長官命じて云はく、開け、と。鎰取印を出だし、印[9]盤の上に置き退去す。其の後判に随ひ印を捺す。〈其の詞に云はく、印の封開く、と。〉長官命じて云はく、開け、と。鎰取印を出だし、印盤の上に置き退去す。其の後判に随ひ印を捺す。

印を捺すの時、判[10]書の帖を以て印盤の上に置き、印を捺すの由を申す。〈其の詞に云はく、其の書若干枚印さす、と。〉長官命じて云はく、印捺せ、と。〈云はく、させ、と。〉鎰取称唯し、一々之を捺す。尋常の儀、大略此のごとし。印を納むるの時、其の儀亦同じ。

【註】

(1) **庁事** 役所の建物、またそこで行われる政務のこと。ここでは後者の意味。

(2) **着座** 新任儀礼としての着座については第十四条参照。本条は着任時に限らず一般的な庁事を述べていると考えられる（【内容と解釈】参照）から、単純に座に着くことを示す。

(3) **鎰取** 第十一条に見える「鎰取の書生」と同じ。

(4) **御鎰** 国印の納められた櫃の鎰とする説もあるが、本来的には正倉のカギであり、本条ではこの意で解釈する。【内容と解釈】参照。

(5) **動座** 官人の敬礼の一つ。座に居りながら貴人の方角へ体を向ける敬礼で、座を離れる敬礼である「下座」より軽いものと考えられている（井上亘「下座・動座考」『日本古代朝政の研究』吉川弘文館、一九九八、初出一九九四）。

(6) **称唯**《いしょう》 貴人の呼びかけに対し「おお」あるいは「おし」と答えること。

(7) **印櫃**　国印の納められた櫃。

(8) **印鎰盤…例有り**　「印鎰盤」は他史料には見えないが、印盤（註(9)参照）のことか。「印鎰盤」を印盤とみなしうるとすれば、本条の記述は、①案の上に印盤が置かれており、印盤以外の場所に印櫃を置くこと、②その場所については便に随い、国例も存在すること、を示すことになるだろう。なお、本条と酷似した手続きをとる外印請印（『西宮記』巻七・外記政）では、印櫃を印机の上に置く。

(9) **印盤**　捺印のための台。『台記』久寿二年（一一五五）四月二十七日条には、「印盤〈白木〉、板〈長二尺四寸六分、此外足外厚五分二寸五分〉、短、壱尺七分、足〈左右端打付板彫其下為足〉、高、二寸九分、長一尺二分、厚六分」とある。国印の例ではないが、類似した道具であったと思われる。

(10) **判書**　裁決が済み発行者の署名がなされた、捺印すべき文書。

【内容と解釈】

本条は国印請印の次第を中心に、「尋常庁事」の次第を述べる。その儀は次のように整理できる。

①御鎰の進上。鎰取が御鎰を案上に置き、長官に対し「御鎰進らむと申す」と申す。また、「御鎰の封開く」と申す。

②印の取り出し。長官が史生に「印を出さしめよ」と命ずる。鎰取が印櫃を「印鎰盤」の外に置き、「印の封開く」と申す。長官の指示を受け鎰取が印を出す。

③捺印。鎰取が「其の書若干枚印さす」と申し、長官の指示を受け捺印する。

④印の収納。取り出しと同様の手順で収納する。

請印は長官のもと行われるが、長官は指示を出すのみで実際の作業は主に鎰取の書生が行う。本条の次第ではまず鎰取が御鎰を進上し封を開く。御鎰は第十一条にも見え、進上する際の鎰取の言葉も共通している。本条から、封をされた状態で保管されていたことが分かるが、開封した御鎰をどのように使用するのかということは明示されていない。また、②以降の作業が一々長官の指示をうけながら進んでいくのに対し①の作業は長官の指示や答えがなく、本条全体の流れの中で異質な部分ともとれる。

御鎰の解釈については、牛山佳幸氏（「印鑰神事と印鑰社の成立」『【小さき社】の列島史』平凡社、二〇〇〇、初出一九七八・八三）や村井康彦氏（『王朝風土記』角川書店、二〇〇〇）は印櫃のカギとされ、このように考えると本条全体を国印請印の次第として捉えることができる。しかし、本条が成立した頃の国印の櫃に錠のカギがかかっていたということを示す確実な史料はない。また、通常「封」は紙で封をしたものと考えられ、『時範記』承徳三年（一〇九九）二月十五日条で時範が印櫃に付けさせているのも「封」である。印櫃に「封」がされていたことについては、伊勢大神宮司（『神宮雑例集』巻二・宮司政印事）や右近衛府（『水左記』康平八年〈一〇六五〉正月七日条）の例が確認でき、一般的に印櫃に錠のカギはなかったと見るべきではないだろうか。また、本条において「印の封」をカギと解釈すると「御鎰の封」をどのように開くのか、という問題が生じてしまう。むしろ、本条は「尋常庁事の例の儀式の事」であり国印請印のみを対象としていないから、「御鎰」を正倉のカギとし、①はその進上が形式化したもの、②以降が国印請印の次第であるという解釈を提示しておきたい。官政・外記政等の太政官での日常政務においても弁と弁侍の間で大蔵の鎰の授受を表す直申という儀式が行われることを考えれば、正倉のカギの進上が「尋常庁事」に含まれていても不自然ではない。

②以降はすべて長官の指示を受けて行われる。指示を受けた史生は罷り出て印櫃を持ってくると考えられ、国印は長官個人ではなく国衙で保管されていたことが窺える。『令集解』公式令43諸国給鈴条朱説に「凡印等主夕還館時、

封収置官庫耳。不可持還館」とあるように、国印は本来国司個人ではなく官庫に帰属するものであった。『神宮雑例集』巻二・宮司政印事には伊勢大神宮司の印は「離宮庁調御庫」に納められ請印の度に取り出される原則であったことが見え、国印の例ではないが朱説の言う保管方法を裏づけている（佐藤泰弘「倉印と受領の執印」『日本中世の黎明』京都大学学術出版会、二〇〇一、初出一九九六）。

『時範記』には国印請印の詳細は記されず、請印の後時範は「内」に入り、その際印筥を随身したとある。印櫃（筥）の具体的な保管方法を第十一条や本条から知ることはできないが、少なくとも両条では国司は印櫃には触れておらず、『時範記』での印櫃の扱いは両条と異なっているようである。

内容については以上のようであるが、本条全体を理解する上で問題となるのが、本条は何の次第を述べているのかということである。「尋常庁事の例の儀式」は国府における日常的な政務と考えられるが、『時範記』承徳三年三月二日条のように政始として行われることもあり、その際に捺印すべき文書は第十六条の「神寺及び池溝・堰堤・官舎の修理等」に関する吉書であった。本条は一般性を強調して記述されているが、『時範記』では政始としてのみ長官のもとでの国印請印が行われている。「尋常庁事」は長官が任国で国務を執ることがなくなるにつれ形式的な政始として行われるようになったのだろう。国務条事の前半は国司の赴任について順を追って述べており、政始を行うこと（第十六条）と交替政を行うこと（第十八条）の間に位置する本条は、日常的な政務の次第を述べているものの、政始として行われることを念頭に置いて国務条事の中に位置づけられていると理解できるのではないだろうか。

【『時範記』との対応】

○承徳三年（一〇九九）三月二日条

午剋出庁始行国務。其儀予居饗饌、三献之後羞汁物下箸。次令成諸郡神社修理符并池溝修理符令捺印了。次調所并出納所申上済物解文、見了之後令成返抄請印。案主所・税所成上吉書之後請印、了入内印筥随身、諸郡司等出一把半利田請文。今夕始宿申。

【関連史料】

第十一条、『令集解』公式令43諸国給鈴条、『神宮雑例集』巻二・宮司政印事、『水左記』康平八年正月七日条

【参考文献】

土田直鎮「国司の任国下向と総社」(『古代の武蔵を読む』吉川弘文館、一九九四、初出一九六四)、牛山佳幸「印鑰神事と印鑰社の成立」(【小さき社】の列島史』平凡社、二〇〇〇、初出一九七八・八三)、佐藤泰弘「倉印と受領の執印」(『日本中世の黎明』京都大学学術出版会、二〇〇一、初出一九九六)、村井康彦『王朝風土記』(角川書店、二〇〇〇)、告井幸男「直申考」(『摂関期貴族社会の研究』塙書房、二〇〇五、初出二〇〇四)

(林　友里江)

◇第十八条

一、擇吉日始行交替政[1]事

神拜之後、擇吉日可始行之由牒送。前司随則送分配目代於新司許行之。至于勘公[2]文目代者、更不可論貴賤。用達[3]其道之者可。

【校訂註】

(1)政…「改」〔「政」と傍書〕(伴)　(2)公…「云」〔「公」と傍書〕(伴)　(3)達…「違」〔「達」と傍書〕(伴)

【書き下し】

一、吉日を択びて交替政[1]を始め行ふ事

神拝[2]の後、吉日を択びて始[3]め行ふべきの由牒送す。前司随ひて則ち分配[4]目代を新司の許に送り之を行ふ。公[5]文を勘ずる目代に至りては、更に貴賤を論ずべからず。其の道に達するの者を用ふるが可なり。

【註】

(1) 交替政　官人の交替に際して前任者・新任者の間で行われる引継ぎ作業をいい、国司官長（受領）の交替業務を指す場合も多い。受領の交替において、前司から見た引渡しを「分付」、新司から見た引受けを「受領」と称し、後者は受領の語源ともなっている。

(2) 神拝　第十六条註(1)参照。

(3) 始め行…し送る　新司から前司に、交替政を開始する旨を通達するということ。ここでの「牒」は広く書状一般を指すと思われる。

(4) 分配目代　税所・田所などの所々の業務を割り当てられ、事務を取り仕切る目代。「所の目代」「一所目代」などとも呼ばれた。ここでは交替政を分配された目代を指すか。

(5) 公文を勘ずる目代　公文所を担当した公文目代のこと。公文目代が国務を統括する庁目代になるとする説もあるが、あくまで所々目代の一つとする説もある（泉谷康夫説）。第三十八条も参照。

【内容と解釈】

本条は、神拝ののち吉日を選んで交替政を開始することを述べるものであり、第二十二条までつづく交替政関連条文の冒頭に位置する総則的な条文である。また、「公文を勘ずる目代」（公文目代）には、出自を問わず、国務に長け

た者を選ぶべきことが述べられている。

本条には吉日を選んで交替政を行うとあるが、『群載』巻十五・賀茂家栄下向任国雑事日時勘文には「初行国務日時〈以此日時、初行交替雑務〉」とあり、政始の日に合わせて開始する場合もあったようである。

交替政は前司・新司の間で行われるものであるが、本条にあるとおり、実際には両者が目代を遣わし、彼らの間で事務作業が執り行われたと思われる。とりわけ新司は、官物の欠負・未納や官舎の破損など、何らかの不備があればこの段階で前司にその由を質しておく必要があり、それを怠ると自身の任終に際して責任を追及されることになった。そのため本条に特記されるように、公文目代には何よりも実務面における有能性が求められた。

国司の目代に、出自などに関わらず実質的な事務能力が求められたことを物語る事例は多い。国務条事においても、本条のほか第三十八条に「可以公文優長人為目代事」という条文が立てられており、優秀な目代を確保することの重要性が説かれている。

なお、所々の目代を統括する庁目代の事例ではあるが、『今昔』二十八—二十七に、伊豆守になった小野五友（五倫）が目代の任に堪える人材を広く探し求め、筆軽く算術に長けた六十ばかりの男を駿河国より呼び寄せ、男の前身が傀儡子であったことが判明したのちも、その能力を惜しみ目代として仕えさせたとある。また、『新猿楽記』に描かれる、理想的な受領郎等として目代などを務める「四郎君」の事例も著名である。さらに、外記・史が五位になって退任し受領巡任を待つ間、自ら目代となりその能力を発揮する場合も多かったとの指摘もある（五味文彦「花押に見る院政期諸階層」『院政期社会の研究』山川出版社、一九八四）。

なお、『時範記』には交替政に関する記述が残されておらず、赴任以前に京において交替政を行った可能性が想定される。本条や第二十一条に明らかなように、交替政は任国において帳簿のみならず現物を確認しながら行うのが原則であり、『群載』巻二十六・陸奥守藤原朝元為勤交替申前司文によると、十一世紀前半の時点でも、交替政を行うため、新司が自身の赴任に先立ち帰京してしまった前司の再下向を求めている。一方、⑰文書では、新司の赴任以前に前司が入京することを前提としており、現実には京で交替政を行う事例も少なくなかったのだろう。

【関連史料】

⑮〜⑱文書、『今昔』二十八―二十七、『新猿楽記』、『群載』巻十五・賀茂家栄下向任国雑事日時勘文、同巻二十六・陸奥守藤原朝元為勤交替申前司文

【参考文献】

阿部猛「国司の交替」(『平安貴族社会』同成社、二〇〇九、初出一九七六)、泉谷康夫「平安時代における国衙機構の変化」(『日本中世社会成立史の研究』高科書店、一九九二、初出一九七七)、福井俊彦『交替式の研究』(吉川弘文館、一九七八)、久保田和彦「国司の私的権力機構の成立と構造」(『学習院史学』一七、一九八一)

(山本　祥隆)

◇**第十九条**

一、交替程限事

外官任訖(1)、給假(2)装(3)東。近國廿日、中國卅日、遠國卌(4)日。除装東行程之外、百廿日為限。分為六分、四分(5)付領之期(6)(7)、一分所執(8)之程(9)、一分為繕寫署(10)印(11)之限。分付・受領、過(12)其定(13)限、解却見任、并(14)奪俸(15)料〈云々(16)〉。

【校訂註】

(1)訖…「誤」(底)、「説」(葉・史・豊・紅・東)、「説」〔「訖」と傍書〕(伴)。補註も参照。(2)假…「暇」(底)(3)装…「粧」(史・豊

(4)冊…「卅」〔「冊」と傍書〕（伴）(5)分…「卜」（東）(6)之…「也」（史・豊）(7)期…「朝」〔「期」と傍書〕（伴）(8)執…「執」〔「執」と傍書〕（伴）(9)程一分…脱〔「程一分」を補〕（伴）(10)署…「暑」（底・葉・東）(11)印…「官」（紅・東・伴）(12)過…「遇」（東）(13)定…「官」〔「定」と傍訂〕（東）、「完」〔「定」と傍書〕（伴）(14)并…下に「大」あり（紅・伴）、細字とす（東）(15)俸…脱（東）(16)〈云々〉…「云」（紅・伴・大）

（補註）

底本は「誤」、他の写本は多く「説」とするが、①「誤」や「説」では文意が通じないこと、②この部分の淵源と考えられる養老仮寧令13外官任訖条が「訖」とすること、③伴本の傍書も「訖」とすること、などから「訖」と校訂した。

【書き下し】

一、[1]交替の程限の事

外官任じ訖らば、[2]仮を給ひ装束す。近国は廿日、中国は卅日、遠国は卌日。装束の行程を除くの外、百廿日を限と為す。[3]分かちて六分と為し、四分は[4]付領の期、一分は[5]所執の程、一分は[6]繕写署印の限と為す。分付・受領、其の定限を過ぐれば、見任を解却し、并せて俸料を奪ふと〈云々〉。

【註】

(1) 交替の程限　交替政の期限。装束仮を除き百二十日を上限とする。令文には規定がなく、天平宝字二年（七五八）に定められた（『続紀』九月丁丑条）。【内容と解釈】参照。

(2) 仮　外官が任国に赴くための準備期間のことで、「装束仮」と称する。養老仮寧令13外官任訖条に、本条と同じく近国二十日・中国三十日・遠国四十日と規定されている。

(3) 分かち…と為し　交替の程限である百二十日を六等分するということ。一分は二十日。

(4) 付領の期　付領は分付・受領の略で、広義には交替政全般を意味するが、ここではそのうち帳簿（公文）と実物とを突き合わせ、勘会する作業を指す。期限は四分＝八十日。

(5)所執の程　所執は「所執の甄録《けんろく》」ともいい、官物・官舎の無実などに対して前司・新司それぞれが自身の言い分（＝所執）を主張し、それを不与解由状につぶさに記録する（＝甄録）こと。期限は一分＝二十日。

(6)繕写署印の限　不与解由状の清書・捺印など、交替政の最終完了のための期間。期限は一分＝二十日。

【内容と解釈】

本条は、広義の交替政を構成する種々の段階とそれぞれの期限を規定する。期限を過ぎても交替政が完了しない場合は、見任を解き、俸料を奪うという罰則も付記する。

本条に記される種々の規定は、段階的に整備されている。装束仮については、養老仮寧令13外官任訖条に本条と同様の規定が見え、おそらく大宝令も同内容であっただろう。ただし『延喜交替式』10条（本条では、福井俊彦『交替式の研究』〈吉川弘文館、一九七八〉によって『延喜交替式』に条文番号を付す）は遠国を六十日とする。

装束仮を除く交替政の期限百二十日は、天平宝字二年（七五八）にはじめて定められた（註(1)）。この規定は、本条に見える罰則を付加した上で延暦十七年（七九八）四月七日太政官符として出され、『延暦交替式』にも収録された。したがって、本規定は遅くとも延暦末年には定着したことになる。

交替政の三段階（付領・所執〈の甄録〉・繕写署印）とその期限については、大同二年（八〇七）四月六日官符（『三代格』巻五）により前司・新司が互いの言い分を不与解由状に記載・共署すべきことが定められ、所執の甄録の体裁が整えられた。さらに寛平七年（八九五）七月十一日官符（『三代格』巻五）で、付領・所執・繕写署印それぞれの期限が本条と同様に定められた。

段階的に成立した以上の規定は、『延喜交替式』に集大成されている。特に『延喜交替式』の10・12・13条は本条とほぼ同一の規定であり、また11条には任用国司の交替期限が、14条には前司・新司が病気にかかった場合の指示が存し、本条よりも詳細な内容を有している。41〜43・45条の不与解由状に関する種々の規定も、本条に密接に関わる。このことは、本条が延喜二十一年（九二一）撰進の『延喜交替式』の規定をほぼ引き写した内容であることを意味しており、摂関期・院政期においてどれほどの実効性を保っていたか、やや疑わしい面もある。

前司卒去による交替に関してではあるが、十世紀後半以降、交替手続やその監査体制が漸次弛緩し形骸化していったことが佐々木恵介氏により明らかにされており、一般の交替政も同様の傾向を有していたものと推測される。また、本条に期限が規定される「所執（の甄録）」は、いわゆる上野国交替実録帳に実例が見出される（㉔文書註⑶参照）。そこでは、年号や前司の名前を書き換えた様子がみてとれるが、これは前回以前のものが下書きとして使用されたことを意味しており、「所執（の甄録）」自体が形式化していたことを物語っている。ここにも、十一世紀前半における交替政弛緩の様相の一端が垣間見られる。

【関連史料】

養老仮寧令13外官任訖条、『続紀』天平宝字二年九月丁丑条、『延暦交替式』延暦十七年四月七日官符、『三代格』巻五・大同二年四月六日官符、同寛平七年七月十一日官符、『延喜交替式』、上野国交替実録帳（『群馬県史』資料編四・原始古代編四、平―四六〇九）

【参考文献】

早川庄八「交替式の基礎的研究」（『日本古代の文書と典籍』吉川弘文館、一九九七、初出一九六八）、阿部猛「国司の交替」（『平安貴族社会』同成社、二〇〇九、初出一九七六）、福井俊彦『交替式の研究』（吉川弘文館、一九七八）、佐々木恵介「摂関期における国司交替制度の一側面」（『日本歴史』四九〇、一九八九）、前沢和之「「上野国交替実録

帳」にみる地方政治」（『群馬県史』通史編二・原始古代二、一九九一）

（山本　祥隆）

◇第二十条

一、擇吉日可度雑[1]公文由牒送[2]前司事

所謂前々[3]司任終年四度公文土代[4]、交替廻日記、前司任中四度公文土代[5]、僧尼度縁戒牒、國印[6]、倉印[7]、文印[8]、驛鈴、鈎[9]匙[10]、鐵[11]尺、田[12]圖、戸籍、詔書、勅符、官符、省符、譜第[13]圖、風俗記文、代々勘判、封[14]符、代々不与[15]状、實録帳案[16]、交替日記、〈税帳、大帳、租[17]帳、出挙帳、調帳、官符長[18]案[19]、地子帳等合文[20]、諸郡収納帳案等也。〉自餘公帳、随國例可[21]。次巡検諸郡糒[22]塩穀穎及雑官舎、五行器等。若有不[23]動穀[24]者、依丈[25]尺高[26]勘之。其[27]動用穀者、簸棄土石以実受領。次勘官舎。〈神社、学[28]校、孔子廟[29]堂并祭[30]器、國廳院、共郡庫院、驛舘、厨家及諸郡院、別[31]院、驛[32]家、佛像、國分二寺[33]堂塔、経論等。〉

【校訂註】

(1)雑…「雑」（東）(2)送…「送」〔「送」と傍書〕（葉）、「逗」〔「送歟」と傍書〕（史・豊）(3)々…「々」〔「之」と傍書〕（伴）(4)土…「出」（紅）、「出」〔「土」と傍書〕（伴）(5)土…「出」（紅）、「出」〔「土」と傍書〕（伴）(6)印…「官」（紅・東）、「官」〔「印」と傍書〕（伴）(7)印…「官」（紅・東）、「官」〔「印」と傍書〕（伴）(8)印…「官」（紅・東）、「官」〔「印」と傍書〕（伴）(9)鈎…「鈞」（伴）(10)匙…「匙」（葉・東）、「匙」〔「匙」と傍書〕（伴）(11)鐵…「鉄」〔「鉄」と傍書〕（伴）(12)田…「由」〔「田」と傍書〕（伴）(13)第…「前」（底・葉・豊）、「前」〔「若〈一本〉」と傍書〕（史）、「若」（紅・東）、「若」〔「第」と傍書〕（伴）(14)封…「對」（紅・東）、「対」〔「封」と傍書し、それを「對」と傍訂〕（伴）(15)与…「与」〔「與」と傍書〕（伴）(16)案…「實」〔「案」と傍書し、さらに「實」と傍書〕（伴）(17)租…「祖」（紅・東）、「祖」〔「租」と傍書〕（伴）(18)長…「帳」（史・豊・大）(19)案…「安」〔上に「其」を補い、「案」と傍訂〕（伴）

⑳合…「令」（紅）、「令」〔「合」と傍書〕（伴）㉑可…「耳」（史・豊・紅・東・大）、「耳」〔「耳」と傍訂〕（伴）㉒糒…脱〔「糒」を補〕（伴）㉓不…「未」〔「不」と傍書〕（伴）㉔穀…脱〔「穀」を補〕（伴）㉕丈…「大」〔「丈イ」と傍書〕（史）、「大」（豊）㉖高…「高」〔「商〈一本〉」と傍書〕（史）、「高」〔「商」と傍書〕（伴）、「商」（大）㉗動…「勧」（底・史・豊）、「勤」（紅・東）、「勤」〔「動」と傍書〕（伴）㉘学校…「受校」（底・葉）、「受」〔「学校イ」と傍訂〕（史）、「受」（豊）㉙堂…「壹」〔「堂イ」と傍書〕（史）、「壹」（豊）、「當」〔「堂」と傍書〕（伴）㉚祭器…「奈」〔「祭器イ」と傍書〕（史）、「祭」（豊）㉛院…「騎」〔「院」と傍書〕（伴）㉜驛…「騎」（底・葉・史・豊・紅）、脱〔「驛」を補〕（伴）㉝寺…「等」〔「寺」と傍訂〕（伴）

【書き下し】

一、吉日を択び雑公文を度すべき由を前司に牒送する事

所謂[1]前々司任終年の[2]四度公文の土代、[3]交替廻日記、前司任中の四度公文の土代、[4]僧尼の度縁戒牒、[5]国印、[6]倉印、[7]文印、[8]駅鈴、[9]鈎匙、[10]鉄尺、[11]田図、[12]戸籍、詔書、勅符、官符、省符、[13]譜第図、[14]風俗の記文、[15]代々の勘判、[16]封符、[17]代々の不与状、[18]実録帳案、交替日記、〈[19]税帳、[20]大帳、[21]租帳、[22]出挙帳、[23]調帳、[24]官符長案、[25]地子帳等の合文、[26]諸郡収納帳案等なり。〉自余の公帳、国例に随ふは可なり。次で諸郡の糒塩穀穎及び雑官舎、[27]五行器等を巡検す。若し[28]不動穀有らば、丈尺の高さに依りて之を勘ず。其れ[29]動用穀は、土石を簸棄し実を以て受領す。次で官舎を勘ず。〈神社、[30]学校、孔子廟堂并せて祭器、国庁院、[31]共郡庫院、[32]駅館、厨家及び諸郡院、[33]別院、[34]駅家、仏像、国分二寺の堂塔、経論等なり。〉

【註】

(1) 前々司任終年　寛平二年（八九〇）に国司の調庸貢納に対する責任は前司任終年分と当任三年分という任終年制が成立した（北條秀樹「文書行政より見たる国司受領化」『日本古代国家の地方支配』吉川弘文館、二〇〇〇、初出一九七五）。前々司任終年の貢納は前司の責任であったため、その年の四度公文の土代も前司から引き継ぐ

書類としてあげられているのであろう。

(2)　**四度公文の土代**　大帳・調帳・正税帳・朝集帳という四度公文の案のこと。国司は国内の行財政を報告するため、毎年四度公文を持参し上京することになっていた。

(3)　**交替廻日記**　国司の交替において、国内の文物を実検した際に記録された文書。同様の文書と思われる後出の「交替日記」との差異については判然としないが、「交替廻日記」が前々司と前司の交替で用いられたもので、「交替日記」がそれ以前の代々の交替日記であろうか。これらの記録は分付・受領の際の重要な情報となった。『北山抄』巻十・吏途指南の不与状事の項には、前後司間の交替政で問題が発生した際に所司（勘解由使）に提出される副進文書の一つとして「交替廻日記」があげられ、また上野国交替実録帳には「長和三年交替日記云、天延三年七月一日遭大風顛倒無実」といった形でみえる。延喜十年（九一〇）頃の越中国司の交替において正倉に収納された穀穎を検定した際に作成されたとされる越中国官倉納穀交替帳（平―二〇四）もこのような交替記録の一つであろう。

(4)　**僧尼の度縁戒牒**　得度の際に僧尼に発行される公験を度縁（度牒）、受戒の際に発行される公験を戒牒という。これらは僧尼自身に与えられるものであるから、ここで引継ぎ項目としてあげられている度縁と戒牒は、それらの写しであろう。国内の僧尼の公験は国司が管理していたと考えられる。特に国分寺・国分尼寺の僧尼に関しては、承和十一年（八四四）十一月十五日官符（『三代格』巻三）によりその度縁・戒牒を国庫に収め、僧尼が死亡した際には太政官に進上することとなった。

(5)　**国印**　国府の発給する文書に捺す国の印。第八・十一・十七条参照。

(6)　**倉印**　諸国の正倉の印で、国司が管理したと考えられる。隠岐・駿河・但馬の三面が現存するが、元来は諸国に一面ずつ存し（岸俊男「倉印管見」『日本古代籍帳の研究』塙書房、一九七三、初出一九六七）、その始用は養老三年（七一九）をそれほどくだらない時期とみられる（鎌田元一「古代の官印」『律令公民制の研究』二〇〇一、初出一九九四）。倉印の印影は、いわゆる「因幡国戸籍」（天平宝字元年〈七五七〉以降宝亀三年〈七七二〉以前。正倉院古文書正集巻二十九、大日古一—三一八）をはじめとして、八世紀から十二世紀までの文書にみえる。佐藤泰弘氏は、当初は国司の財政権を象徴する印章として頒下され、京進文書や発給文書以外の正倉に関わる文書に用いられていたと推測する。さらに平安時代中期になると、在京の受領が携帯し、厳密に管理されるべき国印の代用となる簡便な印章として使用されるようになったとする（「倉印と受領の執印」『日本中世の黎明』京都大学学術出版会、二〇〇一、初出一九九六）。

(7) 文印　未詳。なお『山槐記』元暦元年（一一八四）八月二十日の大嘗会の記事に「悠主基各文印一面」と大嘗会行事所の文書に捺すための印がみえる。

(8) 駅鈴　駅使が乗用を許された駅馬の匹数を刻んだ鈴。養老公式令43諸国給鈴条によると、大宰府に二十口、三関国・陸奥国に四口、大上国に三口、中下国に二口の駅鈴が配置されていた。

(9) 鈎匙　正倉のカギ。不動倉のカギは中央に進上することになっていた（『延喜交替式』）ので、ここでは動用倉などそれ以外の倉のカギを指す。第八・十一・十七条参照。

(10) 鉄尺《かねじゃく》　曲尺。直角に曲がったものさし。国内の基準尺とされたものだろう。

(11) 田図　班田にともなって作成された図。班田が途絶した後も、国内の土地の状況を把握するための根本資料として、国と民部省に保管されて重視された。班田の結果を記載した班田図は、天平十四年（七四二）の班田頃から全国的に整備されていったと考えられ、条里に沿って区画された土地について一町四方ごとに田主や田積、土地の利用状況などを記載し、さらにそれを条ごとに成巻した形態であったと考えられる（岸俊男「班田図と条里制」『日本古代籍帳の研究』塙書房、一九七三、初出一九五九）。田に関する文書としては、ほかに田主ごとに所有する田と田積を書き上げた田籍（鎌田元一「律令制的土地制度と田籍・田図」『律令公民制の研究』塙書房、二〇〇一、初出一九九六）も存在したが、弘仁十一年（八二〇）に、畿内の田籍は六年ごとに廃棄し畿外の田籍は京進を停める一方、班田図は永久保存かつ畿外のものは京進されることになり（『三代格』巻十五・同年十二月二十六日官符）、田図の重視が決定的となった。とりわけ、天平十四年図と天平勝宝七歳（七五五）・宝亀四年（七七三）・延暦五年（七八六）の各班田図は、「四証図」と称されて特に重要な田図として扱われた。なお、上野国交替実録帳には、班田図とは別に、班田に先立つ土地調査の結果を記した校田図があげられている。

(12) **戸籍**　養老戸令22戸籍条によると、戸籍は三十年間保存し、また天智朝に作成された庚午年籍は永久保存とされていた。

(13) **譜第図**　未詳。郡司など国内の有力豪族たちの家系を明らかにした系図の類か。なお天長元年（八二四）八月五日太政官符（『三代格』巻七）では、諸国に対し十二年に一度「郡司譜第諜」を式部省に提出するよう命じている。

(14) **風俗の記文**　国内の地理や風俗をまとめた文書を指すか。『風土記』がこれに含まれる可能性もある。第十五条には「粛老の者」に国内の風俗を上申させることがみえる。

(15) **代々の勘判**　国司は任を終えて帰京した際に（不与）解由状を勘解由使に提出しその審査をうけるが、勘判とはその結果を記した勘解由勘判のことを指す。新司は勘解由使に蓄積された以前の勘判を写し取り、それを任国に携行することで、国司交替の際の参考資料としたのであろう。その結果、国府には代々の勘判が蓄積されていったと思われる。第一条には新司は在京中に不与状を写し任国に携行することが示されており、勘判もこの不与状と同様に書写されたのであろう。

⒃ **封符** 未詳。封戸に関する文書か。もしくは正倉や印櫃などに国司がほどこす封に関わるものか。

⒄ **代々の不与状** 代々の国司が作成した不与解由状（またはその写し）。第一条によると、新司は任国下向に際し京において不与状を書写していくことが示されており、これと国府に保管された代々の不与状とを照合することで交替手続きの参考とされたと考えられる。

⒅ **実録帳案** 交替実録帳の案。交替実録帳は前司の死亡などによって通常の国司交替事務ができない時に、新司との事務引継ぎの際に作られた。京から派遣された検交替使と新司との間では検交替使帳、任用国司と新司との間では令任用分付実録帳が作成された（菊地礼子「令任用分付実録帳と交替実録帳」『古代文化』二七―四、一九七五）。

⒆ **税帳…等なり** 税帳以下割書となっているが、内容的に本来は割書ではなく、これ以前と同じ本文として続いていたと考えても特に矛盾しない。なお、税帳は正税帳のこと。地方財政の収支報告書で毎年太政官に提出し勘会を受けることになっていた。四度公文の一つ。ここでは以下に大帳、調帳と四度公文が登場し、既出の前々司任終年の四度公文や、前司任中の四度公文などと重複する。ここで示すのは前々司より前の税帳、大帳、調帳であろうか。

⒇ **大帳** 計帳のこと。毎年作成される人口統計。太政官に提出後、これをもとに主計寮などで調庸等の納入予定額が算出された。その内容は、各戸が提出する手実を郷ごとに集成した計帳歴名と、国郡ごとの集計である大帳（大帳目録）に二分され、前者を「計帳」、後者を「大帳」とする見解と、両者あわせて「計帳」、「大帳」などと

呼ぶとする見解とがある。四度公文の一つ。

(21) **租帳**　輸租帳のこと。田租や地子などの収支報告書。四度公文の調帳の枝文として民部省に提出され、主税寮の監査を受けた。

(22) **出挙帳**　官稲出挙を管理するための帳簿。大帳使によって主税寮に提出された。出挙については正税帳にも記載があるため、出挙帳は民部省における正税帳勘会に用いられた。

(23) **調帳**　調の現物とともに提出された文書。品目や数量、負担丁数等が記載されていた。民部省、主計寮のほか大蔵省、中務省等にも送られたと考えられる。四度公文の一つ。

(24) **官符長案**　京から逓送されてきた官符を写して貼り継ぎ巻子としたもの。

(25) **地子帳等の合文**　未詳。国衙領の地子の収支や収取に関する文書か。

(26) **諸郡収納帳案**　未詳。ただし、天禄四年（九七三）九月一日東寺伝法供家牒（平―三〇七）、長保四年（一〇〇二）九月十九日東寺伝法供家牒（平―四二八）、長和二年（一〇一三）十月十五日丹波国大山荘司解案（平―四七二）などには、郡司とともに官物収取に従事する国使である収納使が見えている。また『今昔』二十四―五十六には播磨守高階為家（承保三〈一〇七六〉～永保元年〈一〇八一〉在任）によって「賤ノ郡」の収納を命じられた「佐太」という「侍」が「郡司ガ宿」に宿して業務を沙汰したことが見えている。これらを勘案すれば、収納使による徴税状況が「諸郡収納帳」などとして、郡ごとにまとめられていた可能性が想定されるのではないだろうか。

(27) **五行器**　諸郡に保管されている一切の器物。養老儀制令17五行条に「凡国郡皆造五行器」とあり、『令集解』古記はこれについて「仮令、金器・木器・水器・火器・土器也。郡院者、鉏鍬大斧小斧鋳鎌鋸鑿之類。倉庫院者、長橋長杓木樽之類。厨院者、食器之類」としている。

(28) **不動穀…を勘ず**　不動穀については⑳文書参照。ここでは不動穀は不動倉の外見の大きさや高さを計って勘検するよう述べている。

(29) **動用穀…受領す**　動用穀は田租の貯蓄が進行中の正倉に納められた穀のこと。ここでは動用穀は箕で振るって土石を取り除き、実質の穀だけを引き継ぐよう述べている。

(30) **学校、…て祭器**　学校は国学の校舎。孔子廟堂と祭器は孔子をまつる儀式である釈奠の際に使用されるもので、養老学令3釈奠条に国学で毎年二月と八月の上丁日に孔子をまつる釈奠を行うことが規定されている。諸国の釈奠については㊵文書参照。

(31) **共郡庫院**　郡庫院は各郡に設置された器物などを保管する庫群を指す。「共」の意味は未詳。あるいは「并」の誤りか。

(32) **駅館**　『後紀』大同元年（八〇六）五月丁丑条に「備後・安芸・周防・長門等国駅館、本備蕃客、瓦葺粉壁」とあるように、「駅館」は一般的には駅家（註(34)）の建物群を指す。ただし、本条では「駅館」とは別に「駅家」が挙げられており、両者の差異についてなお問題が残る。もしくは駅館が国庁院・共郡庫院と厨家及び諸郡院の間に配置されていることを勘案すると、国府や各郡家に設けられた施設を指すか。

(33) **別院**　郡家別院のことか。各郡内の行政を担当する官衙は郡家だけでなく、郡の領域内にいくつかの出先機関が置かれていたと考えられており、その出先機関が本条の別院にあたるとの見解がある（山中敏史「郡衙の出先機関」『古代地方官衙遺跡の研究』塙書房、一九九四、初出一九八八）。

(34) **駅家**　駅路を中心に置かれた交通施設。主に駅鈴を所持する駅使のために駅馬の継ぎ立てを行い、休息・宿泊場所を提供した。律令制下に成立した駅伝制度は、平安中期以降は衰退していくものの、『時範記』には「播磨明石駅家」（承徳三年〈一〇九九〉二月十一日条）、「高草駅家」（同月十二日条）、「智頭郡駅家」（同月十五日条）などが登場し、因幡国に下向する平時範が利用したことを確認できる。なお底本以下多くの写本で「騎家」としており、上記の駅家とは異なる施設を指す可能性もある。

【内容と解釈】

本条は前司と新司との間での分付・受領の手順を示したものである。事書には新司が吉日を選んで公文を引き渡すよう前司に通知することとあるが、本文では前司から新司に引き継がれる文書・器物などを列挙したあと、さらに国内諸郡の穀穎や雑官舎、器物などを巡検し、国衙や郡家に所在する官舎などの勘検を行うように述べている。

十一世紀前半に作成された上野国交替実録帳は新司から前司に渡される不与解由状の草案であるとされるが、その内容は新司が上野国に所在するはずの官舎・器物・文書などの無実（現存するものも一部記されている）を指摘し、それに対して前司が弁明をおこなう勘陳問答の形をとっている。ここから当時の国司の交替においてどのような項目が引継ぎ対象となっていたかを具体的に知ることができる。

上野国交替実録帳の現存部分で取り上げられている引き継ぎ項目を列挙すると「式数正税公廨雑稲加挙本穎等」、「年年交替欠穀穎白塩」、「神社并学校院廟像礼服祭器雑物」、「国分二寺諸定額寺仏像経論資財雑具堂塔雑舎并府院諸郡官舎」、「国庫納仏経僧尼度縁戒牒」、「田図戸籍」となる。これと本条を比較すると、ほとんどの項目が一致することがわかる。国によって多少の差異はあろうが、おおよそ本条に示されたような項目が実際に諸国においても引継ぎ対象となっていたとしてよいだろう。

一方で、上野国交替実録帳からもわかるように、平安時代中期以降諸国の官舎や器物はその無実化が進行していた。

そのような状態のなか本条にあるように新司が自ら国内を巡検したかは疑わしい。なお、『時範記』においても国内巡検の様子は看取できない。当時の国司の交替政では、文書上だけで官舎や器物などの引継ぎをし、実物の勘検までは行わなかったというのが実情であろう。

また、上野国交替実録帳の分析からは、過去の「交替日記」などを引き写して不与解由状の文案が作成されていたことが明らかにされている。本文書では様々な種類の公文が引き継ぎの対象としてあげられているが、これらは交替政のみならず、新司の公文勘済などに際しても公文の「作文」のために活用されたのだろう。このように平安中期以降の地方行政にかかわる公文類は、実態とは乖離した形式を整えるためだけのものとしての側面が強い。

【関連史料】

『延喜交替式』、上野国交替実録帳（『群馬県史』資料編四・原始古代四、平―四六〇九）、越中国官倉納穀交替帳（平―二〇四）、『北山抄』巻十・吏途指南

【参考文献】

村井康彦『平安貴族の世界』（徳間書店、一九六八）、阿部猛「国司の交替」（『平安貴族社会』同成社、二〇〇九、初出一九七六）、前沢和之「「上野国交替実録帳」にみる地方政治」（『群馬県史』通史編二・原始古代二、一九九一）、中込律子『平安時代の税財政構造と受領』（校倉書房、二〇一三）

（吉松　大志）

◇第二十一条

一[1]、可造國内官物相折帳事

國司到任之日、勘定公文・官物之後、必[2]先[3]勘知官帳之物与國内物之欠剰。若國内有剰、放還前司。

【校訂註】

(1)一…脱（伴）(2)必…「女」（東）(3)先…「元」（紅）、「元」〔「先」と傍書〕（伴）

【書き下し】

一、国内官物の相折[1]帳を造るべき事

国司任に到るの日、公文・官物を勘定するの後、必ず先づ官帳[2]の物と国内の物との欠剰を勘知す。若し国内に剰有らば、前司を放還す。

【註】

(1)　**相折帳**　正税帳などの官帳と実物の有無の対応を記した帳簿のこと。『三代格』巻十七・貞観九年（八六七）五月八日官符に大帳について「以彼年帳、相折今年帳」とあるように、「相折」には二者を対照・比較するという意味がある。また『北山抄』巻十・吏途指南の古今定功過例・紀伊守景理の項には「未交替人、何知官物之相折乎」とあり、実際に国司交替の時には官物の「相折」がなされていたことが知られる。

(2)　**官帳**　国内に所在する資財について記したさまざまな帳簿を指すと思われる。例えば穀穎であれば、第二十条で前司から新司に引き継がれる「税帳」や「諸郡収納帳案」などがそれにあたるか。

【内容と解釈】

本条では、前司と新司の間で、第二十条に示された公文や官物などの分付受領が完了した後にすべきこととして、受領した帳簿の記載と国内に所在する実物を照合して増減を知ること、国内の実物の方が多いことを確認して前司を放還することを述べている。

照合の際には相折帳という専用の帳簿を作成し、厳密を期すように求められた。そして照合の結果、もし実物に不足がなければ前司は放還され、新司から前司に解由状が渡されることとなった（本任放還）。しかし実際には平安時代中期以降、国内施設や正税などの無実化が進み、官帳と比較して実物に余剰がある状況はほぼ皆無となっていた。そこで解由状は与えられないが、無実の責任は前司にはないことを証明する不与解由状がもっぱら発給されるようになった。

上野国交替実録帳はこの不与解由状の草案とされており、前司と新司の間で国内施設や官物の無実の現状をめぐって勘陳問答が繰り返されている。穀穎・官舎・田図戸籍など、一つ一つの項目ごとにチェックがなされている様子が見てとれる。

【関連史料】
上野国交替実録帳（『群馬県史』資料編四・原始古代四、平―四六〇九）、『北山抄』巻十・吏途指南

【参考文献】
村井康彦『平安貴族の世界』（徳間書店、一九六八）、阿部猛「国司の交替」（『平安貴族社会』同成社、二〇〇九、初出一九七六）、阿部猛編『北山抄注解　巻十吏途指南』（東京堂出版、一九九六）

（吉松　大志）

◇**第二十二条**

一、可限内必[1]与不事[2]

限内相定与不、可言上之由、前格[3]後符厳誡[4]分明〈云々〉。

【校訂註】

(1)必…下に「定」を補（伴）、下に「定」あり（大）　(2)事…「官」（紅）、「官」〔「事」と傍訂〕（伴）　(3)格…「恪」（葉・紅・東）、「恪」〔「格」と傍書〕（伴）　(4)誡…「試」（底・葉・紅・東・大）、「威」（史・豊）、「試」〔「誡」と傍書〕（伴）

【書き下し】

一、限内[1]に必ず与不[2]すべき事

限内に与不を相定め、言上すべきの由、前格後符[3]に厳誡分明なりと〈云々〉。

【註】

(1) **限内**　天平宝字二年（七五八）には交替の遅滞を防ぐため、任符到着後百二十日以内に交替すべきこと、その期限を過ぎる場合は太政官に上申すること、が定められた（『続紀』九月丁丑条）。この交替期限百二十日は、第十九条にもみえる。

(2) **与不**　前司に解由状を与えるか否かということ。解由状は、第二十・二十一条のような各公文と現物との照合検査の結果、官物の欠負未納や諸施設の無実・破損がなければ前司に与えられる。なお、解由状の初見は『延暦交替式』天平五年（七三三）四月五日式部省符に「交替官人付解由状事」とあるものである。

(3) **前格後…明なり**　慣用表現であり、類似する表現として『要略』巻五十一・天暦元年（九四七）閏七月二十三日官符に「前格後符炯誡重畳」、上野国交替実録帳に「前格後符灼誡重畳」とある。諸写本の「試」や「威」は「誡」の誤写と考えられ、本条では伴本の傍書にしたがい「誡」に改めた。

【内容と解釈】

交替の期限内に、前司に解由状を与えるか否かを決定し、その結果を中央に報告すべきことを記している。

交替政の期限は天平宝字二年（七五八）に百二十日と決められた（註(1)）ものの、実際には遅延するケースが多かった。これは、官物の欠負未納をめぐって前司と新司との間で抗争が長引き、新司が前司に解由状を与えないためであった。そうした状況を受け、延暦年間以降、勘解由使の設置や不与解由状の出現といった、交替制度の整備・再編が進んだ。

そのなかで、九世紀には前司に対して解由状が与えやすくなるように、その改革が行なわれた。解由状の形式として、式解由・式代解由・己分解由・会赦解由の四種が新たに生まれたのである（『群載』巻二十六に、これらの解由・不与解由状を与える旨を言上する文書が掲載されている）。これにより、当任期間中の未納のみ補填すれば解由状を与えられるようになり、交替政にかかる時間の短縮が図られた（梅村喬「勘会制の変質と解由制の展開」『日本古代財政組織の研究』吉川弘文館、一九八九、初出一九七四）。しかし、実際には解由状を与えて交替政が円滑に進むケースは減少していき、不与解由状を与える場合が多くなっていく。

そもそも不与解由状とは、新司が前司に解由状を与えられない理由を記し、上申するものである。そこには交替期間中の「所執之程」に交わした前司・新司両者の主張が併記されるとともに、「繕写署印」すなわち清書・加署が施された（第十九条参照）。つまり、不与解由状には前司と新司との間で争点となった事項が記されたのであり、そのために勘解由使勘判において的確な裁定を下すうえでの基本資料として使われたのである。このような不与解由状は、大同二年（八〇七）に確立した（『三代格』巻五・同年四月六日官符）とされている（吉岡眞之「不与解由状と勘解由使」『古代文献の基礎的研究』吉川弘文館、一九九四、初出一九七八）。

本条は、解由状を与えるか否か期限内に決定すべきことを述べているが、実際には解由状と不与解由状のどちらを与えるかという選択が求められている。しかしながら、当時の実態としては、不与解由状を与える場合がほとんどであったことにも注意すべきである。

なお、解由状の書式は延喜式部式上164解由条に、不与解由状の実例は上野国交替実録帳や『群載』巻二十六・勘解由使続文所引の相模国解文にみえる。

【関連史料】

延喜式部式上164解由条、上野国交替実録帳（『群馬県史』資料編四・原始古代四、平―四六〇九）、長元元年五月五日土佐国司解、長元三年十月五日土佐国司解、元永三年十一月二十二日因幡国司解、天徳三年周防国司解、勘解由使続文（以上『群載』巻二十六）

【参考文献】

長山泰孝「勘解由使設置の意義」（『律令負担体系の研究』塙書房、一九七六、初出一九六二）、村井康彦『平安貴族の世界』（徳間書店、一九六八）、阿部猛「国司の交替」（『平安貴族社会』同成社、二〇〇九、初出一九七六）、福井俊彦『交替式の研究』（吉川弘文館、一九七八）、吉岡眞之「不与解由状と勘解由使」（『古代文献の基礎的研究』吉川弘文館、一九九四、初出一九七八）

（宮川　麻紀）

◇第二十三条

一、可旬納七日事

八月上中旬少徴[1]、下旬・九月上旬少増[2]、中下旬・十月上中下旬多徴[3]。随旬上下、々起請符。若有其勤之郡者[4]、抽[5]加[6]恩賞之勞[7]。至于不勤者、可處譴責[8]。但随國有[9]風土[10]俗之例、可行無公私損之法。

【校訂註】
(1)徴…「微」(史・豊・紅・伴・大) (2)増…「謂」(紅)、「謂」〔「増」と傍書〕(伴) (3)徴…「微」(史・豊・紅・伴・大) (4)其…脱(史・豊) (5)抽…下に「加」を補(伴) (6)加恩…「賀」〔「加恩歟」と傍書〕(底)、「賀」(葉・史・豊・紅・東)、「賀」〔「恩」と傍書〕(伴) (7)之勞…「之」を抹消し、「勞」の下に「之」を補(伴)、「勞之」(大) (8)譴…「繾」(紅)、「継」〔「譴」と傍書〕(伴) (9)有…「有」〔「古歟」と傍書〕(葉・東)、「有」〔「土歟」「古イ」と傍書〕(史)、「有」〔上に「土歟」と補〕(豊)、「古」(紅・伴・大) (10)土…「出」(紅)、「出」〔「土」と傍書〕(伴)

【書き下し】
一、旬納[1]は七日とすべき事
八月上中旬は少し徴り、下旬・九月上旬は少し増し、中下旬・十月上中下旬は多く徴る。旬の上下に随ひて、起請[2]符を下す。若し其の勤め有るの郡は、抽びて恩賞の労を加ふ。勤めざるに至りては、譴責に処すべし。但し国に随ひて風土俗の例有らば、公私の損無きの法を行ふべし。

【註】
(1) 旬納 尾張国郡司百姓等解第十四条に「旬法符」とあるものと関連する。阿部猛氏は旬法について、貢納を一定の日数をおいて分割徴収する規定としている(『尾張国解文の研究』大原新生社、一九七一)。【内容と解釈】参照。
(2) 起請符 起請には元来、発議・申請の意があり、下からの上申・上奏をそのように呼んだが、九世紀頃には上から下される制規・制誡・禁制の意に転じた。さらには、それらの履行を誓約する意が生じ、自己の行為を神仏に誓約するいわゆる「起請文」へとつながっていく。本条の「起請符」は、郡に対して各旬の徴収量を下達する国符である。このような「起請」に関連する史料として、『時範記』承徳三年(一〇九九)三月二・三日条が挙げられる。そこでは、新任国司として赴任した因幡守平時範に対して、諸郡司等が「一把半利田」、すなわち田地の一割五分を控除する旨の請文を提出している。それを受けた時範は、宇倍宮（因幡国一宮）で誓約している。このような神への誓約（起請）を経て決定した官物賦課田は、「起請田」と呼ばれた（⑭文書参照）。おそらく、本条の場合も国司が徴収量を神への起請を経て決定し、それを郡司等に対して国符で通告したものと推測できる。

【内容と解釈】

八月上中旬は少量徴収し、八月下旬・九月上旬は徴収量を少し増加し、九月中下旬・十月上中下旬は多量に徴収すること、各旬の徴収量を記した起請符を下すこと、努力して成果を上げている郡には褒賞し、そうでない郡は譴責すること、ただし国により風土や慣習に違いがあれば公私に損がないようにすべきであること、を記している。時期や内容から考えて、稲の徴収に関するものであろう。

本条が述べる旬納がどのような徴収方法を指すかは、史料上の制約から未詳である。註⑴でふれた阿部氏の説のように分割徴収であるとすれば、本条は徐々に増量しながら分割徴収していくべきことを述べているともとらえられる。一方で、関連史料である尾張国郡司百姓等解第十四条に対する阿部氏の解釈には再考の余地もあり、旬法も旬納も分割徴収でない可能性がある。本条では、国が諸郡に対して各旬の徴収額を記した起請符を下し、褒賞あるいは譴責によって諸郡の徴収を促すこととしている。したがって、ここでは国司が諸郡からの徴収を確実に行うための工夫が記されているといえよう。そのように考えると、八月上旬以降の徴収額が徐々に高く設定されているのは、徴納が遅れるほどに徴収量を多くすることで、諸郡からの徴収をより早くより確実にしようとする方策であったとも読める。その場合、「旬納七日」は七日ごとに徴収することを指すのではなく、各旬のうち七のつく日、すなわち七・十七・二十七日に徴納すべきことをいう可能性もある。

なお、本条にも国ごとの風土や慣習に従ってよいとの文言が見えるが、稲には多様な品種が存在しており（平川南「種子札と古代の稲作」『古代地方木簡の研究』吉川弘文館、二〇〇三、初出一九九九）、気候や風土もあいまって、収穫期や収量が土地ごとに異なっていたと考えられる。

【関連史料】

尾張国郡司百姓等解第十四条（『愛知県史』資料編七・古代二）、⑭文書

【参考文献】

正木喜三郎「起請田に見る租税請負制」（『大宰府領の研究』文献出版、一九九一、初出一九六〇）、土田直鎮「国司の任国下向と総社」（『古代の武蔵を読む』吉川弘文館、一九九四、初出一九六四）、阿部猛『尾張国解文の研究』（大原新生社、一九七一）、網野善彦「荘園公領制の形成と構造」（『網野善彦著作集』第三巻、岩波書店、二〇〇八、初出一九七三）、東野治之「『令集解』に引かれた奈良時代の請事・起請」（『日本古代史料学』岩波書店、二〇〇五、初出一九七四）、入間田宣夫「起請文の成立」（『百姓申状と起請文の世界』東京大学出版会、一九八六、初出一九八五）、早川庄八「起請管見」（『日本古代の文書と典籍』吉川弘文館、一九九七、初出一九八九）、佐藤泰弘「国の検田」（『日本中世の黎明』京都大学学術出版会、二〇〇一、初出一九九二）、保立道久「中世初期の国家と庄園制」（『日本史研究』三六七、一九九三）

（宮川　麻紀）

◇第二十四条

一、可以信馭民事

駆民之術、以信為先。民若知之、則所仰之事、指[1]掌[2]易成。若以矯[3]餝[4]駆之、則人多疑心。

【校訂註】

(1)指…「損」〔「指」と傍書〕(史)、「損」(豊)　(2)掌…「賞」〔「掌イ」と傍書〕(史)、「賞」(豊)　(3)矯…欠(底)、脱〔「矯」を補〕(伴)　(4)餝…脱(紅)

【書き下し】

一、信を以て民を駆すべき事

民を駆するの術、信を以て先と為す。民若し之を知らば、則ち仰する所の事、掌[1]を指して成し易し。若し矯飾[2]を以て之を駆せば、則ち人に疑心多し。

【註】

(1)　掌を指して　非常に容易なこと。『論語』八佾の包咸注に「如指示掌中之物、言其易了」とある。

(2)　矯飾　うわべをいつわりかざること。

【内容と解釈】

本条から第二十六条までの三条は、国司が任国で政治をおこなうに際しての訓戒的な条文となっている。その最初である本条では、民衆に対して信をもって統治をおこなうことの重要性が説かれ、偽ったり飾り立てたりして政治をおこなおうとすると民衆から疑いの目を向けられると警告している。

本条は「以信為先」など、儒教的表現が見られるのが特徴である。儒教的徳治主義によって任国を治めようとする姿勢は九世紀の「良吏」をはじめ古代を通じてみられる。ここではやや古い時代の例になるが、菅原道真をとりあげたい。『菅家文草』には、道真が仁和二年(八八六)から寛平二年(八九〇)まで守として赴任していた讃岐国で詠まれた漢詩が多数おさめられている。その中の二一九・行春詞に「事々当資仁義下（事々仁義の下に資るべし）」「尊長思教卑幼順　卑貧恐被富強凌（尊長は卑幼を順はしめむことを思ふ　卑貧は富強に凌げられむかと恐る）」、二二一・路遇白頭翁に「願因積善得能治（願はくは積善に因りて能く治むること得む）」とあるように、道真は仁義や積善を重視して任国を統治しようという姿勢をみせている。本条はこのような道真の儒教的徳治主義が一貫して平安時代の貴族層に継承されていったことを示唆している。

【関連史料】

『菅家文草』二一九・行春詞、同二二一・路遇白頭翁

【参考文献】

春名宏昭「菅原道真の任讃岐守」（和漢比較文学会編『菅原道真論集』勉誠出版、二〇〇三）、佐々木恵介『受領と地方社会（日本史リブレット　一二）』（山川出版社、二〇〇四）

（吉松　大志）

◇**第二十五条**

一[(1)]、為政之處、必具官人事

被置四[(2)]等官[(3)]、皆[(4)]是為政也。必可具其人。

【校訂註】

(1)一…脱〔「一」を補〕（史）、脱（豊）　(2)四…「曰」〔「心イ」と傍書〕（史）、「曰」（豊）、「心」〔「四」と傍訂〕（伴）　(3)官…「宮」〔加筆して「官」と訂正〕（伴）　(4)皆…脱（大）

【書き下し】

一、政を為すの処に、必ず官人[(1)]を具す事

四等官[(2)]を置かるるは、皆是政のためなり。必ず其の人を具すべし。

【註】

(1)　**官人**　ここでは後出の「四等官」と同義。受領以外の任用国司を「官人」と称する表現は、国務条事では新司入境の第七条、境迎の第八条、印鎰受領の第十一条にも見える。なお、大治二年(一一二七)紀伊国在庁官人等解案(平―補三〇二)や、康治二年(一一四三)尾張国安食荘立券文(平―二五一七)などでは、「介」や「掾」たちが「官人」として署判を加えているが、彼らの中には「散位」を称するものが含まれており、除目で任命された任用国司とは考えられない。これらは【内容と解釈】で述べる有力在庁官人が帯びる在国司職であろう。

(2)　**四等官**　国司の守・介・掾・目のこと。国務条事には、第十条で新司が任符を「目」に授ける、第十一条で「次官以下目以上」が新司の館へ印鎰を持参する、第十七条で「長官」「庶官」が尋常庁事に参加する、といった例がある。

【内容と解釈】

本条では、政務は国司の四等官がおこなうべきことが述べられている。

九世紀以降、調庸貢納や正税確保の責任が受領(官長)に集中するのにともない、任用国司の形骸化や遙任化が進んだ。十世紀に入ると地方では郡司や有力豪族層が受領のもとに結集して国郡行政の一体化が進み、また受領が任地に赴く際に同伴した子弟や郎等も現地で受領の手先として活動した。彼らは任用国司の代わりとして徴税行為をはじめとするさまざまな統治活動に従事したが、その中で地域支配層との軋轢が生じることもあった。それを示す史料と

して著名なのが尾張国郡司百姓等解である。

同解の第十六条には「就中検田之政、以任用国司勘注之。而或郡放濫悪之子弟郎等、或郡入不調之有官散位者」とある。これは京からやってきた受領の子弟や郎等に対抗するため、現地支配層である郡司や百姓が、本来国内の政治は国司四等官でおこなうべきであるという制度的な立て前を持ち出していると考えられる。このように国司四等官が国務を執行するのが正しいあり方であるという見解が、中央の貴族の編纂した『群載』と地方支配層の作成した解文で共通していることは注目すべきである。

しかし一方で第十八条や第三十八条では国務に従事する有能な目代の重要性が説かれている点が興味深い。現実としては国司以外の者が諸々の業務をおこなうのが日常的であり、彼らの存在がなければ国内統治は立ち行かなかったはずである。ここに現実を踏まえつつも制度的な立て前も維持しようという国務条事の意識がうかがえるだろう。

『時範記』承徳三年（一〇九九）二月十五日条を見ると、因幡介久経が守平時範から神拝についての指示を受けている。ただしこれは久経が宇倍宮社司を兼ねているためと思われ、それ以外の記事では三人いる介はもっぱら時範に対する馬の貢上をおこなっているのみで、また掾や目は見えない。時範が因幡守をつとめた十一世紀末～十二世紀初頭には、すでに中央が任じる任用国司は実質的機能を喪失し、在庁官人などが任用国司を称する「在国司職」が諸国で成立し始めるとされ、関幸彦氏は宇倍宮社司を兼ねる介久経を「在国司」にあたると推測している。したがって彼らは本条のいう四等官とは異なる存在であったと考えられる。

【『時範記』との対応】

○承徳三年（一〇九九）二月十五日条

次召介久経仰神拝事。

○三月十日条
今日介久経貢馬四疋。
○三月十六日条
介助貞貢馬二疋。
○三月二十五日条
介邦真貢馬。

【関連史料】
大治二年紀伊国在庁官人等解案（平―補三〇二）、康治二年尾張国安食荘立券文（平―二五一七）、尾張国郡司百姓等解第十六条（『愛知県史』資料編七、古代二）

【参考文献】
義江彰夫「国衙支配の展開と郡の変質」「荘園公領制の形成と在庁官人体制」（『鎌倉幕府地頭職成立史の研究』（東京大学出版会、一九七八、初出一九七六）、泉谷康夫「平安時代における国衙機構の変化」（『日本中世社会成立史の研究』高科書店、一九九二、初出一九七七）、関幸彦「「在国司職」成立の諸前提」「「在国司職」の成立と展開」（『国衙機構の研究』吉川弘文館、一九八四）、山口英男「十世紀の国郡行政機構」（『史学雑誌』一〇〇―九、一九九一）

（吉松　大志）

◇**第二十六条**
一、定政(1)之後、不可輙改事

為政之道、以厳為本。仍議[2]定之後、輙不可改定[3]。若有改定、則[4]百姓稱[5]輕々而已。

【校訂註】

(1)政…「改」（史・豊）　(2)議…「儀」（東）　(3)定…下に「之」あり（東）　(4)則…脱（豊）　(5)稱…「講」（紅）、「講」〔「稱」と傍訂〕（伴）

【書き下し】

一、政を定むるの後、輙く改むべからざる事

政を為すの道、厳を以て本と為す。仍て議定の後、輙く改定すべからず。若し改定有らば、則ち百姓軽々と称するのみ。

【内容と解釈】

本条では、国内政治における決定を安易に変更してはならないことが説かれている。もし決定事項を変えたりすれば、民衆は軽率であると非難するであろうと注意している。

（吉松　大志）

◇第二十七条

一、不可輙[1]解任郡司・雑色人事

若有雑怠[2]、重可召勘、兼加諷諫。但至于重[3]犯、不在此限。

【校訂註】

(1)輙…「輙」〔「輙」と傍書〕（伴）　(2)怠…「忩」（豊）、「忩」〔「怠イ」と傍書〕（史）、「恙」（紅）、「恙」〔「怠」と傍書〕（伴）　(3)重…「香」〔「重」と傍訂〕（伴）

【書き下し】

一、輙く郡司[1]・雑色人[2]を解任すべからざる事

若し雑怠[3]有らば、重ねて召し勘じ、兼ねて諷諫[4]を加ふべし。但し重犯[5]に至りては、此の限りに在らず。

【註】

(1) **郡司**　九世紀までの郡司は、専ら令に規定された大領以下を指すが、十世紀に入ると「郡老」「勾当」「行事」などを称する非令制職名郡司（雑色人郡司）が郡判等に現れるようになる。さらに十一世紀以降になると、郡判に複数の郡司が署名する事例や、非令制職名郡司が見られなくなる。かわって各郡には「郡司」や「大領」を称する者が一名のみ確認できるようになり（一員郡司制）、彼らは次第に在地領主化していくと考えられる。このように時期によってその性格は変化するが、十世紀以降の「郡司」は概ね国衙の指示のもとで地方行政に従事する存在であったといえる（森公章「雑色人郡司と十世紀以降の郡司制度」『古代郡司制度の研究』吉川弘文館、二〇〇〇、初出一九九八・九九）。国務条事の成立時期をどこに想定するかによって本条の「郡司」が示す内容は変わってくるが、仮に編者の三善為康の時代と考え、さらに国務に従事する存在とされていることを踏まえれば、一員郡司制下の郡司と考えられるだろう。

(2) **雑色人**　国の所などに属し、国衙の業務を行った下級職員。国務条事では第十三条に「雑人」「書生」、第二十八・二十九条では「雑任」と見える。『世紀』天慶四年（九四一）十一月十日条には、判官代を雑色人と呼ぶ例が見えており、現地の有力者の中から選ばれて国衙に勤務した国書生や判官代などを指すと考えられる。森公章氏が指摘するように、十世紀以降の「郡司」と雑色人とは時期的には併存しており、本条の郡司と雑色人も別のものとすべきだろう（註(1)森論文）。

(3) 雑怠　小さな過失、あやまち。

(4) 諷諫　それとなくいさめること。

(5) 重犯　程度の重い犯罪のこと。律などでは重ねて罪を犯すことの意でも用いられるため、あるいは「雑怠」が重なることとも考えられる。

【内容と解釈】

本条から三条にわたって、郡司や雑色人などの在地の人物との接し方や待遇についての心構えが示される。本条では郡司や雑色人が軽微な失敗を犯した場合は、注意にとどめ簡単に解任しないよう述べる。ただし、重い罪ないし重ねての違反を犯した場合には解任することを認めている。これは、在地の勢力の立場を尊重しながらも、彼らに対する監督権ひいては解任権を国司が保持していたことをうかがわせる。

国司による郡司の処罰については、『三代格』巻七・元慶三年(八七九)九月四日太政官符で、郡司や書生・国掌への恣意的な決罰を禁じている。この格は任用国司の私怨による処罰を禁じたものであり、受領による過剰な処罰を戒めた本条とは異なっているが、在地支配層の尊重という点では共通するものが認められるだろう。

【関連史料】

『三代格』巻七・元慶三年九月四日太政官符

【参考文献】

米田雄介『郡司の研究』(法政大学出版局、一九七六)、山口英男「十世紀の国郡行政機構」(『史学雑誌』一〇〇—九、一九九一)、森公章「国書生に関する基礎的考察」(『在庁官人と武士の生成』吉川弘文館、二〇一三、初出一九九三)、同「雑色人郡司と十世紀以降の郡司制度」(『古代郡司制度の研究』吉川弘文館、二〇〇〇、初出一九九八・九九)

（西本　哲也）

◇第二十八条

一、可知郡司・雑任等清濁勤惰事

勤仕公事之輩、以清廉者為首。仍為明清濁[1]、必可知勤惰也。抱忠節之者抽加恩賞。是勵傍輩之故也。

【校訂註】

(1)濁…「濁」〔「濁」と傍書〕（東・伴）

【書き下し】

一、郡司[1]・雑任等の清濁勤惰を知るべき事

公事に勤仕するの輩、清廉の者を以て首と為す。仍て清濁を明らかにせむがため、必ず勤惰を知るべきなり。忠節を抱くの者、抽びて恩賞を加ふ。是傍輩を励ますの故なり。

【註】

(1)　郡司・雑任　国務に従事する郡司・雑色人のこと。第二十七条註(1)(2)参照。令文では雑任は広く史生などの内分番の下級職員を意味するのに対し、雑色人は品部・雑戸などを意味したが（『令集解』賦役令6義倉条の諸説）、ここでは第二十七条と同様の国府の下級職員一般と考えるべきであろう（坂本太郎「古代における雑色人の意義について」『坂本太郎著作集』第七巻、吉川弘文館、一九八九、初出一九五二）。

【内容と解釈】

本条では、国司が郡司や雑色人の清廉さや勤務態度を知る必要があると述べる。郡司や雑色人の中で清廉さを持っ

た者を最も重視すべきであり、そのために勤務態度を知るべきとする。その中で、同僚を励ますために忠節の心を持つ者には恩賞を与えることを求めている。

国司が郡司の考課を行うということは令制まで遡る。養老考課令67考郡司条には郡司が「清謹勤公、勘当明審之類」である場合には国司が四等のうち上等の評価をするとあり、本条との共通点が窺える。また養老選叙令13郡司条では郡領の任用条件として「性識清廉」なることをあげている。これらは抽象的・一般的な文言ではあるが、国家が郡司ら在地支配層に求める資質として伝統的な概念であったといえよう。

（西本　哲也）

【関連史料】

養老考課令67考郡司条

【参考文献】

第二十七条参照

◇第二十九条

一、不可輙狎(1)近部内浪(2)人并郡司・雑(3)任(4)事

百姓狎(5)近、必瞻賢愚。内(6)表虞(7)胡、外放(8)狎(9)詞。仍於公私務、自有忽諸。但随國躰耳(10)。

【校訂註】

(1)狎…「押」〔「狎」と傍書〕（伴）　(2)浪…「限」（東）　(3)雑…「雅」（東・紅・伴）　(4)任…脱（紅）、脱〔「任」「人」を補〕（伴）　(5)狎…「押」〔「狎」と傍書〕（伴）　(6)内…「同」（紅・伴）　(7)虞…「慮」（紅）、「慮」〔「虞」「虜」「盧」と傍書〕（伴）、「虜」（大）　(8)放…

「攷」（東・紅）、「放」（「改」「放」「致」と傍書）（伴）⑼狎…「押」（「狎」と傍書）（伴）⑽耳…「可」（葉・東）

【書き下し】

一、輙く部内の浪人[1]并せて郡司[2]・雑任に狎[3]近すべからざる事
百姓[4]狎近せば、必ず賢愚を瞻る。内には虜胡[5]を表すも、外には狎詞[6]を放つ。仍て公私の務に於て、自ら忽諸[7]有り。但だ国体[8]に随ふのみ。

【註】

(1) 浪人　ここでは、郡司や雑色人に含まれない在地有力者のこと。浪人（＝浮浪人）は本籍地を離れて他所に居住するものを指すが、九世紀を通じてその中の富裕者たちがいわゆる富豪層（動産を蓄積するとともに、しばしば国司に抵抗した階層）の一角を占めるようになり、公的な財源の確保などの面でも重視されるようになっていった。本条の「浪人」という表現は、元来こうした階層を指すものとして使用された語と考えられる。

(2) 郡司・雑任　国務に従事する郡司・雑色人のこと。詳細は第二十七条註⑴⑵、第二十八条註⑴参照。

(3) 狎近　なれなれしく近づくこと。

(4) 百姓　浪人・郡司・雑色人などを総称した、在地の人物のこと。

(5) 虜胡　虜胡の語は『史記』巻三十六・陳杞世家の索隠注に春秋左氏伝の引用として見え、異民族のことを指すものと考えられる。したがって、ここでは心のうちでは国司に反逆心をもっているという意味。

(6) 狎詞　なれなれしく媚びるような言葉。

(7) 忽諸　おろそかになること。

(8) 国体　国柄のこと。国務条事では、第七条の「国風」、第八条の「土風」、第十二条の「随国有例」、第十四条の

「旧跡」、第十五条の「旧風」、第二十条の「国例」、第二十三条の「国古風土俗之例」などに見えるように、それぞれの地域の先例を尊重すべきことが繰り返し説かれる。

【内容と解釈】

本条では、国司は部内の郡司・雑色人といった国府の職員や有力者たちと過剰に接近すべきではないと述べる。その理由として、在地の人間と過剰に接近すると、彼らは国司が有能かどうかを判断し、有能でないとみると面従腹背して公私を問わず仕事がおろそかになるからであるとする。ただし、この点についても国務条事の他の条文と同様、国例には随うべきであるとする。

在地の人物が国司を評価することについては、第七条の境迎の際についても見え、入境から日常に至るまで、国司は在地社会の人間から侮られないように気を配る必要があった。

【参考文献】

第二十七条参照

（西本　哲也）

◇第三十条

一、國司入部、供給従儉[1]約事

國司入部之間、非無事煩。仍可従儉[2]約。

【校訂註】

(1)儉…「佮」〔「儉」と傍書〕（伴）　(2)儉…「佮」〔「儉」と傍書〕（伴）

【書き下し】

一、国司の入部[1]するに、供給[2]は倹約に従ふ事

国司入部の間、事の煩ひ無きに非ず。仍て倹約に従ふべし。

【註】

(1) 入部　部内に入ること。国司の「入部」については、『三代格』巻十四・承和六年（八三九）十月一日太政官符に、前司が入部し官物を徴収することを認めたことが見える。また、天平宝字三年（七五九）の東大寺開田越前国足羽郡糞置村地図奥書（『大日古』四―三九三）には大目が「入部内」として、天平神護二年（七六六）越前国司解（『大日古』五―五五四）には少目が「入部」として、それぞれ署名を行っていない。この二名は国府におらず部内に出ていたと考えられる。このように「入部」とは任国に入ることではなく、国内の諸郡に入ることを指す。

(2) 供給　タテマツリモノ。他者に対して食物などを提供すること。この場合国司に対する在地の者のもてなし・饗応。第十二条註(1)参照。本条では、国司が任国にある間の諸郡巡行における在地からのもてなしを指す。

【内容と解釈】

本条は、国司が諸郡に入った際、国司への供給が人民の煩いとなることがあるため、倹約につとめることを述べる。供給に関しては、既に第十二条で、国司が任国に到着してから三日間の供給（三日厨）を所部の煩いがあれば停止させるべきことが述べられている。本条で改めて在地の煩いとなることを理由に供給の倹約を述べているのは、本条が赴任時ではなく国司が在国している間の巡行の際の供給を対象としているためである。

供給により在地に負担をかけてはならないということについては、養老戸令34国郡司条に、国郡司が所部に出向い

て検校を行う際の供給などを在地の煩擾となるなら受けるべきでないと規定されている。こういった供給の具体例としては、尾張国郡司百姓等解第十六条に国衙からの雑使が多く郡に入り「土毛供給」と称して大量の物を責め取り、「供給調備」のほか米や絹を出させていること、同じく第三十条に検田使が郡に入り「供給之内」として垸飯のほか白米・黒米・絹を出させていることが見える。国司への直接の供給ではないが、供給が在地の負担となり得たことが分かる。また、『今昔』二十―四十六には能登守が諸郡巡行の際自ら食物を用意して行き、以前の国司には郡司が「曳出物」を供出していたが、それを断って田畠の耕作に専念するよう言って聞かせたことが見え、供給の倹約を述べる本条と共通する。

【関連史料】

第十二条、養老戸令34国郡司条、尾張国郡司百姓等解第十六・三十条（『愛知県史』資料編七・古代二）、『今昔』二十―四十六

【参考文献】

早川庄八「「供給」をタテマツリモノとよむこと」（『中世に生きる律令』平凡社、一九八六、初出一九八〇）

（林　友里江）

◇**第三十一条**

一、不可國司無殊病故、輙服(1)宍(2)・五辛(3)事

國務之中、必有無止(4)仏神事(5)。仍不浄之間、動致懈怠。無殊病故、輙不可服之。

【校訂註】
(1)服…「眼」〔「服」と傍書〕(伴)　(2)宍…「完」(底・葉・東)、「害」(紅)、「害」〔「宍」と傍書〕(伴)　(3)辛…「宰」(底・葉・東)
(4)止…「以」(東)　(5)事…脱〔「事」を補〕(東)

【書き下し】
一、国司殊に病の故無くは、輒く宍[1]・五辛[2]を服すべからざる事
国務の中、必ず止むごと無き仏神事有り。仍て不浄の間、ややもすれば懈怠を致す。殊に病の故無くは、輒く之を服すべからず。

【註】
(1)　宍　食用とする動物(主に猪や鹿)の肉。底本などは「完」とするが、「宍」を「完」と混同し表記することは諸史料に見える。
(2)　五辛　五種の辛みや臭みのある野菜をさす仏教用語。具体的にさすものについては諸説存在し、『令義解』僧尼令7飲酒条では大蒜・慈葱・角葱・蘭葱・興苣とするが、大蒜・革葱・慈葱・蘭葱・興渠(『梵網経』)、蒜・葱・興渠・韮・薤(『菩薩戒義疏』)、葱・薤・蒜・韮・胡(『大蔵法数』)などの説がある。

【内容と解釈】
国務の中でなおざりにできない仏事・神事を懈怠する原因となる肉・五辛を食することは、特段の病気のためでなければ避けるべきであるということを述べる。国司の職務において仏事・神事が重要な位置を占めていたことは、国司が国分寺や神社を修理すること、また神拝の重要性(第十六条)、『時範記』承徳三年(一〇九九)三月六日条で平時範が宇倍宮において百座仁王会を行っていることなどから窺えるところである。

養老僧尼令7飲酒条では僧尼に対し肉・五辛を食することを飲酒とともに禁じており、この二つは仏事において避けるべきものであった。一方神事においては、肉を食べることによる穢は喫肉穢と言われ、延喜臨時祭式49触穢応忌条には三日間の穢と規定されており、弘仁式でも同文ではないが同様の規定が確認できる（『西宮記』巻七・定穢事）。すでに『令集解』神祇令11散斎条古記所引延暦二十年（八〇一）五月十四日太政官符には、大嘗祭斎月のうちに行えば大祓を科すべき行為に「食宍」が含まれている。ただ、肉食は例えば『今昔』十九―六にあるように一般に行われていたようで、特に『今昔』二十九―二十七には肥後守がウサギなどを殺して食べたことが見え、本条の背景として注目される。五辛を食べることによる穢は湌五辛穢と言われるが、『延喜式』には見られない。摂関期には『小右記』長元元年（一〇二八）七月二十五日・長元三年九月三十日条のように韮・蒜を食べれば参内などを避けるべきであるという意識が見られるが、万寿元年（一〇二四）四月六日条には「至蒜不可忌神事」とあるように神事には及ばなかった。しかし、院政期には『殿暦』嘉承元年（一一〇六）八月十五日条に「今日依蒜忌不立奉幣」とあり、また『師通記』康和元年（一〇九九）四月十六日条や『殿暦』長治二年（一一〇五）八月十四日条に諸社における蒜などの忌の日数が見えるように、神事に影響を与えるようになった。『拾芥抄』下・食蒜日忌限事には湌五辛穢についての諸説が載せられているが、忌の日数は定まっておらず、定型化された穢ではなかったらしい。

肉・五辛はともに薬用として服されることが多く、僧尼令7飲酒条においても「疾病薬分」としてならば認めており、本条でも「殊病故」あれば服することを許容する。

【関連史料】

『令義解』僧尼令7飲酒条、延喜臨時祭式49触穢応忌条、『今昔』二十九―二十七、『拾芥抄』下・食蒜日忌限事

【参考文献】

池田啓子「触穢思想の変遷」（『山口女子短期大学研究報告（第一部人文・社会科学）』二七、一九七三）、大垣豊隆「古代に於ける穢の諸相」（『神道宗教』一〇六、一九八二）、三橋正「穢規定の成立」（『日本古代神祇制度の形成と展開』法蔵館、二〇一〇、初出一九八九）、同「中世以降の穢」（『日本古代神祇制度の形成と展開』法蔵館、二〇一〇）

（林　友里江）

◇**第三十二条**

一、慎火事

火事是尤可慎。外土(1)之人不顧(2)後災(3)、偏(4)結行(5)時之怨、動企放火之心。

【校訂註】

(1)土…「出」（紅）、「出」〔「土」と傍書〕（伴）　(2)顧…「覰」〔「顧」と傍書〕（伴）　(3)災…「災」〔「害〈一本〉」と傍書〕（史）、「実」〔「害」と傍訂し、さらに「災」と傍書〕（伴）　(4)偏…「偏」〔「編」と傍書〕（伴）　(5)行…「行」〔「片」と傍書〕（伴）、「往」（大）

【書き下し】

一、火を慎む事

火事は是尤も慎むべし。外土(1)の人は後の災ひを顧みず、偏に行時の怨みを結び、ややもすれば放火の心を企つ。

【註】

(1)　外土　都を遠く離れた土地。『三代格』巻十二・斉衡二年（八五五）三月十三日官符には、京畿に対する外国として「外土」の語が使われている。本条の「外土之人」は在地の人の意。第十五条註⑵参照。

地方ではしばしば怨みによって放火を企てる者もおり、火事には注意すべきことを述べる。これは、受領への抵抗を想定したものである。

【内容と解釈】

地方では八～九世紀初頭に、不正隠匿や郡司職をめぐる争いにより正倉などを放火する「神火」が横行した。本条が注意を喚起する放火にも、そうしたものが含まれる可能性は否定できない。しかし、「行時之怨」という表現や時期からすれば、むしろ九世紀後半に問題化する群党蜂起や国司襲撃による放火が想定されているように考えられる。

このような動きは、受領支配の進展に抵抗しようとする任用国司や郡司（『三実』元慶八年〈八八四〉六月二十三日条、意見封事十二箇条第八条）、あるいは口分田に対する所有権を否定され班田を強行された富豪層など（『三実』元慶四年三月十六日・同七年七月十九日条）によって引き起こされた。彼らは受領国司を襲撃する他、放火や略奪といった直接的行動に出たのであった（『文実』天安元年〈八五七〉六月二十五日条）。また、同時期の東国では俘囚の反乱が深刻化している（『三実』貞観十二年〈八七〇〉十二月二日条）。俘囚は国司の苛政により逃亡した百姓と結びつき、放火・略奪を行う「群盗」と化していた。

このように、九世紀後半には地方社会の変質や支配の矛盾により生じた不満の矛先が、しばしば国司に対して向けられた。本条にみえるような火事、とりわけ国内諸階層の抵抗に由来するであろう放火への注意喚起は、おそらくこの頃に淵源をもち、実態としての地方の不穏な情勢を背景として『群載』編纂時期にまで引き継がれていったのだろう。

【関連史料】

『文実』天安元年六月二十五日条

【参考文献】

戸田芳実「中世成立期の国家と農民」（『初期中世社会史の研究』東京大学出版会、一九九一、初出一九六八）、森公章「九世紀の郡司とその動向」（『古代郡司制度の研究』吉川弘文館、二〇〇〇）、有富純也「九世紀後期における地方社会の変転過程」（『日本古代国家と支配理念』東京大学出版会、二〇〇九、初出二〇〇六）

（宮川　麻紀）

◇第三十三条

一、可仰諸郡、令(1)捕進無符宣(2)稱舘人闌(3)入部内、好(4)濫悪類事

新任之吏、臨(5)境之後、奸徒(6)應響、多稱(7)舘人、寃(8)凌(9)人民、掠(10)奪人・物。如然之輩、可捕進其身之由、早放符宣。

【校訂註】

(1)令…「合」（紅・東）、「合」〔「令」と傍訂〕（伴）　(2)宣…「空」〔「宣イ」と傍書〕（史）、「空」（豊）　(3)闌…「聞」（底・葉・豊・東・紅）、「聞」〔「闌〈一本〉」と傍書〕（史）、「聞」〔「闢」「闌」と傍書〕（伴）　(4)好…「好」〔「奸〈一本〉」と傍書〕（史）　(5)臨…「領」〔「臨イ」と傍書〕（史）、「領」（豊）　(6)徒…「従」〔「徒」と傍書〕（伴）　(7)稱…「祢」（伴）　(8)寃…欠（底）　(9)凌…「陵」（史・豊・紅・伴）　(10)掠…「椋」（伴）

【書き下し】

一、諸郡に仰せて、符宣(1)無く館(2)人と称し部内に闌入し、濫悪を好む類を捕へ進めしむべき事

新任の吏、境に臨むの後、奸徒響きに応じて、多く館人と称し、人民を冤凌し、人・物を掠奪す。然るごときの輩、其の身を捕へ進むべきの由、早く符宣を放つ。

【註】

(1) 符宣　国司が任国へ下す、国符や庁宣といった下達文書のこと。国符は着任儀を終えて発給する文書であるのに対し、庁宣は着任の前から発給することができる文書であり、徐々に国符よりも庁宣の方が多用されるようになっていった（佐藤泰弘「平安時代の国務文書」『日本中世の黎明』京都大学学術出版会、二〇〇一）。庁宣の事例は⑫～⑭文書を参照。

(2) 館人　受領の館に出仕する者。十世紀以降、国司が政務を執る場は政庁から受領の館へと変化していった。受領の館に出仕する人々は、受領の私的従者と国衙の在庁官人・雑色人とを合わせた、広義の在庁官人であった（石井進「中世成立期の軍制」『石井進著作集』第五巻、岩波書店、二〇〇五、初出一九六九・七一）。受領の私的従者の事例は、尾張国郡司百姓等解に見える受領の子弟・郎等が代表的である。一方、在庁官人・雑色人の事例には、『今昔』十二―二十八に見える肥後国の書生があり、彼は館に出勤している。こうした「館人」は「館ノ者共」や「館侍」とも称され、受領の館へ結番する地方豪族軍である「国ノ兵共」や「国侍」と対比的に列挙されることが多い（『今昔』二十五―九、『時範記』承徳三年〈一〇九九〉二月二十六日・三月十九日条）。ただし、在庁官人には受領の私的従者化する場合と、あくまで国衙機構を介して勤める場合とがあり、そうした立場の違いが「館ノ者共」と「国ノ兵共」との相違であったとする説もある（鐘江宏之「平安時代の「国」と「館」」佐藤信・五味文彦編『城と館を掘る・読む』山川出版社、一九九四）。なお、「御館人」の史料には、紀伊国某郡収納米進未勘文（平―六七二）もある。

(3) 境に臨む　新任国司が国境に入る時のこと。境迎については第七条註(4)参照。

【内容と解釈】

国符・庁宣による指令がないにも関わらず館人と称して部内に入り、暴力行為や略奪行為に至る者を捕えて進上するよう、諸郡に対して国符・庁宣を出すべきことを述べる。

本条から、本来は国符・庁宣による指令を受けた館人が部内に入って任務に当たるべきところを、館人と詐称して部内で濫悪な行為に及ぶ者が多々存在したことが分かる。ここでのポイントは、①部内で任務に当たる根拠とされているのが国符・庁宣であること、②部内に派遣されるのが館人であったこと、③このような部内での任務は悪用されることが多かったことである。

まず①について、国使を諸郡に派遣する場合、国司が国符を発給していたことが分かっている。正暦二年（九九一）三月十四日付の大和国使牒（東南院―五六二）によれば、使者とともに審理すべきことを命ずる郡司宛ての国符を国使が帯して現地へ下向しており、国符は国司の有する行政権を国使が臨機的に行使するための根拠であった（中込律子「十・十一世紀の国衙機構と国内支配構造」『平安時代の税財政構造と受領』校倉書房、二〇一三、初出一九八五）。

次に②であるが、受領郎等が国使として派遣されている事例が複数見られる。尾張国郡司百姓等解第十六条では、尾張守藤原元命の子弟・郎等が検田使や収納使として部内に入っている。また、『今昔』十七―五では、陸奥守であった平孝義が郎等を検田使として派遣している。この他、天仁二年（一一〇九）の丹波国在庁官人解案（平―一七〇七）では、「館侍」が国使として遣わされている。

そして、③の事例は尾張国郡司百姓等解第十六条にみられ、尾張守元命の子弟・郎等が国使として派遣された部内において、違法な検田や徴税を行っていたとされている。国司に派遣された国使も、任務に乗じて収奪を行っていた可能性が想定できるのである。一方で、略奪行為に及んでいたのは必ずしも国司子弟でなく、浪人であったともいわれている（『要略』巻五十一・天慶九年〈九四六〉十二月七日官符）。本条でも館人と詐称して濫行に及ぶ人々が問題とされており、実際の館人ではないことが共通している。国使の徴税機能が悪用されるケースも多かったことがうかがえる。

【関連史料】

『今昔』巻十七—五、尾張国郡司百姓等解第十六条（『愛知県史』資料編七・古代二）、『要略』巻五十一・天慶九年十二月七日官符

【参考文献】

石井進「中世成立期の軍制」（『石井進著作集』第五巻、岩波書店、二〇〇五、初出一九六九・七一）、飯沼賢司「王朝国家期の地方支配に関する一考察」（『早稲田大学大学院文学研究科紀要』別冊七、一九八一）、久保田和彦「国司の私的権力機構の成立と構造」（『学習院史学』一七、一九八一）、中原俊章「在庁官人制の成立と展開」（『中世王権と支配構造』吉川弘文館、二〇〇五、初出一九八三）、鐘江宏之「平安時代の「国」と「館」」（佐藤信・五味文彦編『城と館を掘る・読む』山川出版社、一九九四）

（宮川　麻紀）

◇第三十四条

一、不可令詈[1]罵[2]家子并無止[3]郎等事

自思無止、動成悪事[4]。雖[5]加[6]其諫、一切無慎。進稱不行非法之由、退致[7]詈罵・誹謗之詞。此事漸積、為民嘲[8]哢。凡奉公之貴[9]、是為我身也[10]。縦云[11]最愛[12]子息[13]并郎等、若[14]不憚制止、早以追却。不済公事、得不治[15]名之時、何子息・郎等相扶[16]我者乎。一任空暮、各以分散。朝夕無従[17]、更有何益乎。

【校訂註】

(1)詈…「罡」（底・葉・紅・東）、「栗」〔「詈」と傍書〕（伴）　(2)罵…「駕」（底・葉・紅・東）、「駕」〔「罵」と傍書〕（史）、「駕」〔「罵」と傍訂〕（伴）　(3)止…「心」（史・豊）　(4)事…「官」（紅）、「官」〔「言」と傍訂〕（伴）、「言」（大）　(5)雖…「誰」（史・豊）　(6)加其…「箕」（紅）、「箕」〔「其」と傍訂し、上に「加」を補〕（伴）、「加某」（大）　(7)致…「就」〔「致」と傍訂〕（伴）　(8)嘲…「朝」（紅）　(9)貴…「貢」（紅）、「貢」〔「責」と傍書〕（伴）、「責」（大）　(10)也…「之」（紅）、「之」〔「也」と傍書〕（伴）　(11)云…「三」〔「彼〈一本〉」と傍書〕（史）、「三」（豊）、「被」（紅）、「被」〔「雖」と傍書〕（伴）、「雖」（大）　(12)愛…「受」〔下に「之」を補〕（伴）、「愛之」（大）　(13)息…「恩」（史・豊・紅）「恩」〔「息」と傍訂〕（伴）　(14)若…「君」（底）　(15)治…「活」（紅）、「活」〔「治」と傍訂〕（伴）　(16)扶…「校」〔「扶イ」と傍書〕（史）、「校」（豊）、「校」〔「扶」と傍書〕（伴）　(17)従…「才」（底・葉・豊）、「才」〔「他イ」と傍書〕（史）、「他」（紅）、「他」〔「従」と傍書〕（伴）

【書き下し】

一、家子[1]并せて止むごと無き郎等[2]をして詈罵せしむべからざる事

自ら止むごと無きと思ひて、ややもすれば悪事を成す。其の諫めを加ふといへども、一切慎むこと無し。進みて[3]は非法を行はざるの由を称し、退きては詈罵・誹謗の詞を致す。此の事漸く積もれば、民の嘲哢と為る。凡そ奉公の貴きは、是我が身たるなり。縦ひ最愛の子息并せて郎等と云ふとも、若し制止を憚らざれば、早く以て追却す。公事を済まさず、不治[4]の名を得るの時、何ぞ子息・郎等我を相ひ扶けむ者か。一任空しく暮れれば、各以て分散す。朝夕従ふこと無くは、更に何の益有らむか。

【註】

(1) 家子　子息・近親者あるいはそれに準ずる者。『土佐日記』承平四年（九三四）十二月二十七日条で「かみのはらから」が「かみの館のひとびと」に含まれているように、一族である子弟などの縁者が受領に最も近い従者だったらしい。『小右記』寛弘二年（一〇〇五）八月五日条に見える肥後守橘為愷の郎等である小槻良材も、為愷の妻の近親であった。また、尾張国郡司百姓等解第十六条からは、守である藤原元命が自分の「濫悪之子弟郎等」を検田使に任じていたことがわかる。

(2) 郎等　国司に従って任国の職務を行う従者。そうした郎等を「受領郎等」あるいは「国司郎等」と呼ぶこともある。第五条註(1)参照。

(3) 進みて…を致す　ここでは、国司の前に進み出た時には不法行為を行わない旨を述べるが、国司がいない所では国司を罵り誹謗していることを意味する。

(4) 不治の名　受領が国内をうまく統治できていないという評判。第三十五条にも同様の語句がみえる。

【内容と解釈】

本条では、自らを高貴と思って悪事をなす家子・郎等らは、諫めを加えたとしても慎むことがなく、国司がいないところで罵詈誹謗の言葉を発し、結果として国司が民衆から愚弄されてしまうことを述べている。国務上の責任を最終的に負うのは国司（受領）であるため、寵愛する子息や郎等であっても、制止を聞かない者たちは追放すべきであるとしている。

受領は任国に家子・郎等ら従者を引き連れ、彼らを私的に組織して国務運営を行っていたが、本条にもあるように、国司従者は国司の権威を借りて不法行為を働いていたらしい。尾張国郡司百姓等解第三十条は、元命が引き連れてきた「有官散位従類」らの個人名を列挙し、彼らの横暴を問題視している。そのような国司従者は必ずしも国司に忠実であるわけではなかった。『小右記』寛弘二年（一〇〇五）八月五日条には、肥後守橘為愷が妻の近親である郎等小槻良材によって殺害される事件が記されている。また、治安三年（一〇二三）十一月三日条では、某姓奉視なる者がたびたび百姓を困らせたために伯耆守藤原資頼によって放逐されたことが見えており、本条で悪事を働く者を追却すべきであると述べていることと通じる。

本条に関連して第三十九条でも、五位以上の郎等は「不治之根本」であるとし、近親の者だとしても雇うべきでないことを述べている。このことからも国司従者の非法が大きな問題たりえたことがうかがえる。

本条後半では、家子郎等らが、国司とともに責任を負う者ではなく、任期が終われば分散するという一時的な従者であったことが述べられている。理想的な受領郎等の姿を描いたとされる『新猿楽記』の四郎君は、実務能力を買われ、目代などとして諸国を廻っている。このような才能をもって諸国の国衙を遍歴する下級官人群を、阿部猛氏は「渡り官人」と称した（阿部猛「摂関期における徴税体系と国衙」古代学協会編『摂関時代史の研究』吉川弘文館、一九六五）。彼らは特定の受領のみに従うのではなく、必要とされる場に応じて全国を渡り歩く、受領の立場に寄生した存在だったのである。『枕草子』すさまじきものの段にも、「除目に司得ぬ人の家」をあげ、国司になりそうな人の家に人々が集まってくるも、任命がないことがわかると翌朝帰っていく様子が描かれており、ここからも郎等には国司の任期の間のみの従者である者が少なくなかったことが分かる。家子の場合は近親者であるためにやや異なるものの、ほぼ同様の状況が一般的にみられたのだろう。

【関連史料】

第三十九条、尾張国郡司百姓等解第十六・三十条（『愛知県史』資料編七・古代二）、『小右記』寛弘二年八月五日条、

治安三年十一月三日条、『新猿楽記』、『枕草子』すさまじきものの段

【参考文献】

阿部猛「摂関期における徴税体系と国衙」（古代学協会編『摂関時代史の研究』吉川弘文館、一九六五）、久保田和彦「国司の私的権力機構の成立と構造」（『学習院史学』一七、一九八一）、中原俊章「在庁官人制の成立と展開」（『中世王権と支配構造』吉川弘文館、二〇〇五、初出一九八三）、大津透「平安時代の地方官職」（山中裕・鈴木一雄編『平安貴族の環境』至文堂、一九九一）、鐘江宏之「平安時代の「国」と「館」」（佐藤信・五味文彦編『城と館を掘る・読む』山川出版社、一九九四）、森公章「国務運営の諸相と受領郎等の成立」（『在庁官人と武士の生成』吉川弘文館、二〇一三、初出二〇〇六）、同「良吏の光と影」（『在庁官人と武士の生成』吉川弘文館、二〇一三、初出二〇〇六）

（神戸　航介）

◇第三十五条

一、就内方(1)事(2)、不可一切与判事

愁左道事之輩、動属託内方(3)、令出申文。就彼事与判(4)之時、不治(5)之名、普聞國内。仍不論理非、一切停止。又不可用内(6)房讒(7)言。

【校訂註】

(1)方…「方」〔「房」と傍書〕（伴）、「房」（大）　(2)事…「事」〔「言」と傍訂〕（伴）、「言」（大）　(3)方…「方」〔「房」と傍書〕（伴）、「房」（大）　(4)判…「利」（底・葉）、「例」（東）　(5)治…「活」（紅）、「活」〔「治」と傍訂〕（伴）　(6)内…「同」（紅）、「同」〔「内」と傍書〕（伴）　(7)讒…「説」〔「讒」と傍書〕（伴）

【書き下し】

一、内方[1]の事に就きては、一切与判[2]すべからざる事

左道[3]の事を愁ふの輩、ややもすれば内方に属託し、中文を出さしむ。彼の事に就きて与判の時、不治の名、普く国内に聞こゆ。仍て理非を論ぜず、一切停止す。又内房の讒言を用ゐるべからず。

【註】

(1) 内方　受領の妻のこと。内房についても同様である。内方の用例としては『親信卿記』天延二年（九七四）閏十月二十七日条に「高遠少将内方免乳之後死去」と見える。

(2) 与判　ある文書に対し、国郡司その他の官人などが文書の余白に自署することによって、文書の効力の承認・確認を行なうこと。

(3) 左道　不当なこと、邪道なことを指す。

【内容と解釈】

本条では、よからぬことを申し訴えるような在地の人びとは、しばしば受領の妻にとりいって中文を出させることを挙げ、それを承認することは、受領の国内統治が不十分であることを広く知らせる行為であるとした上で、一切妻からの依頼についてはとりあってはならないことを述べ、同様に妻の讒言にも注意するよう述べている。

『時範記』では、下向の際に時範の妻が同行した様子は見られないが、『小右記』長元元年（一〇二八）七月十五日条では、上総介県犬養為政が平忠常の乱に際して妻子を上洛させたとあり、十一世紀のはじめごろには受領とともに妻子も下向している様子が見える。

吉川真司氏は、受領の妻が朝廷・権門と受領との間を取り持つ一定の役割を果していたと述べる。『枕草子』おひ

さきなくの段では、受領の妻が宮仕え経験のある人物であった場合、対応が田舎じみておらず恥をかかないと書かれており、受領の妻の教養が重要視されていることが読み取れる。また『春記』長暦三年（一〇三九）十月十五日条には、都において倉庫の鍵を受領の妻が管理している様子が見え、財産の保管についても重要な役割を果していたことがわかる。

これらの例や、本条で妻からの依頼や讒言にとりあわないよう注意していることからは、受領が様々な職務を遂行する際に、その妻が広く活躍していたことが推測される。

【関連史料】

『小右記』長元元年七月十五日条、『枕草子』おひさきなくの段、『春記』長暦三年十月十五日条

【参考文献】

服藤早苗「摂関期における受領の家と家族形態」（『家成立史の研究』校倉書房、一九九一、初出一九八五）、吉川真司「平安時代における女房の存在形態」（『律令官僚制の研究』塙書房、一九九五）、佐々木恵介『受領と地方社会（日本史リブレット　一二）』（山川出版社、二〇〇四）

（武内　美佳）

◇**第三十六条**

一、不可用讒言事(1)

相従受領之輩、必有(2)勝他(3)之心。為擢(4)傍人、動致讒言。若用之時、閑(5)暇(6)常表人短。其事漸(7)積、遂成人害。不用之時、一切無為。是殊勝(8)千万也。

【校訂註】

⑴讒…「説」（「讒」と傍書）（伴）　⑵有…「在」（伴・大）　⑶他…「地」（底・豊）、「地」（「他〈一本〉」と傍書）（史）　⑷摧…「権」（東）　⑸閑…「聞」（伴・大）　⑹暇…「假」（葉・史・豊・紅・東・伴・大）　⑺漸…「斬」の車偏に「氵」を重書（葉）　⑻千万…「手方」（底・葉・史・豊・紅・東）、「手方」（「千万」と傍書）（伴）

【書き下し】

一、讒言を用ゐるべからざる事

受領に相従ふの輩[1]、必ず他に勝るの心有り。傍人を摧かむがため、ややもすれば讒言を致す。若し用ゐるの時は、閑暇に常に人短を表す。其の事漸く積もり、遂に人害と成る。用ゐざるの時は、一切無為[2]なり。是殊勝千万[3]なり。

【註】

(1) 受領に相従ふの輩　「郎等」（第五条など）、「従類」（第五条）や「家子」（第三十四条）のような、受領の従者のこと。第五条註⑴・⑵参照。

(2) 無為　ここでは、変わりなく平穏であること。

(3) 殊勝千万　限りなくすぐれていること。「千万」については、底本以下、諸写本は「手方」としているが、意味がとれないため、伴本の傍書に従い「千万」と改めた。

【内容と解釈】

前条で「内房」の讒言を諫めているのに引き続き、本条では、受領に従う郎等などからの讒言を聞き入れないことについて述べている。郎等たちは、互いに相手に勝ろうとするもので、相手を貶めるためにややもすると讒言を行う。これを聞き入れていると、彼らは暇さえあれば他人の短所を言うようになり、それが積み重なると害悪を生じる。聞き入れなければ平穏であるので、讒言は受け入れてはいけない、とする。

受領は「能書者」（第四十条）や「堪能武者」（第四十一条）を「随身」することがよしとされているように、郎等たちはその能力が重視された。しかし、身分的には不安定であったため、中には他の従者たちに勝ろうとして讒言をする者もいたのであろう。

（柿沼　亮介）

◇第三十七条

一、不可分別舊人・新人事

雖[1]舊人有無益之者。雖[2]新[3]人有可[4]用之者。若賞[5]不用之舊人、則採用之新人不致忠勤。只以當時[6]採用之輩、令勵忠勤。況[7]乎採用舊人、誰[8]敢敵對[9]乎[10]。

【校訂註】

(1)雖…「稚」（紅）、「雅」〔「雖」と傍書〕（伴）　(2)雖…「稚」（紅）、「雅」〔「雖」と傍書〕（伴）　(3)新…「雜」〔「新」と傍書〕（葉）　(4)可…脱（底）　(5)賞…「賞」〔「賓〈一本〉」と傍書〕（史）、「賓」（紅）、「賓」〔「實」「賞」と傍書〕（伴）　(6)時…「特」（東）　(7)況…「兕」〔「況」と傍書〕（伴）　(8)誰…「雜」〔「誰」と傍書〕（伴）　(9)對…「対」〔「對」と傍書〕（伴）　(10)乎…「官」（東）、「守」〔「于」と傍書〕（伴）

【書き下し】

一、旧[1]人・新人を分別すべからざる事

旧人と雖も無益の者有り。新人と雖も用ゐるべきの者有り。若し不用の旧人を賞さば、則ち採[2]用の新人は忠勤を致

さざらむ。只当時採用の輩を以て、忠勤を励まさしむ。況むや採用の旧人、誰か敢へて敵対せむか。

【註】

(1) 旧人　「前任者」という意味もあるが、ここでは「古くから受領に仕える人」という意味である。貞観十年（八六八）頃に真紹が著した禅林寺式（平―一五六）には、「骨肉・旧人」という表現がみえ、真紹の一族と、古くから仕える人という意味で用いられている。また、『小右記』寛仁二年（一〇一八）閏四月十九日条には、家司であった藤原有親の父守仁について、「故殿旧人」とあり、実頼に仕えてきた人という意味で用いられている。

(2) 採用の新人　新たにある官職や地位に登用された者。ここでは、新たに郎等など受領の従者となった者のこと。

【内容と解釈】

本条では、郎等など受領の従者について、旧人・新人を分け隔てなく扱うべきことを述べる。古くからの従者（＝旧人）でも能力のない者はいるし、新たに従者となった者（＝新人）でも用いるべき者はいる。そのため、もし無能な旧人を重用すると新人が励まなくなるので、現在仕えている従者を、旧人・新人の区別なく忠勤させるようにすれば、旧人にも反対する者はいないであろうとする。

第三十六条で讒言を行う「相従受領之輩」について述べられているように、従者同士の関係は、必ずしも常に良好であったわけではないようである。本条にみえるように、従者の中には受領に長く付き従う者と、新たに採用された者とがいた。第三十四条の【内容と解釈】にあるように、『新猿楽記』の四郎君など、従者たちの中には受領のもとを渡り歩く者がいたことがうかがえる。そうした従者同士や従者と受領との関係が、本条の背景をなしていると考えられる。

【関連史料】

『新猿楽記』、『今昔』二十九―六

【参考文献】

森公章「国務運営の諸相と受領郎等の成立」(『在庁官人と武士の生成』吉川弘文館、二〇一三、初出二〇〇六)

(柿沼　亮介)

◇第三十八条

一、可以公文優長人為目代事

諸國公文目代、必少優長。然則不論貴賤、唯[(1)]以堪能人、可為目代。公文未練之[(2)]者、勘済公文之時、并前後司分付之間、極以不便也。事畢之後、掻首無益。

【校訂註】

(1)唯…「准」(底・葉・豊・紅・東)、「准」〔「唯〈一本〉」と傍書〕(史)、「准」〔「唯」と傍書〕(伴)　(2)之…「云之」(紅)、「〈云々〉〔「之」と傍書〕(伴)

【書き下し】

一、公文に優長なる人を以て目代と為すべき事

諸国の公文目代[(1)]は、必ず優長少なし。然れば則ち貴賤を論ぜず、唯堪能の人を以て、目代と為すべし。公文に未練の者は、公文を勘済[(2)]するの時、并せて前後司分付[(3)]するの間、極めて以て不便なり。事畢るの後、首を掻[(4)]くも益無し。

【註】

(1)　**公文目代**　諸国における目代には、国衙に置かれた諸々の「所」において国務に従事した所目代と、それらの上

位に立って国務を総括した庁目代（留守所目代）の二つがあり、「公文目代」は前者の中の公文所の目代を指すとみられる（泉谷康夫「平安時代における国衙機構の変化」『日本中世社会成立史の研究』高科書店、一九九二、初出一九七七）。『新猿楽記』は庁目代と各「所」の目代・別当とを分けて記しており、康平三年（一〇六〇）のものと推定される近江国公文所勘文（平―補一六九）には目代学生安倍、記（紀か）、中原、散位令宗朝臣らの署名がある。ただし、庁目代にしても国務の統括者として公文の処理能力に秀でていることが望ましいのは同様である。【内容と解釈】および⑮文書註(1)、第十八条参照。

(2) **公文を勘済する**　①文書参照。

(3) **前後司分付する**　前任国司と後任国司との間で国務の引き継ぎをすること。交替政。第十八条など参照。

(4) **首を掻くも益無し**　「首を掻く」とはあたまをかくことで、この表現は第三十九条にもみえる。ここでは、あとから後悔したり残念に思ったりしても仕方がないということであろう。

【内容と解釈】

本条以降、受領の直接の配下としてどういった人材を用いるべきかという具体的な条文が続く。本条はその第一として、公文の処理能力に長けた人物を目代に据えることを説く。そうした人材は必ずしも多くはなかったようであり、身分の上下に関わりなく公文の処理能力をもって目代選任の基準とするようにいう。そうした人物を目代に就けなければ、中央の主税・主計二寮などにおける公文の勘会や前司・後司との交替業務といった、受領にとって極めて重要な事務手続きに大きな支障をきたしかねないのである。

交替政における目代の役割については第十八条にもみえており、本条と同様、公文を勘ずる目代には身分の上下を論ぜず能力のある者を用いることが述べられている（事例については⑮文書および第十八条の【内容と解釈】参照）。

公文の勘済に関しては、九条家本『延喜式』紙背文書の清胤王書状が参考となろう。これは康保三年（九六六）に清胤王が京での公文勘会の進行状況などについて在国の周防前司に送ったもので、貢進物の納入や必要書類の入手を要請もしくは自ら実行している様子がうかがえる。受領功過定のためには公文勘会を済ませる必要があり、これを要領よく済ませることは受領にとって非常に重要であった。その業務を清胤王がとり仕切っているようであるが、北條秀樹氏は、在国の経験もある清胤王を公文目代的地位の者とみなしている。その当否は措くにしても、繁多な公文勘会業務を要領よく済ませることができる有能な人材を受領は欲していたのである。

『時範記』では、承徳三年（一〇九九）三月十五日条に宇倍宮の春の臨時祭使に充てられている「目代保清朝臣」なる人物がみえる。「朝臣」とあることから五位とみられ、『叙位尻付抄』（『大日本史料』三―二十八・保安二年〈一一二一〉十一月十二日条補遺）にみえる、内記の例叙によって応徳三年（一〇八六）に従五位下となっている中原朝臣保清がこれにあたる可能性がある。当時は叙爵後の外記・史といった実務に秀でた層が庁目代となることも多く（五味文彦「花押に見る院政期諸階層」『院政期社会の研究』山川出版社、一九八四）、庁目代に中原氏の多かったことも知られている（久保田和彦「国司の私的権力機構の成立と構造」『学習院史学』一七、一九八一）。

【関連史料】

近江国公文所勘文（平―補一六九）、『今昔』二十八―二十七、『新猿楽記』、清胤王書状（『山口県史』史料編古代）

【参考文献】

泉谷康夫「平安時代における国衙機構の変化」（『日本中世社会成立史の研究』高科書店、一九九二、初出一九七七）、北條秀樹「平安前期徴税機構の一考察」（『日本古代国家の地方支配』吉川弘文館、二〇〇〇、初出一九七八）、久保田和彦「国司の私的権力機構の成立と構造」（『学習院史学』一七、一九八一）、五味文彦「紙背文書の方法」（石井進

編『中世をひろげる』吉川弘文館、一九九一)、寺内浩・北條秀樹「「清胤王書状」の研究」(『山口県史研究』六、一九九八)、森公章「国務運営の諸相と受領郎等の成立」(『在庁官人と武士の生成』吉川弘文館、二〇一三、初出二〇〇六)

(大高　広和)

◇第三十九条

一、不可用五位以上郎等事

五位有官郎等、是不治[1]之根本也。雖[2]張行悪事、依為有位之者、強不能抑屈。内雖[3]搔[4]首、外難強制。適[5]雖[6]令諫[7]、知能無信受。縦雖[8]近親、一切停止。此事[9]有可顧之[10]人者、別給土[11]産物耳[12]。

【校訂註】

(1)治…「活」(紅)、「活」〔「治」と傍書〕(伴)　(2)雖…「稚」(紅)、「雅」〔「雖」と傍書〕(伴)　(3)雖…脱(紅・伴・大)　(4)搔…「⿰木蚤」〔「搔」と傍書〕(伴)　(5)適…「遍」(紅・東)、「遍」〔「適」と傍書〕(伴)　(6)雖…「稚」(紅)、「雅」〔「雖」と傍書〕(伴)　(7)諫…「陳」(底・葉・豊・東)、「陳」〔「諫〈一本〉」と傍書〕(史)　(8)雖…「稚」(紅)、「雅」〔「雖」と傍書〕(伴)　(9)事…「中」(葉・史・豊・紅・東・伴・大)　(10)之…「言」(底・葉・史・豊)　(11)土…「出」(紅)、「出」〔「土」と傍書〕(伴)　(12)耳…「可」(東)

【書き下し】

一、五位以上の郎等を用ゐるべからざる事

五位有官の郎等は、是不治の根本なり。悪事を張行すと雖も、有位の者たるに依り、強ちに抑屈すること能はず。内[1]には首を搔くと雖も、外には強制し難し。たまたま諫めしむと雖も、能く信受すること無きを知る。縦ひ近親と雖も、一切停止す。此の事顧みるべきの人有らば、別に土産の物[2]を給ふのみ。

【註】

(1) 内には…し難し　内心では後悔や遺憾な思いを抱いていても、実際には相手を抑えつけることができない。「首を掻く」は第三十八条註(4)参照。

(2) 土産の物　任国の生産物。『新猿楽記』では、四郎君が受領郎等として渡り歩いた結果として財を成し、その宅には「諸国の土産」が集積されていた様子が描かれ、阿波の絹以下各国の特産物が列挙されている。一般に、こうした特産物は郎等として活動する人々の物的欲求を満たすものだったのだろう。

【内容と解釈】

本条では、五位以上の郎等は任国の不治の主因となりうるから起用しないことを述べる。悪事をはたらいた場合であっても、彼らは受領にとっても制止しがたい存在であり、また諫めても心から従いはしないものである。したがって、たとえ受領の近親であっても絶対に起用しないように述べ、採用しないことについてどうしても気にかける必要のある人物がいる場合には、任国の産物を贈ることで彼らを満足させるべきことを記す。第三十四条で自らを恃むところがある「無止郎等」らに対して注意を払っていることもこれに関連する。

五位の者が郎等として国へ下っている例としては、尾張国郡司百姓等解第三十条にみえる、藤原元命が下向の度に引率してくる「有官散位従類同不善輩」の一人に五位の天文権博士惟宗是郡（邦カ）がいる。そもそも養老仮寧令11請仮条において五位以上が畿外に出る際には奏聞を経ることが規定されているが、九世紀には五位以上の者が畿外に出ることや住みつくことへの禁制が重ねて出されている（『類聚国史』巻七十九・大同二年〈八〇七〉二月己未朔条、『三代格』巻十九・寛平七年〈八九五〉十一月七日太政官符、同年十二月三日太政官符）。そして同解第三十一条によれば、寛和三年（九八七）には「禁制諸国受領吏多率五位六位有官散位雑賓趣任事」という太政官符が発せられており、五位に限らずこうした官人層を率いて受領が任国へ赴くことが禁じられている。これは彼らの在地に対する横暴への対策とみられるが、本条が特に五位以上について述べているのは、受領との力関係の問題によるだろう。十世紀後半以降には、五位以上の者は勅裁によって刑罰裁定を受けることが指摘されており（義江彰夫「摂関院政期朝廷の刑罰裁定体系」永原慶二ほか編『中世・近世の国家と社会』東京大学出版会、一九八六）、受領が彼らを統制できない場合があったと考えられる。また諸司・諸家と結びついた者たちは五位ならずともその一定の庇護下にあったため、彼らに対しても強く出ることができない状況があったであろう。

尾張国の例のほかにも、五位の人間が受領に付き従っている例はしばしば見受けられ（『今昔』十九―三十九・二十九―七など）、『時範記』承徳三年（一〇九九）三月十五日条の「目代保清朝臣」も五位の人物とみられる（第三十八条の【内容と解釈】も参照）。そうした状況下において、受領には彼らとのトラブルを避けるための心がけが必要だったのである。

【関連史料】

尾張国郡司百姓等解第三十・三十一条（『愛知県史』資料編七・古代二）

【参考文献】

阿部猛『尾張国解文の研究』（大原新生社、一九七一）、飯沼賢司「在庁官人制成立の一視角」（『日本社会史研究』二〇、一九七九）

（大高　広和）

◇第四十条

一、可随身能書者二三人事

能書之者、為受領要須也[1]。其用太多。不得忘却。

【校訂註】

(1)須…「領」〔「須」と傍書〕(伴)

【書き下し】

一、能書の者[1]二三人を随身すべき事

能書の者は、受領の要須[2]たるなり。其の用太だ多し。忘却するを得ず。

【註】

(1) 能書の者　一般には筆の優れた者を指す。たとえば、『新猿楽記』にみえる太郎主は「能書」であり、「古文・正文・真行草・真字・仮字・蘆手・水手等の上手なり。筆勢浮べる雲のごとく、字行流水のごとし。羲之が垂露の点、道風が貫花の文、和尚が五筆の跡、佐理が一墨の様、悉く皆習ひ伝へずといふことなし。（後略）」と、和漢の名筆・書体に通じていた。ただし、ここでの「能書」はこれらとはやや異なった概念のようである。詳細は【内容と解釈】参照。

(2) 要須　その物事にとってなくてはならない大切なもの。

【内容と解釈】

本条から三条にわたり、受領が随身すべき人物の属性が示される。本条は、受領にとって必要不可欠な能書の者を数名忘れずに随身すべきことを述べる。

本条の「能書」は、註(1)に示したような単なる字体・字形の問題をこえて、文筆能力全般を視野に入れて解釈する必要がある。第二十条などにみえるように、受領の職務を遂行する上ではさまざまな文書の作成が必要となってくる。こうした文章を構成する能力を備え、文書の書式に通暁するような人物が、本条にみえる「能書の者」にあたると考えられよう。

なお、『今昔』二十八―二十七には、以下のような話が載せられている。伊豆守となった小野五友という人物が近隣に目代となるべき人物を探索していると、駿河国に「才かしこくわきあへありて、手などよく書く」者がいるという情報が入った。そこでその者を召喚して、字の書きぶりを見てみたところ、「手の書きやうめでたくはなけれども、筆軽くて目代手の程にてあ」ったという。これは、この人物がもと傀儡子であったという結末に対する伏線としての意味合いをもつと思われるが、ここでの「目代手」は目代らしく行政文書に堪え得る程度の文字をいうのであろう。

【関連史料】

『新猿楽記』、『今昔』二十八―二十七

【参考文献】

佐々木恵介『受領と地方社会（日本史リブレット　一二）』（山川出版社、二〇〇四）

（西本　哲也）

◇**第四十一条**

一、可随身堪能武者一両人事[(1)]

時[(2)]勢之躰[(3)]、弓箭不覚之者[(4)]、皆号[(5)]新武者。暫[(6)]雖[(7)]施[(8)]武威、遂[(9)]有何益乎。抑良吏[(10)]之法[(11)]、雖[(12)]不可用武者、人心如㕝狼、自有[(13)]

非常之事。必以要須[14]也。聞[15]可尚優國人、又[16]無輕[17]者也。

【校訂註】

(1)事…脱(葉) (2)時…「特」(東) (3)躰…「袴」(東) (4)覚…「覚」〔「覚」と傍書〕(伴) (5)号…「弓」〔「号」と傍訂〕(伴) (6)暫…「料日」(紅)、「料日」〔「暫」と傍訂〕(伴) (7)雖…「難」(紅・伴) (8)施…「絶」〔「施〈乎〉」と傍書〕(史・豊)、「強」(紅)、「絶」(東)、「強」〔「張」と傍訂〕(伴)、「張」(大) (9)→補註 (10)吏…「史」(伴) (11)法…「活」(紅)、「治」〔「法」と傍書〕(伴) (12)雖…「雅」(紅)、「雅」〔「雖」と傍書〕(伴) (13)有…脱(紅・伴・大) (14)須…下に「之聞耳」を補(伴) (15)聞…脱(紅・伴・大) (16)又…脱(伴) (17)輕…「憚」(史・豊・大)

(補註)

葉本は事実書の一行目の「威」までしか書かれておらず、巻二十二の末尾約二丁分が欠となっている。

【書き下し】

一、堪能の武者一両人を随身すべき事

時勢の体、弓箭不覚の者、皆新武者と号す。暫く武威を施すと雖も、遂に何の益有らむや。抑も良吏[1]の法は、武者を用ゐるべからずと雖も、人心は虎狼のごとければ、自ら非常の事有らむ。必ず以て要須なり。尚優すべき国人を聞かば、又軽んずること無きものなり。

【註】

(1) 良吏　儒教的道徳に基づいて任国を治めるとともに、勧農政策により百姓の生活を改善したり、それによって調庸などの徴収量を増加させたりし、律令国家の地方支配において成果を上げた国司のこと。九世紀前半に多く見られ、国司を歴任した官人の卒伝にその事績が記されている。

【内容と解釈】

最近では弓箭に覚えのない者のことを新武者と称しているが、そのような者がしばらく武威を施したとしても何の益もない。本来、良吏の原則としては武者を用いずに国を治めるべきであるが、治安の悪い現状では非常事態も想定されるので、武者は必須の存在である。そのため、能力の高い武者を一人か二人ほど近侍させるべきである。また、在地の人で優遇すべき者がいる場合は軽んじてはならない。以上が本条の内容であり、従者の登用に注意を払うべきことが説かれている。ここでの「新武者」は「堪能武者」と対比的に挙げられており、経験の浅い、任務に堪えない者といったニュアンスが含まれている。

九世紀から十世紀にかけて、国司襲撃事件（第三十二条参照）や群盗の蜂起など治安の悪化が著しかった。群盗に関しては「或暗夜放火、或白昼奪物」（『続後紀』承和七年〈八四〇〉二月二十三日条）とあるように、放火や強盗が横行していた。それらの動きは良吏が活躍した九世紀前半からあったが、九世紀後半から十世紀には儒教的徳治主義という良吏の原則など通用しない社会状況に陥っていたようである。

十世紀になると群盗の蜂起がさらに頻発するようになり、承平・天慶の乱のように広域的な国府襲撃も起きていた。そうした動きの背景には、九世紀以来在地で力をつけてきた富豪層の存在があった。例えば、掠奪した馬で運送業にあたる「僦馬之党」が出現しており、彼らは「富豪之輩」と呼ばれる在地土豪層であった（『三代格』巻十八・昌泰二年〈八九九〉九月十九日官符）。また、大宰府では管内の「遊蕩放縦之輩」が「多成党類、練兵器、聚養人馬」とあるように、武力を蓄えていたことが分かる（『要略』巻五十一・天慶九年〈九四六〉十二月七日官符）。本条には、こうした時代背景によって生じた観念が引き継がれている。

そうしたなか、国司が率いる郎等や従類には、国司の私的武力としての側面も期待されていた（第五条参照）。『時範記』承徳三年（一〇九九）二月九日条からは、因幡守として下向する平時範が「武士」を随えている様子がうかがえる。そうした従者の多くは、受領とともに京から任国へ下った者であったが、本条では任国に優れた者がいる場合にはこれも重用すべきことを述べている。このことは、武芸に優れた土豪層が一方では受領の支配と対立する存在でありながら、他方では受領の武力ともなり得たことを示している。実際に、群盗を取り締まるために部内の武芸に優れた者を起用し、追捕使としていたことが㉙文書から分かる。任国の安定した支配には、土豪層の把握も必須だったのである。

【関連史料】
『三代格』巻十八・昌泰二年九月十九日官符、『要略』巻五十一・天慶九年十二月七日官符、『時範記』承徳三年二月九日条、㉙文書

【参考文献】
佐藤宗諄「前期摂関政治」の史的位置」（『平安前期政治史序説』東京大学出版会、一九七七、初出一九六三）、戸田芳実「中世成立期の国家と農民」（『初期中世社会史の研究』東京大学出版会、一九九一、初出一九六八）、亀田隆之「良吏政治」（『日本古代制度史論』吉川弘文館、一九八〇、初出一九七八）、奥野中彦「平安時代の群盗について」（『日本古代・中世の国家軍制』上、岩田書院、二〇一一、初出一九八五）、森公章「九世紀の郡司とその動向」（『古代郡司制度の研究』吉川弘文館、二〇〇〇）、有富純也「九世紀後期における地方社会の変転過程」（『日本古代国家と支配理念』東京大学出版会、二〇〇九、初出二〇〇六）

（宮川　麻紀）

◇第四十二条

一、可随身験者并有[1]智僧[2]侶一両人事

人之在世、不能無為。々[3]國致祈祷、為我[4]作[5]護持。

【校訂註】

(1)有…脱（紅・伴・大）(2)僧…脱（紅）、脱〔「僧」を補〕（伴）(3)々…「之」（底・史・豊・紅）、「疋」（東）、「之」〔「々」と傍書〕（伴）(4)我…「利」〔「我」と傍書〕（伴）(5)作…脱（史・豊）

（補註）

底本などでは、本条末尾に「補郡司官符」という文言が続いているが、これは㊴文書の表題にあたる部分が本条に混入した部分と見なしうる。㊴文書の補注参照。

【書き下し】

一、験者[1]并せて有智の僧侶一両人を随身すべき事

人の世に在るは、無為たること能はず。国の為に祈祷を致し、我の為に護持を作す。

【註】

(1)　**験者**　修験者のこと。加持祈祷や呪法などにより、災厄を除き、病を治そうとした。平安時代には、御霊信仰の隆盛とともに、天台・真言密教の修験者が貴族社会に受け入れられて活躍した。

【内容と解釈】

本条では、受領が験者や優れた僧侶一両人を伴うべきであることについて述べている。人が生きている以上、何もしないで平穏無事に過ごすことはできない。験者や僧侶に、国の為に祈らせ、また、自分自身を護持させるようにいっている。

僧侶が受領とともに任国に下向している事例は、多くの説話にみえる。その役割としては、疫病などが地方においてしばしば流行したことから、任国においてこれらの災厄を除去することが期待されていたものと考えられる。

受領とともに下向する僧侶としてどのような者が選ばれたかということを考えると、『今昔』十二―三十七に「父兼博、国司トシテ安房ノ国ニ下向。而ルニ、阿闍梨、父母ノ懃ノ言ニ依テ、其ノ国ニ下向ス」とある。また、『今昔』二十―三十五では、美濃守に伴って下向する僧侶について、「守ノ北ノ方ノ乳母、此ノ僧ヲ養子トス」とあり、「然レバ、国司其ノ縁ニ依テ、方々ニ付テ顧ケリ」とある。このように、受領は親しい関係にある僧侶を随行しており、それ故に、本条にみえるように個人的な「護持」をも期待することができたのであろう。㊷文書にみえるような仁王会などの際にもこうした僧侶が活躍した可能性もある。

【関連史料】

『今昔』十二―三十七・十五―十五・二十―三十五、『古事談』二―四十四・三―三十六

【参考文献】

寺内浩「伊予守藤原知章と静真・皇慶」（『人文学論叢』一一、二〇〇九）

（柿沼　亮介）

㊴補郡司官符

補郡司官符[1]

太政官符　伊豫國司

濃満郡大[2]領正六位上中原朝臣弘忠

右去年十二月廿八日補任如件。國宜承知、依例任用。符到[3]奉行。
修理右宮[4]城使[5]従四位上左[6]中辨源[7]朝臣　修[8]理左宮城判官正[9]五位下行[10]主計頭[11]兼[12]左大史[13]算[14]博士備後[15]介小[16]槻宿祢
康和二年二月廿六[17]日

【校訂註】

(1)「補」以下五字…㊳文書―42の末尾に続けて記載（底・紅・東）、同条の末尾に続けて記載するも符号で改行を指示（伴）↓補註（2）大…「太」（史・豊）（3）到…「至」〔「到」と傍書〕（伴）（4）宮…「官」（史・豊）、「京」〔「宮」と傍書〕（伴）（5）使…脱（史・豊）（6）左…「右」（大）（7）源…「原」（紅）（8）「修」以下二九字…改行（紅・伴）、次行の日下にあり（大）（9）正…「上」（紅）、「上」〔「正」と傍書〕（伴）（10）行…脱（史・豊）（11）頭…「酒」（紅・東）、「酒」〔「頭」と傍書〕（伴）（12）兼…「往」（紅）、「往」〔「兼」と傍書〕（伴）（13）史…「夫」（紅）、「夫」〔「史」と傍書〕（伴）（14）算…「下」（紅）、「管」（東）、「下」〔「算」と傍書〕（伴）（15）備後…「續」（紅）、「濆」〔「備後」と傍訂〕（伴）（16）小…脱（紅）、脱〔「小」を補〕（伴）（17）六…「八」〔「六」と傍訂〕（伴）

（補註）

本文書の一行目は、底本をはじめ紅本・東本など主要な写本では前文書（㊳文書―42）の末尾に続けて記載している。したがって、底本や紅本の祖本と考えられる金沢文庫本でも同様に記載されていた可能性が高い。しかし、そのままでは意味が通じないことから、史本や豊本では改行されており、伴本も符号で改行を指示している。この措置は適切であると判断されることから、ここでも史本等の見解にしたがい改行した。

【書き下し】

郡[1]司を補す官符
太政官符す　伊[2]予国司
濃満郡大領正六位上中[3]原朝臣弘忠
右去年十二月廿八日に補任すること件のごとし。国宜しく承知し、例に依りて任用すべし。符到らば奉行せよ。

修理右宮城使従四位上左中弁源朝臣[4]　修理左宮城判官正五位下行主計頭兼左大史算博士備後介小槻宿禰[5]

康和二年(一一〇〇)二月廿六日

【註】

(1) **郡司を補す官符**　郡司任符のこと。養老選叙令20官人至任条では官人の交替に際し「印文」が必要であると規定しており、この「印文」が任符を指すと考えられる。『令集解』同条に引かれる諸説では、「印文」は京官・外官や文官・武官の違いにかかわらず、交替に際して発給されるものとしている。しかし令釈では「今時行事、京官之中、武官有任〔文脱カ〕、文官无任文」としており、京官に関しては武官にのみ発給されていたようである。また古記には「外国不限遠近・貴賤、皆得印文。史生・主政・主帳等皆同耳」とあり、八世紀から郡司任符も発給されていたと考えられる。郡司任符の実例としては、本文書以外に宇多天皇宸筆『周易抄』（東山御文庫所蔵）の紙背（『大日本史料』第一編補遺〈別冊二〉、飯田瑞穂「宇多天皇宸筆『周易抄』紙背文書　紹介」〈『飯田瑞穂著作集4　古代史籍の研究　下』吉川弘文館、二〇〇一、初出一九八一〉参照）や『符宣抄』巻七・諸国郡司事に確認できる。なお『群載』巻二十二には⑨・⑩文書に「外国官人官符」として任用国司の、㉒・㉓文書に「罷符」として受領の任符が掲載されている。

(2) **伊予国司**　康和二年（一一〇〇）時点での伊予国司をまとめておく。守については、高階泰仲が康和三年に伊予守として確認でき（『殿暦』同年十月二十六日条）、翌年には「前伊予守」と見えている（『殿暦』康和四年正月二十六日条、『中右記』同九月十四日条など）ことから、泰仲が在任していたと考えられる。彼は嘉保元年（一〇九四）に伊予守として見え（『中右記』同年三月二十三日条）、翌年には重任宣旨を蒙っている（『中右記』嘉保二年六月十九日条）ことから、長期にわたって伊予守を勤めていたようである。なお康和二年正月には参議左近衛中将源顕通が権守に任じられている（『補任』同年条）。

介以下に関しては、『中右記』承徳元年（一〇九七）正月三十日条にこの時の春除目の召名が掲載されており、権介以下の伊予の任用国司任官者が判明する。権介には藤原敦基（文章博士）、大掾には藤井延国・高橋吉樹、少掾には藤井時国、少目には宗岡秀元が任じられている。この時の任官者は康和二年時点でも在任していた可能性がある。

以上が康和二年段階の伊予国司在任者（その可能性のある者）である。しかし、守の泰仲は伊予守ではあるが、都で朝廷や院、摂関家に奉仕している姿が『殿暦』、『中右記』等に確認でき、伊予に在国していた可能性は低い。仮に下向したとしても、因幡守平時範（承徳二年任）のように、一時的なもの（時範は承徳三年二～四月まで下向）であったと考えられる。また、権守の顕通は公卿兼国、権介の文章博士敦基は宿官と考えられることから彼らも遙任であろう。大掾以下の在国の可能性はあるが、この時期の任用国司は年官によるものが多く、当該期の年官は儀礼化が進み、作名者の申任も行われるようになっている点に留意する必要があるだろう。

(3) **中原朝臣弘忠**　濃満郡は野間郡とも。伊予国北部の高縄半島の北端に位置し、斎灘に面した郡。中原弘忠については未詳。野間郡の郡領氏族は史料上確認できないが、「国造本紀」にみえる怒麻国造の後裔が想定される。十一世紀以降になると、複数の郡司が郡判に署名する例や、様々な名称を持つ非令制職名郡司（雑色人郡司）が見られなくなり、各郡には「郡司」や「大領」を称する者が一名のみ確認されるようになる。本文書もそのような一員郡司制のもとでの任符であると考えられる。

(4) **源朝臣**　源重資。醍醐源氏で権中納言経成男。治暦三年（一〇六七）に叙爵し、その後は弁官コースを経て蔵人頭に。参議、権中納言を経て従二位に至る。康和二年（一一〇〇）段階での位階・官職は本文の通りであるが、同年七月十七日には蔵人頭に補され（『職事補任』）、二十三日には正四位下に進んでいる（『殿暦』）。

(5) 小槻宿禰　小槻祐俊。左大史孝信男。右少史から左大史に至る。その他に修理左宮城判官、主税権助、掃部頭、大炊頭、主税頭、算博士、伊賀守などを歴任。極位は従四位上（『壬生家譜』）。なお本文書によれば、康和二年（一一〇〇）時点で祐俊は主計頭を兼ねているが、他史料からは彼が主計頭に任じられていた形跡がうかがえない。康和三年十一月十九日に比定される主計頭加茂在通書状（平―一四六七）が残っているため、少なくとも翌年には別人物が主計頭に在任していることが確認できる。祐俊は康和元年に掃部頭労で備後介を兼ね（『世紀』同年正月二十三日条）、同十一月三日には「修理宮城判〔官脱カ〕正五位下行掃門（ママ）〔頭脱カ〕兼左大史算博士備後介小槻宿禰」として位署を加えている（平―一四一八）ことから、主計頭を兼任していたとしても最長で康和元年十一月から同三年十一月までの二年以内となる。あるいは転写の際の誤写の可能性なども想定されるだろう。なお祐俊が主税頭に任官したのは康和五年正月であるため（『二中歴』二・寮頭）、主計頭は主税頭の誤写とも考えられない。

【文書の位置づけ・機能】

本文書は郡司任符である。国司任符については既に⑨・⑩・㉒・㉓文書として掲載されており、その発給手続きや機能についてはそれぞれの註釈を参照されたい。後述するように郡司任符は任用国司のそれと書式・文言がほぼ一致していることから、内印の捺印も含めその発給手続きや機能も国司に準じて考えられるだろう。

なお『厳島神社文書』には永保三年（一〇八三）六月七日付安芸国高田郡大領藤原頼方の任符（平―一二〇〇）が残っているが、その奥には応徳二年（一〇八五）二月十六日付で奉行文言が書き込まれ、大介以下が署判を加えている。さらに頼方が大領に補任されたことを通知する同日付の高田郡宛安芸国符も残されており（平―一二一九）、任符の奉行の後、国符が任郡に下されていたことが分かる。これは十一世紀末の事例であるが、比較的時期の近い本文書を考える上では参考になるだろう。

郡司任符が八世紀から発給されていたと考えられることは先述したが（註⑴）、確認できる最古の郡司任符は寛平九年（八九七）三月二十六日付の尾張国愛智郡大領の任符である（宇多天皇宸筆『周易抄』紙背文書）。その文言は「右、去□□□年十二月十六日、□〔補〕任□〔如〕件、国宜承知、至即任用、符到奉行」というもので、若干の違い（「至即任用」と「依例任用」の違い）はあるものの書式も含めて本文書とほぼ一致している。『符宣抄』巻七に見える十世紀の郡司任符も同文（「依例任用」）であり、本文書のような郡司任符の書式・内容は少なくとも九世紀まではさかのぼるといえる。

さらに郡司任符の「国宜承知、至即任用／依例任用、符到奉行」という文言は⑨・⑩文書や『符宣抄』巻八・任符に収録された任用国司の任符の文言でもあり、郡司と任用国司とでは任符の内容が共通している。

養老儀制令11遇本国司条や同18元日国司条、考課令67考郡司条に見られるように、令の中には郡司を国司の統制下に置くような規定が見られる。また、考課令54国郡司条では「国郡司」は部内の戸口や熟田の損益により考第が昇降すると規定されるが、この場合の「国郡司」は令文中に「謂、掾及少領以上」と註が付されており、任用国司（掾）と郡司が同一範疇で扱われている。さらに『続紀』大宝二年（七〇二）三月丁酉条には大宰府に掾以下の国司と郡司の銓擬権を与えており、ここでも任用国司（掾以下）と郡司が同様に扱われている。以上を総合すると、郡司は国司の統制下に置かれると同時に、特に掾以下と同等の位置づけを与えられていたと考えることができる。郡司任符が任用国司の任符と同様の文言を持つのは、郡司を国司の属僚とし、特に掾以下に相当させて位置づけたことに由来するのだろう。またこのように考えることで、郡司任符の充所が郡司ではなく国司とされている理由も明確となるだろう。

【関連史料】

宇多天皇宸筆『周易抄』紙背文書、『符宣抄』巻七・諸国郡司事、平―一二〇〇・一二三九

【参考文献】

市大樹「国司任符の発給について」（『延喜式研究』一四、一九九八）、同「国司任符に関する基礎的考察」（『古文書研究』四七、一九九八）、中村順昭「律令郡司の四等官」（『律令官人制と地域社会』吉川弘文館、二〇〇八、初出一九九八）、田島公「『周易抄』紙背文書と内案」（『日本歴史』六〇八、一九九九）、渡辺滋『日本古代文書研究』（思文閣出版、二〇一四）

（磐下　徹）

㊵諸国釈奠祝文

祝文　諸國釋奠[1]

維[2]某年、歳次月朔日。守位姓名、敢[3]昭告[4]于先聖文宣王。維王固[5]天攸縦、誕降生知、經緯[6]礼楽[7]、闡揚文教。餘烈・遺[8]風、千載是仰、俾[9]茲末学、依仁遊藝。謹以制幣[10]・犧[11]齊[12]・粢[13]盛[14]・庶品、祗[15]奉舊章、式陳[16]明薦[17]、以先師顔子配。尚饗。

維[18]某年、歳次月朔日。守位姓名、敢昭[19]告[20]于先師顔子。爰以[21]仲春〈仲秋〉、率遵[22]故實、敬備[23]釋奠[24]于先聖文宣王[25]。惟[26]子[27]、庶[28]幾[29]躰二、徳冠[30]四科、服[31]道聖門、實致壺奥[32]。謹[33]以[34]制幣[35]・犧[36]齊[37]・粢[38]盛[39]・庶品、式陳[40]明獻、従祀[41]配神。尚饗。

【校訂註】

(1)奠…「費」（東）、「尊」〔「奠」と傍書〕（伴）　(2)維…「准」（紅・東）、「准」〔「維」と傍書〕（伴）　(3)敢…「敦」〔「敢」と傍書〕（伴）　(4)告…「吉」（紅）　(5)固…「門」（底）、「國」（紅・東）、「國」〔「固」「囥」と傍書〕（伴）　(6)緯…「緯」（紅）、「律」〔「緯」と傍書〕（伴）　(7)楽…「条」〔「楽」と傍書〕（伴）　(8)遺…「遺」（大）　(9)俾…「俾」（紅）、「俾」〔「俣」と傍書〕（伴）　(10)幣…「弊」（紅）、「弊」

〔「幣」と傍書〕（伴）⑾犧…「議」（紅）、「儀」（東）、「議」〔「犧」と傍書〕（伴）⑿齊…「晉」（紅・東）、「斎」（伴・大）⒀粢…脱〔「粢」を補〕（底）、「次第」（紅）、「次米」（東）、「次第」〔「粢」と傍訂〕（伴）⒁盛…「咸」（底）、「感」（紅・東）、「感」〔「盛」と傍書〕（伴）⒂祗…「被」（東）、「衵」〔「祗」と傍書〕（伴）、「祇」（大）⒃陳…「諌」（紅）、「諌」〔「陳」と傍書〕（伴）⒄薦…「廉」（紅）、「廉」〔「薦」「廉」と傍書〕（伴）⒅維…「准」（紅）、「淮」（東）、「准」〔「維」と傍書〕（伴）⒆告…「吉」（紅）⒇于…脱（東）㉑以…脱〔「以」を補〕（紅）㉒遵…「導」（豊）㉓備…「備」〔「備」と傍書〕（伴）、「修」（大）↓補註 ㉔奠…「貴」（紅）、「費」（東）㉕文…「天」（紅・東）㉖惟…「准」（紅）、「淮」（東）、「准」〔「惟」と傍書〕（伴）㉗子…「子」〔「王」と傍書〕（伴）㉘幾…「徴」〔「幾」と傍書〕（伴）㉙躰…「躰」〔「體」と傍書〕（伴）㉚四…「日」（底・紅・東）、「日」〔「四」と傍書〕（伴）㉛服…「眼」（紅）、「眼」〔「服」と傍書〕（伴）㉜奥…「奥」〔「路」と傍書〕（底）、「奥」〔「路」と傍訂〕（伴）、「路」（大）㉝謹…脱（底）㉞以…脱（紅）、脱〔「以」を補〕（伴）㉟幣…「弊」〔「幣」と傍書〕（伴）㊱犧…「擬」〔「犧」と傍書〕（伴）㊲齊…「晉」（紅）、「斎」（伴・大）㊳粢…「次第」（紅）、「次米」（東）、「次第」〔「粢」と傍訂〕（伴）㊴盛…「感」（底・紅・東）、「感」〔「盛」と傍書〕（伴）㊵陳…「諌」（紅）、「諌」〔「陳」と傍書〕（伴）㊶祀…「礼」（伴）

（補註）

本文書とほぼ同文を載せる延喜雑式63祝文条や『大唐開元礼』巻六十九・諸州釈奠於孔宣父では「修」とあるが、本文書で校訂に用いた諸本は大系本以外いずれも「備」としている。

【書き下し】

祝文[1]　諸国釈奠

維《そ》れ某年、歳次月朔日。守位姓名、敢へて先聖[2]文宣王に昭告[3]す。維れ王は固より天の縦《ゆる》す攸《ところ》にして、誕降して生知[4]し、礼楽[5]を経緯[6]し、文教[7]を闡揚[8]す。余烈[9]・遺風[10]は、千載[11]是れを仰ぎ、末学[12]をして茲《しげ》らしめ、仁[13]に依り遊芸す。謹みて制[14]幣・犧斉[15]・粢盛[16]・庶品[17]を以て、旧章[18]を祗《うやま》ひ奉り、明薦[19]に式陳[20]し、先師[21]顔子を以て配す。尚《こいねが》はくは饗《う》けたまへ。

維れ某年、歳次月朔日。守位姓名、敢へて先師顔子に昭告す。爰に仲春〈仲秋〉を以て、故実を率遵[22]し、釈奠を先聖文宣王に敬ひ備ふ。惟ふに子は、体[23]二を庶幾ひ、徳は四科[24]に冠[25]たりて、聖[26]門に服道[27]すること、実に壺奥[28]に致る。謹みて制幣・犠斉・粢盛・庶品を以て、明献[29]に式陳し、従祀[30]の神に配す。尚はくは饗けたまへ。

【註】

(1) **祝文**　神に祈る文。

(2) **先聖文宣王**　孔子。唐において貞観十年（六三六）より「孔宣父」の尊称が用いられたが、開元二十七年（七三九）に「文宣王」と追謚された。日本においては大宝・養老学令ともに「孔宣父」としているが、天平勝宝四年（七五二）に入唐した遣唐使のもたらした知識により、『三代格』巻十・神護景雲二年（七六八）七月三十日太政官符で「文宣王」と改められた。

(3) **昭告**　明らかに告げること。

(4) **生知**　生まれながらに知ること。学ぶを待たず、生まれながらにして道を知ること。

(5) **礼楽**　礼節と音楽。

(6) **経緯**　秩序を立てて治め整えること。

(7) **文教**　学問や教育によって人心を導くこと。

(8) **闡揚**《せんよう》　明らかにあらわしあげること。

(9) **余烈**　先人の残した功績。遺烈。

(10) **遺風**　後世に残っている先人の教え。

(11) **千載**　千年。長い年月。

(12) **末学**　未熟な学者。後進の学者。

(13) **仁に依り遊芸す**　心に仁を離さず、学問を修める。『論語』述而に見える語句。

⒁ 制幣　祭祀の幣帛で、一丈八尺のもの。
⒂ 犠斉　犠は神前に供える動物。斉は一定の枡目によってつくった混和酒。
⒃ 粢盛《しせい》　神への供物として器に盛った穀物。
⒄ 庶品　いろいろの物品。
⒅ 旧章　古くからのおきて。昔の法典。
⒆ 明薦　薦はきちんとそろえて神前に供えること。明は尊敬の意をあらわす接頭辞。
⒇ 式陳　式は「もって」の意の接頭辞。陳はならべるの意。
(21) 先師顔子　先師は先聖（孔子）をたすけた人。顔子は孔子の弟子である顔回。
(22) 率遵　率・遵ともに「したがう」の意。
(23) 体二　「二」は「仁」の省画か。体仁は仁徳を身につけるの意。
(24) 四科　孔子が重んじて教えた四つの科目。徳行・言語・政事・文学。
(25) 冠たり　優れていて人々の頭に立つ。
(26) 聖門　孔子の教え。
(27) 服道　服・道ともに「したがう」の意。
(28) 壺奥《こんおう》　宮中の奥深い所。転じて、物事の極所。
(29) 明献　献は神前に丁寧に物をささげること。
(30) 従祀　附けて祀ること。後世の儒者で、孔子の廟に配享されるもの。

（補註）

本文書の参考に供するため、延喜雑式63祝文条を以下に掲げる。なお、本文は国史大系による。

祝文

維某年歳次月朔日。守位姓名敢昭告于先聖文宣王。維王固天攸縦。誕降生知。經緯禮樂。闡揚文教。餘烈遺風。千載是仰。俾茲末學。依仁遊藝。謹以制幣犧齋。粢盛庶品。祗奉舊章。式陳明薦。以先師顔子配尚饗。

維某年歳次月朔日。守位姓名敢昭告于先師顔子。爰以仲春。〈仲秋〉。率遵故實、敬修釋奠于先聖文宣王。惟子庶幾體二。德冠四科。服道聖門。實臻壺奧。謹以制幣犧齋。粢盛庶品。式陳明獻。從祀配神尚饗。

【文書の位置づけ・機能】

本文書は、諸国の国学で行われる釈奠の儀式の中で国守により読み上げられる祝文である。年月日・守の位姓名は記載されていないことから、特定の祝文ではなく祭式（後述）を参照したものであろう。

釈奠は、孔子をはじめとする儒教の先哲を祭る祭儀であり、養老学令3釈奠条に仲春（二月）・仲秋（八月）の上丁日に行うよう規定されている（大宝令でも同じ）。延喜大学寮式に見える祭式は、大学廟堂における饋享（孔子・十哲への酒食供薦、大学頭の祝文音読、拝礼）、都堂における講論・宴座から成る。

学令3釈奠条には国学でも大学寮と同様に釈奠を行うことが規定されていた。天平八年（七三六）の「薩摩国正税帳」には「春秋釈奠料」として稲九十二束とその内訳が記されており、当時の国学において釈奠が実施されていたことが分かる。また、弘仁主税式に諸国釈奠料が規定されていたことや、『続後紀』承和七年（八四〇）七月十日条に諒闇の間、五畿内七道諸国の釈奠を停止したことが見えることからも、諸国釈奠の実施が確認できる。しかし諸国釈奠の祭式については、『三代格』巻十・貞観二年（八六〇）十二月八日太政官符に諸国に「釈奠式一巻」を頒下したことが見え、また「今此間唯有大学式、無諸国式」、「或称大学例、用風俗楽、或拠州県式、停止音楽」とあって、これ以前には諸国の釈奠式はなく「大学式」や唐の「州県式」を参照して実施されており、その内容が統一されていなかったことが分かる。大宰府では釈奠式頒下以前に孔子・顔回に加え閔子騫も祀っており、『三代格』巻十・貞観十八年六月十日官符で特例として三座を祀ることが認められている。延喜雑式55諸国釈奠式条以下には諸国釈奠式が載せられており、これは貞観二年の式を受け継ぐものであろう。それによれば、諸国釈奠は大学寮釈奠と比べ参加者や次第に相違はみられるものの、大まかな次第としては同じものであった。

延喜雑式63祝文条には本文書と同様の祝文が載せられており、それ（大系本）と本文書では二字を除き字句が一致する。これらと大学寮の祝文とを比べると、主な相違点として①大学寮では天皇が祝文の主体で大学頭を遣わして読ませる形をとるのに対し、諸国では国守が主体として読み上げること、②諸国では先聖・先師のみを祀るのに対し大学寮では十哲も加えられていたため、祝文の対象記載に違いがあること、という二点が挙げられる。①については、国学には大学寮のように四等官が設置されなかったため、大学寮では頭が祝文を読むところを国学では官人を遣わす形をとらず国守が読むとされたと考えられる。②については、学令3釈奠条では孔子のみを対象として挙げるが、「薩摩国正税帳」より、すでに天平年間の国学において顔回も祀られていたことがうかがえ、当時の大学寮でも同様であったと考えられる。大学寮では延喜大学寮式14饋享条においてさらに十哲が対象に挙げられており、これは弘仁式まで遡ると推定されている。この二点以外に、祝文の後半には意味合いを大きく変えるものではないものの字句の違いが多い。

以上のように大学寮のものと異なる諸国釈奠祝文は、『大唐開元礼』巻六十九に載せられた唐の諸州における釈奠の祝文とほぼ同文であり、諸国釈奠式が唐における諸州釈奠をもとに整備されたことを示している。

国学における釈奠の実施状況を示す史料は少ないが、『菅家文草』二二〇・州廟釈奠有感は、讃岐守であった菅原道真が仁和四年（八八八）二月三日の釈奠に際して詠んだものである。㊳文書―20には新任国司が勘検すべきものとして神社や国庁院などと並び「孔子廟堂并祭器」が挙げられており、釈奠が国務において重視されていたことが窺える。しかし、十世紀以降顕著になる国学の衰退に伴い、延喜十六年（九一六）の伊勢、承平三年（九三三）の丹波、同七年の石見など、釈奠の礼器・廟像が破損紛失し放置されている例が見られるようになる（『要略』巻五十四・勘解由使勘判抄）。ただ、応徳二年（一〇八五）主税寮減省続文（『群載』巻二十六）によれば承保二年（一〇七五）～承暦元年（一〇七七）の上野国税帳の「毎年例用」の項目に春秋釈奠料が挙がっており（但し、上野国交替実録帳〈『群馬県史』資料編四・原始古代四、平―四六〇九〉には学校院・廟像・礼器・雑物が以前から破損の状態にあることが記録されている）、保安元年（一一二〇）頃の摂津国大計帳案・正税帳案（平―補四五）には「春秋釈奠祭料」が計上されている。国によっては十一世紀以降も釈奠が実施されていたとみられるが、十一世紀末ないし十二世紀初頭には国学のほとんどすべてが廃絶していたと考えられており、釈奠も実施されない状況に至った。

【関連史料】

延喜雑式55諸国釈奠条～63祝文条、『大唐開元礼』巻六十九・諸州釈奠於孔宣父、『三代格』巻十・貞観二年十二月八日官符

【参考文献】

彌永貞三「古代の釈奠について」（『日本古代の政治と史料』高科書店、一九八八、初出一九七二）、久木幸男『日本古代学校の研究』（玉川大学出版部、一九九〇）、桃裕行『桃裕行著作集』第一巻（思文閣出版、一九九四）、所功「日本における釈奠祭儀の特色」（『宮廷儀式書成立史の再検討』国書刊行会、二〇〇一、初出一九九七）

（林　友里江）

㊶国守祭城山神文

臨時祭文

祭城山神文　菅[1]家

維[2]仁和四年、歳次戊[3]申、五月癸巳朔、六日戊戌[4]、守正五位下[5]菅原朝臣〈某〉、以酒果[6]香幣[7]之奠[8]、敬祭于城山神。四月以降、渉旬[9]少雨[10]。吏民之園[11]、苗[12]種不由[13]。〈某〉忽解三亀、試[14]親五馬。分憂在任、結憤惟悲。嗟虜[15]、命[16]之数[17]奇[18]、逢此愆序。政[19]不良[20]也、感[21]無[22]徵[23]乎。伏惟、境内多山、茲山獨峻[24]。城中数社[25]、社[26]尤霊。是用吉日良辰、禱請[27]昭告[28]。誠之至矣、神其察[29]。若八十九郷[30]、二十萬口、一郷無損、一口無愁、敢不蘋藻清明、玉幣[31]重疊、以[32]賽應験、以餝威稜。若甘[33]澍[34]不饒、旱[35]雲如結、神之霊無所見、人之望遂不從。斯乃俾[36]神無光、俾[37]人有怨[38]。人神共失、禮祭或[39]疎[40]。神其裁已[41]。勿惜冥祐。

尚饗。

【校訂註】

(1)菅家…欠（紅）　(2)維…「准」（紅・東）、「准」〔「維」と傍書〕（伴）　(3)戊…「代」（底・紅・東）、「代」〔「戊」と傍書〕（伴）　(4)戊戌…「戌戊」（底）　(5)下…脱〔「下」を補〕（伴）　(6)果…「菓」（史・豊）、「呆」〔「菓」と傍書〕（伴）　(7)幣…「弊」（伴）　(8)奠…「貴」（紅・東）、「貴」〔「奠」と傍書〕（伴）　(9)旬…「旬日」（伴・大）　(10)雨…「丙」（底）、「両」（東）、「両」〔「雨」と傍書〕（伴）　(11)園…「門」（底）、「國」（紅・東）、「国」〔「困」と傍書〕（伴）、「困」（大）　(12)苗…「茵」（底・紅・東・豊）、「芮」〔「苗〈歟〉」と傍書〕（史）、「菌」〔「苗」と傍書〕（伴）　(13)由…「由」〔「申」と傍書〕（伴）、「田」（大）　(14)試…「式」（紅）、「滅」（東）、「式」〔「試」と傍書〕（伴）　(15)虜…「厗」（史・豊）、「厡」（紅）、「厡」〔「虜」と傍書〕（伴）　(16)命…「分」（底）　(17)数…「致」〔「数」と傍書〕（伴）　(18)奇…「弃」（史・豊）　(19)政…脱〔「政」を補〕（伴）　(20)良…下に「政」〔抹消〕あり（伴）　(21)感…「咸」（史・豊）　(22)無…「元」〔「旡」と傍書〕（伴）　(23)徵…「傲」（紅）、「徹」（東）、「傚」〔「徹」「徵」と傍書〕（伴）　(24)峻…「峻」〔「峻」と傍書〕（伴）　(25)社…下に挿入符あり（史・豊）、「祐」（東）、下に「茲」を補（伴）、「社茲」（大）　(26)社…「々」（紅）、「々」〔「社」と傍訂〕（伴）　(27)請…脱〔五字下より「請」を補〕（伴）　(28)告…「吉」〔「告」と傍書〕（伴）　(29)察…「寮」（底）、下に「之」を補（伴）、「察之」（大）　(30)郷…「卿」〔「郷」と傍書〕（伴）㉛幣…「弊」〔「幣」と傍書〕（伴）㉜以…下に一字分の空白あり（伴）㉝甘…「耳」〔「甘」と傍訂〕（豊）、「耳」（東・伴）㉞澍…「樹」〔「澍」と傍書〕（伴）㉟旱…「早」〔「旱」と傍訂〕（伴）㊱俾…「得」〔「俾」と傍書〕（伴）㊲俾…「得」〔「俾」と傍書〕（伴）㊳怨…「愁」（史・豊）㊴或…「式」（史・豊）、「式」〔「或」と傍書〕（伴）㊵疎…「練」（底・史・豊）、「疎」〔「疎」と傍書〕（伴）㊶巳…「之」（紅・伴・大）

（補註）

『群載』豊本には『菅家文草』との対校が朱で書き込まれているが、煩雑を避けるため校訂註には豊本にみえる『菅家文草』との字句の異同は取らなかった。

【書き下し】

臨時祭文

城(1)山神を祭る文　　菅(2)家

維れ仁和四年（八八八）、歳次戊申、五月癸巳朔、六日戊戌、守(3)正五位下菅原朝臣〈某〉、酒果香幣の奠を以て、敬みて城山神を祭る。四月以降、旬に渉りて雨少なし。吏民の園、苗種由なし。〈某〉忽ち三(4)亀を解き、試みに五(5)馬に親しむ。憂ひを分つこと任に在り、憤を結《つな》がむこと惟れ悲し。嗟虖《ああ》、命の数奇、此の愆(6)れる序に逢へり。政良からざるや、感徴《はた》るること無きや。伏して惟《おも》みれば、境内山多く、茲の山のみ独り峻《さが》し。城(7)中数社、社尤も霊たり。是に吉(8)日良辰を用ゐて、祈り請ひ昭らかに告ぐ。誠の至、神其れ察せよ。若し八(9)十九郷、二十萬口、一郷も損すること無く、一口も愁ふことなくば、敢へて蘋(10)藻清明にし、玉幣(11)重畳して、以て応験に賽して、以て威(12)稜を飾らざらむ。若し甘き澍(13)饒ならず、旱《ひでり》の雲を結《しりぞ》くがごとくんば、神の霊見る所無く、人の望遂に従はざらむ。斯くは乃ち神をして光無からしめ、人をして怨み有らしめむ。人神共に失して、礼祭或ひは疎かならむ。神其れ裁くのみ。冥(14)祐を惜しむなかれ。尚《こひねが》はくは饗《う》けたまへ。

【註】

(1) **城山神**　城山は、現香川県坂出市南部にある標高四六二・三メートル、東西・南北約七・五キロメートルの台形の溶岩台地。北は備讃瀬戸、南は阿讃山脈をのぞみ、讃岐国府の西に位置する。古代には山城が築かれ、山頂部を二重にめぐる石塁・土塁が残り、その間に城門・水門・礎石が点在している。式内社が祀られ、延喜式神名帳には讃岐国阿野郡に「城山神社〈名神社〉」と載る。貞観元年（八五九）十一月七日に正六位上から従五位下に、同七年十月九日に従五位上に昇叙される（『三実』）。同国苅田郡粟井神社・香川郡田村神社と並ぶ三名神大社に数えられている。

(2) **菅家**　菅原道真。

(3) **守正五位下菅原朝臣〈某〉**　菅原道真。仁和二年（八八六）正月十六日讃岐守に任じられ、同三年十一月十七日正五位下、寛平二年（八九〇）まで務めている。

(4) **三亀**　亀卜の三つの卜形のこと。『周礼』春官宗伯によれば、顓頊の玉兆・尭帝の瓦兆・周の原兆の三つを三兆という。

(5) **五馬**　四頭立ての馬車に驂《そえうま》を加えたもの。漢代、太守にこれが許されたことから、太守の異称となった。

(6) **愆《あやま》れる序《ついで》**　天候が不順なこと。

(7) **城中数…霊あり**　城中は讃岐国内のことをさす。延喜式神名帳には「讃岐国二十四座〈大三座・小二十一座〉」とある。底本にはないが、伴本・大系本や『菅家文草』に「茲社」とあることから考えると、ここでは、国内には数多く神社があるけれども、城山の神が最も霊験があるという意味であろう。

(8) **吉日良辰**　祭文をささげるのに良い日のこと。

(9) 八十九郷、二十萬口 『和名抄』によれば、讃岐国は十一郡で、名古屋市博本では郷数は九十郷、高山寺本では七八郷を数える。
(10) 蘋藻《ひんそう》 水草。婚礼など儀礼に用いる幣物をいう。
(11) 重畳 幾重にも重ねる。
(12) 威稜 神霊の威力。
(13) 澍《そそぎ》 ほどよい時に降って万物をうるおす雨。
(14) 冥祐 神の助け。

(補註)
参考として、『菅家文草』の本文を以下に掲げる(日本古典文学大系『菅家文草』、川口久雄氏校注)。

祭城山神文〈為讃岐守祭之〉

維仁和四年、歳次戊申、五月癸巳朔、六日戊戌、守正五位下菅原朝臣某、以酒果香幣之奠、敬祭于城山神。四月以降、渉旬少雨。吏民之困、苗種不田。某忽解三龜、試親五馬。分憂在任、結憤惟悲。嗟虖、命之數奇、逢此愆序。政不良也、感无徹乎。伏惟、境内多山、茲山獨峻。城中數社、茲社尤靈。是用吉日良辰、禱請昭告。誠之至矣、神其察之。若八十九郷、二十万口、一郷无損、一口无愁、敢不蘋藻清明、玉幣重疊、以賽應驗、以飾威稜。若甘澍不饒、旱雲如結、神之靈无所見、人之望遂不從。斯乃俾神无光、俾人有怨。人神共失、禮祭或疎。神其裁之。勿惜冥祐。尚饗。

【文書の位置づけ・機能】
本文書は、菅原道真が讃岐国守として城山神に対して祈雨祭祀を行った際の祭文であり、巻二十二の目次に「臨時奉幣祭文」、本文書冒頭に「臨時祭文」とあるように、国司が赴任時に任国で行う祭祀のための祭文の例として挙げられたものである。『群載』巻二十二のほかに、『菅家文草』五二五「祭城山神文」として収められている。

讃岐国守として赴任していた時の菅原道真の様子は、『菅家文草』に収められている詩によってうかがい知ることができる。二〇〇~二〇九「寒早十首」では、浮浪逃亡者・鰥の老人・孤児・薬園の園丁・駅子・漁人・塩商人・水運従事者・採樵夫など、人々の生活の実情を示す詩を残している。また、道真自身の儒教的徳治観を示したものであるとされる二二一「路遇白頭翁」は、道真が路上で白髪の翁に会い、讃岐の前国司たちの治績を聞くという内容で、安倍興行（元慶二年〈八七八〉から讃岐国司赴任）と藤原保則（元慶六年から讃岐国司赴任）の二人の良吏の名が挙げられている。

中国では、刺史は儒教的徳治観に基づいた職掌とされ、その一つとして祈雨・止雨祭祀が行われ、多くの刺史が祭文を残している（柳宗元「舜廟祈晴文」〈永州刺史在任中〉、元稹「祈雨九龍神文」〈長慶二年〈八二二〉杭州刺史在任中〉）。日本でも、各国における祈雨は国司が行うものとされており、道真が良吏として挙げた藤原保則も「備前備中両国界上、有吉備津彦神、若国有水旱、公即祈祷、必致感応、速於影響」（『藤原保則伝』〈『続群書類従』伝部〉）とあり、赴任国の旱魃に際して祈雨を行ったことが知られる。

この祭文が作られた仁和四年は気候不順の年であり、讃岐でも「今茲自春不雨、入夏無雲。地底塵生、蓮根気死」（『菅家文草』二六二の国分寺蓮池の詩）という状態であった。城山神への祈雨も、讃岐国守としての道真の国治の一例として数えられる。

また、この祭文には、白居易が杭州刺史在任時（長慶二年〈八二二〉から同四年）に作った「祈皐亭神文」との共通性がみてとれる。すなわち、神への請願の手法として、甘言（請願が成就すれば娯楽・献物を捧げる）と威嚇（実現されないならば神の態度を責める）という、二つの発想を並立させる『周書』金縢の祭文を踏襲した手法を用いている。道真による祭文も、甘言部分「神其察～以飾威稜」と威嚇部分「若甘澍不饒～礼祭或疎」とから構成されている。道真は讃岐に『白氏文集』を携行し、自身の讃岐国司赴任を通じて白居易の杭州刺史赴任を追体験していたとも考えられる。この祭文も、白居易の「祈皋亭神文」に摸して作られたものであると考えて良いだろう。

　本祭文は、国司が祈雨などの祭祀で奉じた祭文の実例として唯一のものである。

（武井　紀子）

【関連史料】

『菅家文草』二〇〇～二〇九「寒早十首」、二二一「路遇白頭翁」、二六二の国分寺蓮池の詩、「祈皋亭神文」（『白氏文集』巻二十三・哀祭文）、「藤原保則伝」（『続群書類従』伝部）

【参考文献】

坂本太郎『菅原道真』（吉川弘文館、一九六二）、川口久雄「『菅家文草』解説」（日本古典文学大系『菅家文草』岩波書店、一九六六）、吹野安「杭州刺史白居易―祈皋亭神文を中心として」（『國學院雑誌』八七―一一、一九八六）、三宅和朗「日本古代の「名山大川」祭祀」（『古代国家の神祇と祭祀』吉川弘文館、一九九五）

㊷甲斐国仁王会呪願文

仁王會咒願文　甲斐國

浄飯宮裡[1]　得道如来　耆闍[2]窟中　宣説般若

群[3]類皆仰　故[4]曰[5]仁王　衆[6]難盡除　故曰[7]護国

是以新吏(8)　莅境之初　偏仍舊儀　専講此典
玄冬令節　黒月佳辰　洒掃国廳　相擬(9)精舎
懸百仏像　啒百法師　朝哺二時　讀説両軸
三寶影響　五力(10)威神　本(11)誓(12)無疑　護(13)持勿捨(14)
風雨調和(15)　稼穡如雲　吏民安寧　謳(16)歌(17)就日
任(18)土之貢　不催(19)自擎(20)　栖畝(21)之粮　不捨(22)空遺
運上調物　往(23)年陪増　任中公文　合(24)期(25)勘畢
脩(26)良風化　海内遠聞　昇進光華　天下獨歩
湘浪隔聴(27)　葦(28)索空抛　草竊(29)改心　華胥(30)忽化
朝家安穏　法(31)水一清　野村豊饒　山聲数(32)報
天衆地類　自実至権　出有為(33)雲　登(34)无相月(35)
勝利(36)不限　功徳有隣　倶(37)済(38)受流　目(39)到彼岸

寛治　年　月

朝野群載巻第(40)廿(41)二

【校訂註】

(1)裡…「哀」（底・東・豊・紅）、「哀」〔「裡一本」と傍書〕（史）　(2)闍…「周」（史・豊）　(3)群…「郡」（底）　(4)故…「枚」（底・東）
(5)日…「日」（紅）、「日」〔「日」と傍書〕（伴）　(6)難…「難」〔「難」と傍書〕（伴）　(7)日…「日」〔「日」と傍書〕（伴）　(8)吏…「史」

（伴）⑼擬…「儗」〔「擬」と傍書〕（伴）⑽力…「□」（東）⑾本…「不」〔「本」と傍書〕（伴）⑿無…「无」〔「无」と傍書〕（伴）⒀護…「獲」〔「護」と傍訂〕（伴）⒁捨…「検」〔「捨」と傍書〕（伴）⒂和…「味」（大）⒃謳…「随」（紅・伴・大）⒄歌…「歎」（紅・大）、「歎」〔「歓」と傍書〕（伴）⒅土…「出」（紅）、「出」〔「土」と傍書〕（伴）⒆自…「目」（底・紅・伴・大）⒇擎…「擎」〔「擎」と傍書〕（伴）、「擎」（大）㉑畞…「畞」〔「畞」と傍書〕（伴）㉒捨…「舎」〔「捨」と傍書〕（伴）㉓往年…欠（紅）㉔合…「令」（底・東・紅）、「令」〔「合」と傍書〕（伴）㉕期…「胡」（伴）㉖脩…「備」（史・豊）、「修」〔「備」と傍書〕（伴）㉗聴…「穂」（紅）、「穂」〔「聴」、「穂」、「垣」と傍書〕（伴）、「垣」（大）㉘葦…「蕈」〔「葦」と傍書〕（伴）㉙竊改心…欠（紅）㉚胥…「骨」（東・紅）、「沯」〔「胥」と傍書〕（伴）㉛法…「河」（東・紅・大）、「河」〔「江」と傍訂〕（伴）㉜数…「致」（紅）、「致」〔「数」と傍書〕（伴）㉝爲…「相」（東）㉞无…「无」〔「无」と傍書〕（伴）㉟月…「月」〔「日」と傍書〕（伴）㊱利…「別」（紅・伴）㊲倶…「僕」（史・豊）㊳済…「儕」（史）、「斉」（豊）㊴目…「月」〔「周」と傍書〕（史）、「月」（豊）、「目」〔「同」、「周」と傍書〕（伴）、「同」（大）㊵第…脱〔「第」と傍書〕（東）㊶廿二…「十六」〔「廿二」と傍訂〕（伴）

【書き下し】

[1]仁王会呪願文　甲斐国

[2]浄飯宮裡に、道を得たる如来、[3]耆闍窟中に、[4]般若を宣べ説く。群類皆仰ぐ。故に仁王と曰ふ。衆難尽く除く。故に護国と曰ふ。是を以て新吏、境に[5]莅むの初め、偏に旧儀に仍りて、専ら此の典を講ず。[6]玄冬の[7]令節、[8]黒月の[9]佳辰に、[10]国庁を[11]洒掃して、[12]精舎に相擬へ、百の仏像を懸け、百の法師を屈して、[13]朝晡二時、両軸を読説す。[14]三宝の影響、[15]五力の威神、本より誓ひて疑ひ無く、護持捨つる勿し。風雨調和し、[16]稼穡雲のごとし。吏民安寧にして、謳歌して[17]日に就く。[18]任土の貢、催さずして自ら[19]擎げ、[20]栖畞の粮、[21]捨さずして空しく遺る。運上の調物、往年に陪増し、[22]任中の公文、期に合はせて勘じ畢り、[23]脩良の風化、海内に遠く聞こえ、昇進の光[24]華、天下に独り歩く。[25]湘浪隔て聴こえ、[26]葦索空しく抛つ。[27]草竊改心して、[28]華胥に忽ち化す。朝家安穏にして、[29]法水一清す。野村豊饒にして、[30]山声数《あま》た報ゆ。[31]天衆地類、実より権に至り、[32]有為の雲出て、[33]无相の月登る。[34]勝利不限にして、功徳隣に有り。倶に[35]受流を済ませ、目して[36]彼岸に

到らむ。

寛治　年　月

朝野群載巻第廿二

【註】

(1) 仁王会《にんのうえ》　百の高座を設けて百人の僧によって、護国の経典である仁王般若経を講説して鎮護国家を祈念する法会。朝廷が主催する官会と特定の寺で行われる寺会がある。平安時代に開かれた官会には天皇の即位時に行われる一代一度仁王会、一年の春と秋に各々一回ずつ行われる定季仁王会、臨時仁王会がある。ただし、本文書の仁王会は、国司が赴任した際に行われたものである。【文書の位置づけ・機能】参照。

(2) 浄飯宮《じょうぼんきゅう》…る如来　「浄飯」は釈迦の父である浄飯王のこと。如来は釈迦を指す。全体としては、釈迦が父の宮殿で重要な真理を体得したことを意味する。具体的には、釈迦の出家のきっかけとなった四門出遊の故事（東西南北の各門で、老人・病人・死人・修行者に出会ったこと）を指すか。

(3) 耆闍窟《ぎしゃくつ》　釈迦説法の地。摩掲陀国の王舎城の東北にある。

(4) 般若　仏教で、いろいろな修行の結果として悟りを得る智慧のこと。

(5) 莅《のぞ》む　ここでは国司が着任すること。

(6) 玄冬　冬。「玄」は北方、黒を表し、冬の異称。

(7) 令節　良い節日。

(8) 黒月　古代インドの暦法で満月の翌日から月の欠ける十五日間のこと。つまり十六日以後のことを指す。

(9) 佳辰　良い日。
(10) 国庁　国府の中心的な官舎。国府の正庁。㊳文書—8註(5)参照。
(11) 洒掃《さいそう》　水をそそぎ、塵をはらうこと。掃除すること。
(12) 精舎　寺院。
(13) 朝晡　朝と昼。
(14) 三宝　仏、仏の教えを説いた教典、教えを広める僧のこと。仏法そのものを指すこともある。
(15) 五力　信力、精進力、念力、定力、慧力のこと。修行をすすめるにつれ、諸悪をしりぞける力となったもの。
(16) 稼穡　穀物の植え付けと取り入れ。農業をさす。また、収穫物。
(17) 日に就く　日々を過ごす。
(18) 任土の貢　任国からの貢納物。
(19) 擎《ささ》げ　ここでは、貢納物を納入すること。
(20) 栖畝　畝にいて耕作をすること。
(21) 捨《ほどこ》さず…く遺る　ここでは、農民に分け与えるための種籾や食料が残ること。種籾や農料の下行の必要がないほど豊かな状態を指す。
(22) 任中の…じ畢り　公文勘会についてはは㊳文書—19など参照。
(23) 脩良　行いがきちんとしていて、善良なさま。
(24) 光華　ほまれ。名誉。
(25) 湘浪隔て聴こえ　「湘浪」は中国の湘江の浪の意か。国内が平穏であることを表現しているか。

(26) 葦索　葦で作った縄。葦縄。
(27) 草竊　山野に出没するおいはぎ。泥棒。
(28) 華胥《かしよ》　華胥之国のこと。中国の黄帝が夢の中で見たという、無為自然で治まる安楽平穏の国。
(29) 法水　仏の教えのこと。仏の教えが煩悩を洗い清めることを水にたとえて言う。
(30) 山声　山中に響く声。
(31) 天衆地…に至り　天衆地類は天地の神仏のこと。「実」は物事の真理で、「権」は真理を理解する方便としての仮の考えのこと。したがって、ここでは天地の神仏が真理を体得しやすいよう仮（＝権）の姿で立ち現れることをいっている。
(32) 有為　因と縁の和合によって作られている恒常ではないもの。また、そういう現象のことをさす。
(33) 无相　姿、形がなく、一定の形態や様相を欠いていることをさす。また、有相、無相を超えた空の姿をいう。
(34) 勝利　すぐれた功徳。
(35) 受流　仏の教えを受けること。
(36) 彼岸　悟りの境地。

【文書の位置づけ・機能】

本文書は諸国で行われていた仁王会の際に読み上げて加護を祈った文である。呪願文の内容によると、国司が最初に任国に赴いた際に国庁で仁王会を講説し、豊作など任国の安寧を祈願するとともに、貢物が無事に納入され、公文の期限が守られるようにといった国務の安定もあわせて祈願されているのが特徴である。本文書自体は院政期のものであるが、国務の安定という受領の責任事項を明記し、国庁での仏事を記していることから、十世紀以前にさかのぼり得る状況を反映したものであると推測される。

続いて、平安時代における地方の仏教政策について概観していきたい。九世紀中頃の地方仏教政策としては、既存寺院の国分寺への転用、定額寺の利用、民間僧の法会への登用が、良吏とされる国司によって行われていた。これは、天災や飢饉などで動揺していた社会を安定させようとする意図を持っていたとされる。『続後紀』承和十年（八四三）正月八日条によると、中央政府も諸国の国分二寺・定額寺などで二月から九月までの間の二十日に仁王経の講説を行うことを求めており（「勅。如聞、疫癘間發、夭死者衆。加之、狂花發兮示不祥。宜始自來二月迄于九月、毎八日令十五大寺及七道諸國國分二寺并定額寺、名神等寺、講仁王般若經」）、こうした政策に積極的な姿勢をみせ、地方の仏教政策の再編を目指していたと考えられる。

一方で、この頃から国司が任国の豊年無事などを祈願するため、独自に法会を行うようになり、その中で『群載』巻三・大江匡衡熱田宮祭文のように国司の私的な祈願が行われることもあった。任国の豊年無事などを祈る国司主催の法会が増加したことには、国司（受領）としての職責を全うするということと、在任中の私富蓄積などの個人の利益追求とが表裏一体となっていたことがよく示されている。

このような法会は次第に在地勢力の支持も集めながら、本文書の時代である十一世紀頃には国司が行うべき恒例の法会となっていった。こうした法会を支えていたのは国分寺の僧たちではなく、十世紀以降には㊳文書―42にあるように国司の随身僧など個人的に関係のある僧であったと考えられる。本文書に関しても、国司が国庁で行う仁王会が恒例となっており、国司の主導で法会が行われていたことがわかる。呪願文の内容は任国の豊年無事と安泰を祈願している文になってはいるが、国司の権益である貢物がたくさん納められることを目的とし、また国司の職務が順調に行われることを祈願する文面も存在する。先述したように、このことは受領制の特質を良く示しており、任国の無事を祈願するための法会を開催することは、国司にとっては自らの利益にも直結することであり、欠かせない行事の一つであったと考えられる。

なお、この文書が『群載』に収録された経緯であるが、寛治年間の甲斐国司で判明している人物には、『補任』保安三年（一一二二）条によると寛治二年（一〇八八）に甲斐守に任じられた藤原為隆がいる。『群載』の著者である三善為康は、内記をつとめていた関係で多数の文書を『群載』に収録していたが、彼の官歴に関わらない種類の文書の多くは藤原為房・為隆父子が関係しているとされるため、この甲斐国呪願文も甲斐守在任中の為隆が作成し、それを為康が『群載』に収録したのではないかと推測される。

【関連史料】

㊳文書—42、『続後紀』承和十年正月八日条、『群載』巻三・大江匡衡熱田宮祭文

【参考文献】

吉岡康暢「承和期における転用国分寺について」（下出積與博士還暦記念会編『日本における国家と宗教』大蔵出版、一九七八）、不破英紀「平安時代前期における国司と地方仏教」（梅村喬編『伊勢湾と古代の東海（古代の王権と交流四）』名著出版、一九九六）

（垣中　健志）

索引編

凡例

＊「本文編」中の用語を【人名】、【地名】、【官職等】（受領のもとで勤務する人々の役職名なども含む）、【位階】、【年紀】、【件名】に分類し、【位階】は高い順、【年紀】は早い順、その他は五十音順に並べ、「本文編」における位置を、文書番号（目録は「目」と表記）・文書（㊳文書については各条）内での行で示した（例：㊲15は㊲文書の15行目を指す）。同一の行に複数回みえる場合には、その回数に応じ行番号を繰り返した（例：㉚3、3）。

＊用語は「本文編」から採録したが、省略された部分（姓・名、彼、件など）も、文脈上明らかなものや「註釈編」で比定したものについてはそれを補った。また、漢字は適宜常用漢字に改めた。

【人名】

あ

か

さ

や

わ

【地名】

【官職等】

【位　階】

【年　紀】

十月十七日　㉙4
天暦十年（九五六）二月　㉙6
六月十三日　㉙11
六月二十一日　㉖11
十月二十一日　㉖12
康保二年（九六五）四月十九日　㉝5
五月二十五日　㉝7
天禄二年（九七一）四月五日　㉕6
正暦二年（九九一）　⑪9
長徳二年（九九六）　⑪10
寛弘三年（一〇〇六）四月十一日　㉘6
寛弘六年（一〇〇九）十一月二十日　㉛6
長和四年（一〇一五）二月十九日　㉞4
三月二日　㉞4
三月四日　㉞6
四月十三日　㊲18
十月十五日　㊲18
十一月十三日　㊲18
十一月十六日　㊲27
治安二年（一〇二二）　⑪11
治安四年（一〇二四）正月　㉔4

七月九日　㉔6
長元六年（一〇三三）　⑪11
長久五年（一〇四四）二月二十八日　㉑6
康平三年（一〇六〇）　⑧4
康平七年（一〇六四）　③14　⑳5
治暦二年（一〇六六）　⑧4
永保元年（一〇八一）五月十八日　㊱4
六月十二日　㊱7
寛治（一〇八七〜九四）　㊷16
寛治二年（一〇八八）四月　⑪12
十二月　④8
十二月二十五日　⑪15
寛治四年（一〇九〇）正月二十六日　⑩3
二月二十六日　⑩5
寛治八年（一〇九四）　⑧5
正月　④5、6、9
六月　④7
嘉保二年（一〇九五）正月　④10
正月二十六日　⑤7
承徳二年（一〇九八）　②5
康和元年（一〇九九）　②5

十二月二十八日　㊴4
康和二年（一一〇〇）正月二十六日　⑦6
二月二十六日　㊴6
三月二十六日　⑧9
康和六年（一一〇四）正月二十五日　②9
天永三年（一一一二）四月二日　①8
元永元年（一一一八）十二月九日　⑭12
保安三年（一一二二）正月二十日　④14
天治元年（一一二四）　⑥6
十二月十七日　⑥6
大治三年（一一二八）四月二十八日　⑥2
六月五日　⑥10
大治五年（一一三〇）正月二十八日　⑨4
二月二十六日　⑨6

【件名】

あ

か

さ

あとがき

本書は、二〇〇六年度より二〇一三年度にかけて開催された朝野群載研究会の活動の成果をまとめたものである。この研究会の発足経緯を、私たちの手元にある日記や手帳をたよりに述べてみたい。

研究会発足の直接のきっかけとなったのは、二〇〇六年一月三十一日の出来事であった。

この日、佐藤信先生の大学院・学部ゼミの参加者は、先生とともに横浜市歴史博物館の企画展「『諸岡五十戸』木簡と横浜」を見学するため、横浜市を訪れた。博物館の帰り、新横浜駅前で先生の好物であるラーメンを皆で食べ、そのまま居酒屋に入った。

ちょうどその時、一九九九年から院ゼミで輪読してきた『群載』巻二十二を読み終え、私たちは国史大系本の限界を実感し、新たな校訂本文の必要性を痛感していた。この時期、私たちの身近なところで五味文彦先生が『群載』に文例として載せられた文書の収録経緯を、編者である三善為康の周辺環境から明らかにされる研究を進められていたことや、高田義人氏の『群載』写本に関する論文が続けて公表されていたことも大きな刺激になっていたと思う。居酒屋で、とある先輩が、ゼミの成果をこのまま表に出さないのはもったいない、もう一度整理・検討したうえで世に問うべきである、とさかんに強調された。酒の勢いもあったのかもしれないが、先生はじめその場にいた全員が大いに盛り上がって賛意を表し、その日は解散となった。

こういう話は、一時の熱が冷めると立ち消えることが多い。事実、その後しばらくは、特に巻二十二の再検討の件は話題にのぼらなかったように思う。しかし、ゼミの成果を公表すべしと説いていた先輩が、職を得られ突如奈良に赴任されたことを期に、このままでは本当に話が流れてしまうと、危機感を募らせた院生は少なくなかった。

そこで当時の院生だった私たちは一念発起し、研究会を立ちあげるべく行動を開始した。まず、皆やる覚悟があるのかを確認したあと、既に学籍を抜いて日本学術振興会の特別研究員や史料編纂所の研究員をされている先輩方のもとを訪れアドバイスを乞うた。それらをもとに本郷通りや根津の喫茶店・食堂で、色々と意見を交わしながらイメージを作り上げていった時のことが思い出される。

ようやく何とか形にできそうだという確信を得て、いよいよ佐藤先生に研究会の開始と会へのご出席をお願いしたところ、先生は快諾してくださり、校訂本文を中心とした研究会の成果を、『東京大学日本史学研究室紀要』に連載していくことについてもお骨折りいただけることとなった。こうして朝野群載研究会は産声をあげたのである。余談ではあるが、発足のきっかけを与えてくれた「とある先輩」に敬意を表し、私たちはこの研究会を「朝野会（アサノカイ）」という愛称で呼んでいる。

底本と対校本に何を用いるのか、その写真などをどのように入手すればよいのか、註釈のスタイルはどのようにすればよいのか。事前準備は山積していたが、かつて先輩たちが費用を出し合って備えておいてくださった伴信友校訂本や逢左文庫本の紙焼き写真、野尻忠さん（現奈良国立博物館）が残してくださった写本に関するメモ、諸先輩方がゼミで発表した際のレジュメなどは、私たちを助け勇気づけてくれた。佐藤先生のゼミは、研究者としての私たちを育ててくれたゆりかごだが、そこに蓄積されていたものの大きさに改めて気づかされた。研究会では、こうした成果を受け継ぐとともに、さらに論点を深めるために再検討を加えて原稿化することを目標とした。

その一方で、当時まだ戸越にあった国文学研究資料館に底本となる三条西家本の撮影に行ったり、すぐに紙焼き写真を入手することができなかった紅葉山文庫本を国立公文書館で原稿用紙に筆写してきたりするなど、春休みに慌ただしく準備を進めていった。

これらをもとに、四月十八日には記念すべき第一回の研究会を開いて会の趣旨と今後の方向性などについて議論した。本格的に『群載』巻二十二の再検討を始めたのは、五月十六日のことであった。

朝野会は月二回を原則とし、火曜の夕方四時から本郷キャンパス法文二号館四階の研究室で開催された。史料の面白さと難しさに没入し、会が夜の九時過ぎまで続けられることも珍しくなかった。一通り区切りがつくと、先生とともに遅い夕食を摂りに行くのも恒例となった。大学界隈のラーメン屋はひと通りめぐったのではなかろうか。このように研究会を重ねていき、その年の秋頃から会の成果の原稿化の作業を始め、「『朝野群載』巻二二　校訂と註釈（一）」を『東京大学日本史学研究室紀要』十一号（二〇〇七年三月）にまとめることができた。

その後この連載は、第七回まで及び二〇一三年三月の紀要十七号をもって終了した。この間、人の出入りはあったものの、最後まで連載を続けられたのは、研究会出席者の皆の努力と継続の賜物である。無論、佐藤先生のご指導あってのことである。また、紀要への掲載をお認めくださった日本史学研究室の先生方や、直接・間接にかかわってくださった方々のおかげでもある。今回、本書をまとめるにあたり、研究会の中で蓄積されてきたノートや、紀要の抜き刷りへの書き込みなどを見るにつけ、多くの方々の支えを改めて感じた次第である。

佐藤先生は常々史料に対して厳正な立場で臨むべきことをご指導くださった。私たちが卒論を書く時には、引用する史料はできれば原本を、そうでなくともその写真や影写本などを実見し、文字の確認をすべきことを必ずお話しくださった。院生になって初めて佐藤先生の『群載』ゼミに出席した際に鮮烈な印象を受けたのが、学部生の頃の私たちが、ともすれば無前提に受け入れていた国史大系のテキストを様々な写本で厳密に校訂し、それを終えてはじめて内容を論じるというスタイルであった。こうした先生の史料への向き合い方から、私たちは文献史学・実証史学の厳しさを本当の意味で知ったのだと思う。

先生の史料に対する姿勢は、『歌経標式　注釈と研究』（桜楓社、一九九三）、『藤氏家伝　注釈と研究』（吉川弘文館、一九九九）、『上宮聖徳法王帝説　注釈と研究』（吉川弘文館、二〇〇五）、『出雲国風土記』（山川出版社、二〇〇五）などに明確に示されている。それは、安易な文字の意改を戒め、最も信頼できる写本の本文を最大限尊重するべきであるというものである。いうまでもなくこの方針は、テキスト確定の大原則として、本書においても強く貫かれている。

それと同時に先生が大切にされていたのは、厳密な検討に支えられた史料の新しい読み方の提示である。先生はゼミや研究会などで、通説だけに重きをおくのではなく、それを尊重した上であらゆる角度から検討してみる必要性を常々強調されていた。私たちもそれに勇気づけられて、知恵をふりしぼっていろいろな解釈の可能性を検討してみた。本書には、通説とはやや異なる解釈や意義づけを史料に与えている場合があるが、それは私たちなりのささやかな実践の結果である。先生の歴史学を私たちがどこまで吸収し継承できたか甚だ心許ないが、本書にその精髄を少しでもこめることができたのではないかとひそかに思っている。

今回、足掛け八年、ゼミ時代も含めれば十五年にわたる『群載』巻二十二の研究成果をまとめるに際しては、紀要に発表された原稿に、その後の新知見などを盛り込んでできる限り遺漏のないよう心掛けた。記述の最終的な調整は、北村安裕・磐下徹・宮川麻紀の三名が行った。索引の作成および校正作業は林友里江が統括し、西本哲也・神戸航介・武内美佳・垣中健志・井上翔・林奈緒子・鈴木裕英・土井嗣和が実務を担当した。

本書をまとめるにあたり、改めて『朝野群載』巻二十二の面白さと同時に、その難解さに直面した。それはまさに、ほの暗い星明りのみが頼りとなる未知の大海に例えられよう。そのような巻二十二の校訂と註釈に乗り出した「朝野丸」の「乗組員」たちは、いかにも貧弱だったと思う。しかし、佐藤「船長」の指揮のもと、大破することなくひとまずの航海を終えられたことは、それなりの意味を持っていると確信している。
ささやかながら航路は開かれたのである。私たちのみならず、多くの方々がこの船路を通って、新たな魅力あふれる「発見」をしてくださることを祈念してやまない。本書がその踏み台となれば望外の幸せである。

二〇一五年四月

朝野群載研究会参加者を代表して
北村安裕
磐下　徹
宮川麻紀

監修を終えて

本書は、私が東京大学大学院人文社会系研究科の日本文化研究専攻(日本史学)の大学院演習において一九九九年から『朝野群載』巻二十二を取りあげて院生諸君と一緒に精読を進めた成果をふまえつつ、二〇〇六年から院生諸君とともに立ち上げた朝野群載研究会(朝野会)において共同研究を進めてきた成果といえる。

研究会では、難解な条文の読解に悩みつつ、時にささやかな発見があり、史料読解の奥深さに時を忘れる機会をもつこととなった。

上級生の就職などによって研究会メンバーが交替する経緯もあったが、朝野群載研究会でとりまとめた研究成果は、二〇〇七年から『東京大学日本史学研究室紀要』に「『朝野群載』巻二二　校訂と註釈」と題して発表し、毎年連載して二〇一三年の第七回で巻二十二の註釈が一通り完結した。幸い、『東京大学日本史学研究室紀要』で公刊した研究成果は、多くの方々からご好評をいただくことができ、連載を一書にまとめることになった。一書に編集するため、さらに研究会を続けて内容の検討や体裁の統一を進めるとともに、索引作成の作業も展開した。

一九九九年の演習開始、二〇〇六年の朝野群載研究会立ち上げから、すでに多くの年月を経ているが、この間の多くの参加院生諸君のご協力に謝意を表したい。編集段階では、全般にわたって北村安裕・磐下徹・宮川麻紀の諸氏、そして編集・校正・索引作成の面で林友里江氏の尽力に負うところが大きかった。

なお、写本の閲覧などでお世話になった国文学研究資料館・宮内庁書陵部・東京大学史料編纂所には厚く御礼を申し上げるとともに、ご高配いただいた東京大学史料編纂所田島公氏に感謝したい。

最後に、出版事情の厳しいこの時代に、本書のような地味な史料出版をお引き受けいただいた吉川弘文館に厚く御礼申し上げる。

佐藤　信

執筆者紹介（生年／所属）

北村安裕（きたむら　やすひろ）　一九七九年／岐阜聖徳学園大学
磐下　徹（いわした　とおる）　一九八〇年／大阪市立大学
吉永匡史（よしなが　まさふみ）　一九八〇年／金沢大学
澤　晶裕（さわ　あきひろ）　一九八〇年／元東京大学大学院生
武井紀子（たけい　のりこ）　一九八一年／弘前大学
大高広和（おおたか　ひろかず）　一九八二年／福岡県世界遺産登録推進室
吉松大志（よしまつ　ひろし）　一九八二年／島根県古代文化センター
宮川麻紀（みやかわ　まき）　一九八三年／帝京大学
山本祥隆（やまもと　よしたか）　一九八三年／奈良文化財研究所
西本哲也（にしもと　てつや）　一九八四年／東京大学大学院生
柿沼亮介（かきぬま　りょうすけ）　一九八五年／早稲田大学高等学院
林友里江（はやし　ゆりえ）　一九八七年／東京大学大学院生
井上　翔（いのうえ　しょう）　一九八八年／東京大学大学院生
神戸航介（かんべ　こうすけ）　一九八八年／東京大学大学院生
武内美佳（たけうち　はるか）　一九八八年／東京大学大学院生
垣中健志（かきなか　けんじ）　一九八九年／東京大学大学院生

監修者略歴
佐藤　信
一九五二年、東京都に生まれる
東京大学大学院人文科学研究科博士課程中退
現在、東京大学大学院人文社会系研究科教授、博士（文学、東京大学）
〔主要編著書〕
『日本古代の宮都と木簡』（吉川弘文館、一九九七年）
『藤氏家伝　注釈と研究』（共著、吉川弘文館、一九九九年）
『上宮聖徳法王帝説　注釈と研究』（共著、吉川弘文館、二〇〇五年）
『古代氏文集』（共編著、山川出版社、二〇一二年）

朝野群載　巻二十二　校訂と註釈

二〇一五年（平成二十七）六月十日　第一刷発行

監修者　佐《さ》藤《とう》　信《まこと》
編者　朝野群載研究会
発行者　吉川道郎
発行所　株式会社　吉川弘文館
郵便番号一一三―〇〇三三
東京都文京区本郷七丁目二番八号
電話〇三―三八一三―九一五一〈代〉
振替口座〇〇一〇〇―五―二四四
http://www.yoshikawa-k.co.jp/

印刷＝藤原印刷株式会社
製本＝誠製本株式会社
装幀＝古川文夫

ISBN978-4-642-01408-3

沖森卓也・佐藤　信・矢嶋　泉著

上宮聖徳法王帝説　注釈と研究

A5判・上製・函入・二一六頁・原色影印一七
六五〇〇円

聖徳太子の系譜・事跡や関係銘文など伝記史料を集成した『上宮聖徳法王帝説』の最新注釈書。鮮明な原色図版による国宝知恩院本の全巻影印、信頼できる校訂本文、古代の読みを復原した訓読文、注釈および研究に、漢字・事項の詳細な索引を付す。日本史学・文学・語学による学際的・複眼的な共同研究の成果として、古代研究の基本史料を提示する。

藤氏家伝　鎌足・貞慧・武智麻呂伝　注釈と研究

A5判・上製・函入・五二八頁
一三〇〇〇円

藤原鎌足の伝記を含む奈良時代の必読文献『家伝』（藤氏家伝）の、初めての本格的注釈書。『家伝』は、藤原氏の興隆期を彩る人々を活き活きと描き出す。全巻印影（国会図書館本）信頼できる校訂本文・訓読文・注釈のほかに、研究編と詳細な索引を付す。史学・文学・国語学の共同研究の新たな成果を盛り込み、古代研究の基本資料を提供する。

吉川弘文館

（価格は税別）